CONTEÚDO DIGITAL PARA ALUNOS

Cadastre-se e transforme seus estudos em uma experiência única de aprendizado:

1 Escaneie o QR Code para acessar a página de cadastro.

2 Complete-a com seus dados pessoais e as informações de sua escola.

3 Adicione ao cadastro o código do aluno, que garante a exclusividade de acesso.

1342657A3178128

Agora, acesse:
www.editoradobrasil.com.br/leb
e aprenda de forma inovadora e diferente! :D

Lembre-se de que esse código, pessoal e intransferível, é válido por um ano. Guarde-o com cuidado, pois é a única maneira de você utilizar os conteúdos da plataforma.

CB023478

Editora do Brasil

MATEMÁTICA

Adilson Longen
- Licenciado em Matemática pela Universidade Federal do Paraná (UFPR)
- Mestre em Educação com linha de pesquisa em Educação Matemática pela UFPR
- Doutor em Educação com linha de pesquisa em Educação Matemática pela UFPR
- Professor do Ensino Fundamental e do Ensino Médio

3º ANO
Ensino Fundamental
Anos Iniciais

MATEMÁTICA

Palavra de origem africana que significa "contador de histórias, aquele que guarda e transmite a memória do seu povo".

São Paulo, 2019
4ª edição

Dados Internacionais de Catalogação na Publicação (CIP)
(Câmara Brasileira do Livro, SP, Brasil)

Longen, Adilson
   Akpalô matemática, 3º ano / Adilson Longen. – 4. ed. – São Paulo: Editora do Brasil, 2019. – (Coleção akpalô)

   ISBN 978-85-10-07464-3 (aluno)
   ISBN 978-85-10-07465-0 (professor)

   1. Matemática (Ensino fundamental) I. Título. II. Série.

19-26375   CDD-372.7

Índices para catálogo sistemático:
1. Matemática: Ensino fundamental 372.7
Maria Alice Ferreira – Bibliotecária – CRB-8/7964

4ª edição / 1ª impressão, 2019
Impresso na AR Fernandez Gráfica

Rua Conselheiro Nébias, 887
São Paulo, SP – CEP 01203-001
Fone: +55 11 3226-0211
www.editoradobrasil.com.br

© Editora do Brasil S.A., 2019
Todos os direitos reservados

Direção-geral: Vicente Tortamano Avanso

Direção editorial: Felipe Ramos Poletti
Gerência editorial: Erika Caldin
Supervisão de arte e editoração: Cida Alves
Supervisão de revisão: Dora Helena Feres
Supervisão de iconografia: Léo Burgos
Supervisão de digital: Ethel Shuña Queiroz
Supervisão de controle de processos editoriais: Roseli Said
Supervisão de direitos autorais: Marilisa Bertolone Mendes

Supervisão editorial: Rodrigo Pessota
Coordenação pedagógica: Josiane Sanson
Consultoria técnica: Eduardo Wagner
Edição: Andriele de Carvalho Landim
Assistência editorial: Cristina Perfetti, Erica Aparecida Capasio Rosa e Viviane Ribeiro
Copidesque: Gisélia Costa, Ricardo Liberal e Sylmara Beletti
Revisão: Alexandra Resende e Elaine Silva
Pesquisa iconográfica: Elena Molinari, Léo Burgos e Tatiana Lubarino
Assistência de arte: Letícia Santos
Design gráfico: Estúdio Sintonia e Patrícia Lino
Capa: Megalo Design
Imagem de capa: Fotostorm/iStockphoto.com, loco75/iStockphoto.com e Rawpixel/iStockphoto.com
Ilustrações: Bianca Pinheiro, Claudinei Fernandes, Daniel Klein, Danielle Joanes, Danilo Dourado, Diego Munhoz, Eduardo Westin/Estúdio Epox, Estúdio Udes, Flip Estúdio, Hélio Senatore, João P. Mazzoco, Luana Costa, Marcos de Mello, Rafael Gonzales, Reinaldo Vignati, Saulo Nunes Marques e Weberson Santiago (aberturas de unidade)
Coordenação de editoração eletrônica: Abdonildo José de Lima Santos
Editoração eletrônica: Adriana Tami, Armando F. Tomiyoshi, Elbert Stein, José Anderson Campos, Sérgio Rocha e Talita Lima
Licenciamentos de textos: Cinthya Utiyama, Jennifer Xavier, Paula Harue Tozaki e Renata Garbellini
Controle de processos editoriais: Bruna Alves, Carlos Nunes, Rafael Machado e Stephanie Paparella

Querido aluno,

Apresento a você um caminho diferente para aprender Matemática.

Este livro é um dos instrumentos que o ajudarão durante este ano a trilhar esse caminho.

Você encontrará aqui uma diversidade de atividades, momentos diferentes e interessantes, curiosidades e até aqueles desafios que lhe permitirão se desenvolver com autonomia.

Esperamos que vivencie ativamente cada uma dessas páginas e, no final do ano, possa concluir que não só aprendeu como também fez Matemática.

Boa jornada!
O autor

Marcos de Mello

Sumário

UNIDADE 1
Sistema de numeração decimal 6

Voltando à escola 8
O endereço de Mateus....................................... 9
A utilização de números
O centenário da tartaruga.............................. 15
Unidades, dezenas, centenas e milhar
  ▶ #Digital 25
Quem dorme de sapatos?............................... 26
Sequências, ordem dos números
Mais de 1 000 metros..................................... 31
A unidade de milhar
  ▶ Matemática em ação 40
  ▶ Como eu vejo: A influência
     da tecnologia 42
  ▶ Como eu transformo 44

▶ Revendo o que aprendi 45

UNIDADE 2
Adição e subtração....................... 50

O jogo das três cores..................................... 52
As compras do dia a dia................................ 53
Adição com números de até quatro algarismos
Os Jogos Escolares.. 63
Adição com reagrupamentos
O jogo de peteca... 73
Subtração com números de até quatro algarismos
  ▶ #Digital 82
Veja como está o tempo lá fora!................... 83
Subtração com reagrupamentos
Utilizando a calculadora................................ 90
Adição e subtração

▶ Revendo o que aprendi 96
▶ Para ir mais longe 101

UNIDADE 3
Geometria 102

O palhaço malabarista 104
As embalagens 105
Figuras geométricas espaciais: retomada
Desmontando embalagens.......................... 111
Figuras geométricas espaciais: noção de planificação
Contornando para desenhar 117
Figuras geométricas planas
A lenda do Tangram 122
Paralelogramo e trapézio
  ▶ #Digital 127
  ▶ Matemática em ação 128

▶ Revendo o que aprendi 130

UNIDADE 4
Multiplicação 136

A altura de um prédio 138
Campeonato de voleibol 139
Multiplicação: significados, procedimentos, dobro e triplo
O restaurante do Luiz 144
Multiplicação por 4, por 5 e por 6
Aprendendo xadrez 149
Multiplicação por 7, por 8, por 9 e por 10
Dúzias de ovos... 154
Multiplicação sem reagrupamento
A compra da bicicleta 159
Multiplicação com reagrupamento

▶ Revendo o que aprendi 164
▶ Para ir mais longe 169

UNIDADE 5
Geometria, localização e simetria 170

Onde você mora? 172

Reproduzindo desenhos 173
Formas planas em malhas quadriculadas

O labirinto 177
Vista superior, representação e localização

Dobras e recortes 182
Simetrias em figuras planas

➢ **Revendo o que aprendi** 188
➢ **Para ir mais longe** 191

UNIDADE 6
Divisão 192

O passeio de trem 194

Embalagens de lápis 195
Divisão: significados e procedimentos

Formando grupos 201
Divisão por 2 e por 3

Pagamento em parcelas 207
Divisão por 4, por 5 e por 10

Azeitona na *pizza* 212
Divisão não exata

➢ **Matemática em ação** 218

➢ **Revendo o que aprendi** 220

UNIDADE 7
Noções de estatística e probabilidade 226

Veículos de informação 228

O que as pesquisas nos dizem 229
Analisando tabelas e gráficos com base em pesquisas

Qual é sua opinião? 233
Noções de uma pesquisa

Quantas são as sílabas? 239
Noções do cálculo do número de possibilidades

A mesma chance! 244
Noções de probabilidades

➢ **Revendo o que aprendi** 248

UNIDADE 8
Grandezas e medidas 252

Uma medida diferente 254

Vai demorar! 255
Medidas de tempo: hora, meia hora, um quarto de hora

As placas de trânsito 261
Medidas de comprimento: metro, centímetro e milímetro

➢ **Como eu vejo: A prática de esportes** ... 268
➢ **Como eu transformo** 270

Cobrindo parte do piso 271
Noções de contornos e de áreas

De olho nas embalagens! 276
Medidas de capacidade e de massa

➢ **Revendo o que aprendi** 284

+ Atividades 292
Referências 316
Encartes 317

UNIDADE 1
Sistema de numeração decimal

Observe o horário representado na imagem da página ao lado. Lendo de trás para a frente, o horário é o mesmo!

- Qual é o próximo horário que permanece igual quando lido de trás para a frente? Dica: vai demorar um pouco mais de uma hora para o relógio atingir esse horário.

Voltando à escola

O ônibus tem 4 pneus, e sua placa é ABC1234.

- Na cena aparece mais algum número? O que ele indica?

- Os números são utilizados com diversas finalidades. Da página 317, na seção **Encartes**, recorte as imagens que indicam algumas dessas finalidades e cole-as abaixo.

O endereço de Mateus
A utilização de números

Esta é a rua da casa de Mateus:

- Sabendo que a casa de Mateus é a de cor verde, escreva o endereço dele.

_____

- Escreva agora o endereço de sua escola.

_____

> Os números podem ser utilizados com variadas finalidades:
> - como **código** – o CEP, a placa de um automóvel, o número de telefone etc.;
> - para expressar **medidas** – a altura de uma pessoa, seu peso, a capacidade de um recipiente etc.;
> - em **contagem** – a quantidade de pessoas numa festa, a quantidade de carteiras numa sala de aula etc.;
> - para indicar **ordem** – a posição de um atleta no fim de uma corrida, a ordem das pessoas numa fila etc.

1 Quantos alunos há em sua sala de aula? Preencha o quadro a seguir.

	meninas	meninos	total
QUANTIDADE			

2 Cante com os colegas a música e, depois, responda às questões.

Terezinha de Jesus

Terezinha de Jesus
De uma queda foi ao chão
Acudiram três cavalheiros
Todos três, chapéu na mão.

O primeiro foi seu pai
O segundo, seu irmão
O terceiro foi aquele
A quem Tereza deu a mão.
[...]

Cantiga popular.

a) Quem foi o 1º cavalheiro a acudir Tereza? E o 2º? _____
_____

b) Para qual cavalheiro ela deu a mão? _____

3 Escreva, conforme lemos, os números ordinais.

a) 4º: _____   e) 8º: _____

b) 5º: _____   f) 9º: _____

c) 6º: _____   g) 10º: _____

d) 7º: _____   h) 11º: _____

4 Represente com algarismos os números ordinais a seguir.

a) décimo oitavo _____   e) quadragésimo sexto _____

b) vigésimo segundo _____   f) quinquagésimo terceiro _____

c) trigésimo quarto _____   g) vigésimo sétimo _____

d) décimo nono _____   h) sexagésimo segundo _____

5 Observe as posições dos cavalos nesta corrida.

Qual é o número do cavalo que está em:

a) 1º lugar? _____   e) 5º lugar? _____

b) 2º lugar? _____   f) 6º lugar? _____

c) 3º lugar? _____   g) 7º lugar? _____

d) 4º lugar? _____   h) 8º lugar? _____

6 Ligue os números ordinais às suas correspondentes representações por extenso.

a) 35º   décimo terceiro

b) 49º   trigésimo primeiro

c) 13º   vigésimo oitavo

d) 31º   trigésimo quinto

e) 28º   quadragésimo nono

7 Complete o calendário do mês atual. Consulte algum calendário.

Mês: ______________________________ **Ano:** __________

D	S	T	Q	Q	S	S

- Por que os dias 7, 14, 21 e 28, num mesmo mês, caem sempre no mesmo dia da semana? Discuta com os colegas.

8 Observe as embalagens dos produtos a seguir. Contorne as embalagens que contêm números que indicam medidas.

Os elementos não estão representados em proporção.

Léo Burgos

koosen/Shutterstock.com

Léo Burgos

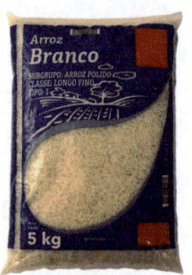

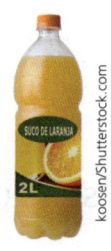

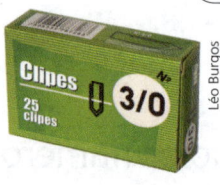

a) Quantos quilogramas tem juntos 2 pacotes de arroz?

____

b) Quantas garrafas correspondem a 10 litros de suco?

____

c) Quatro pacotes de clipes correspondem a quantos clipes?

____

9 O gráfico a seguir foi elaborado com base na quantidade de meninas e de meninos das turmas A e B do 3º ano.

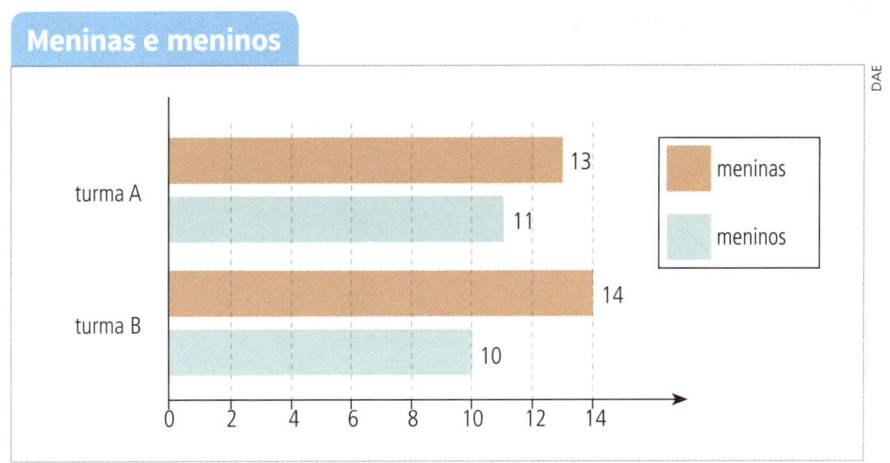

a) É correto dizer que nas duas turmas há mais meninas que meninos? _____

b) Na turma A, há quantos meninos a menos que meninas? _____

c) Na turma B, há quantas meninas a mais que meninos? _____

10 Observe a cena e contorne os números utilizados para formar códigos.

- Há nessa cena algum número que indique medida? Qual?

_____

Treze **13**

11 Recorte de revista ou jornal alguma ilustração que mostre a utilização de números como códigos e cole-a no quadro abaixo. Mostre a ilustração aos colegas.

12 Observe que Ester, para contar o número de pássaros, agrupou-os de 10 em 10.

a) Quantos grupos ela formou? _____

b) Quantos pássaros ficaram fora dos grupos? _____

c) Qual é o total de pássaros? _____

O centenário da tartaruga
Unidades, dezenas, centenas e milhar

Algumas tartarugas completam um **centenário**. Você sabe o que é centenário?

Dizemos que 100 anos correspondem a 1 centena de anos. Assim, se a tartaruga completa 100 anos de vida, completa um centenário. Algumas tartarugas chegam a viver bem mais que 100 anos. Existem pessoas que já viveram mais de 100 anos.

◆ Qual é a pessoa com mais idade que você conhece?

_____

◆ Qual é a idade dessa pessoa?

_____

Os alunos da turma já tinham formado 1 barra do Material Dourado utilizando 10 cubinhos e 1 placa utilizando 10 barras.

Logo depois resolveram juntar 10 placas para formar 1 cubo.

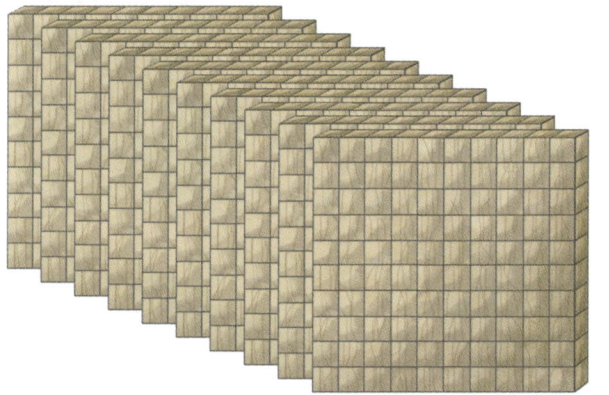
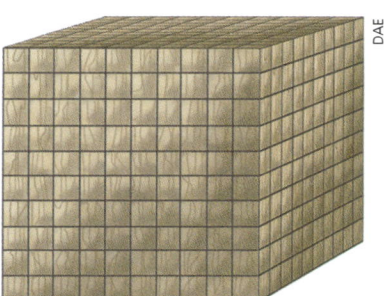

Quinze 15

Complete as frases:

- A barra do Material Dourado é formada por _____ cubinhos para representar o número _____.

- A placa do Material Dourado é formada por _____ barras para representar o número _____.

- O cubo do Material Dourado é formado por _____ placas para representar o número _____.

Agora complete a sequência de 100 em 100.

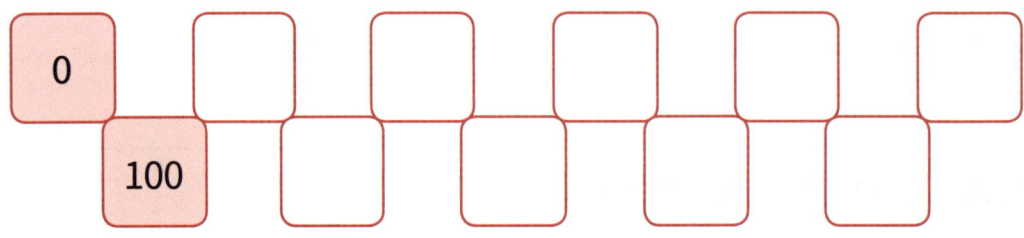

O número 1 000 corresponde a 1 000 unidades ou **1 milhar**.

1 Observe a quantia que Elisa retirou do banco no final do mês e responda às questões.

a) Que quantia ela retirou?

_____

b) Para completar 1 000 reais, quantas notas de 100 reais ela ainda precisa juntar a essa quantia?

_____

2 Veja como Rita representou a quantia de dinheiro.

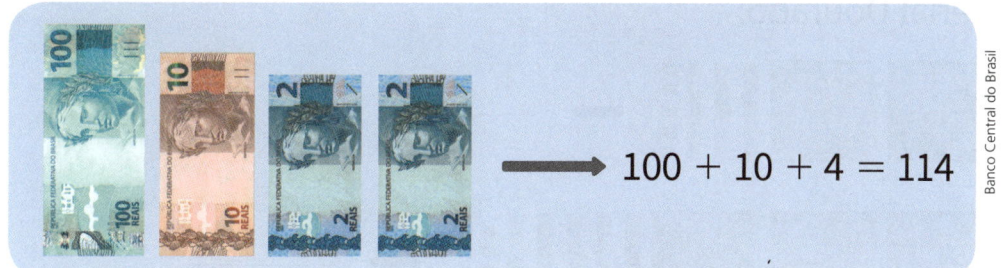

$100 + 10 + 4 = 114$

Agora, represente as quantias a seguir da mesma forma que Rita.

a) _____

b) _____

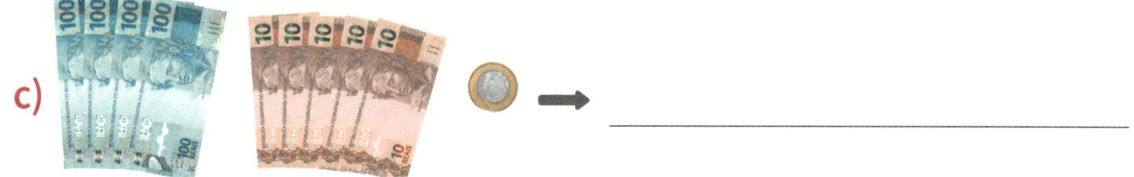

c) _____

3 Escreva os números representados pelo Material Dourado, conforme o exemplo.

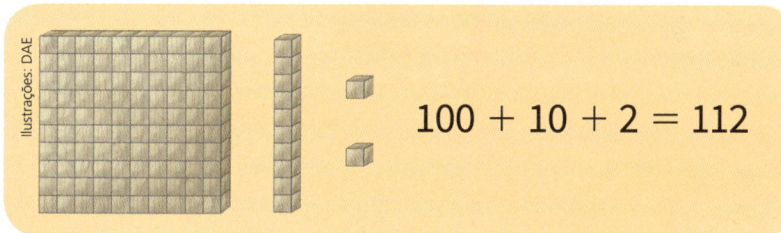

$100 + 10 + 2 = 112$

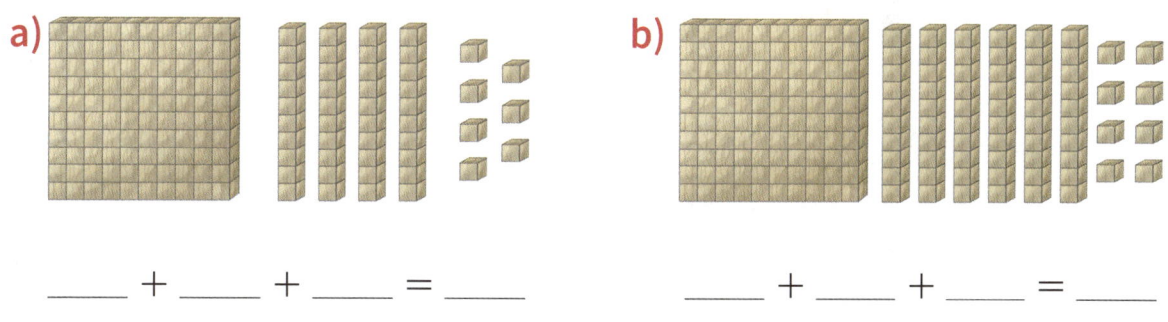

a) ____ + ____ + ____ = ____

b) ____ + ____ + ____ = ____

4 Escreva com algarismos cada número representado abaixo pelo Material Dourado.

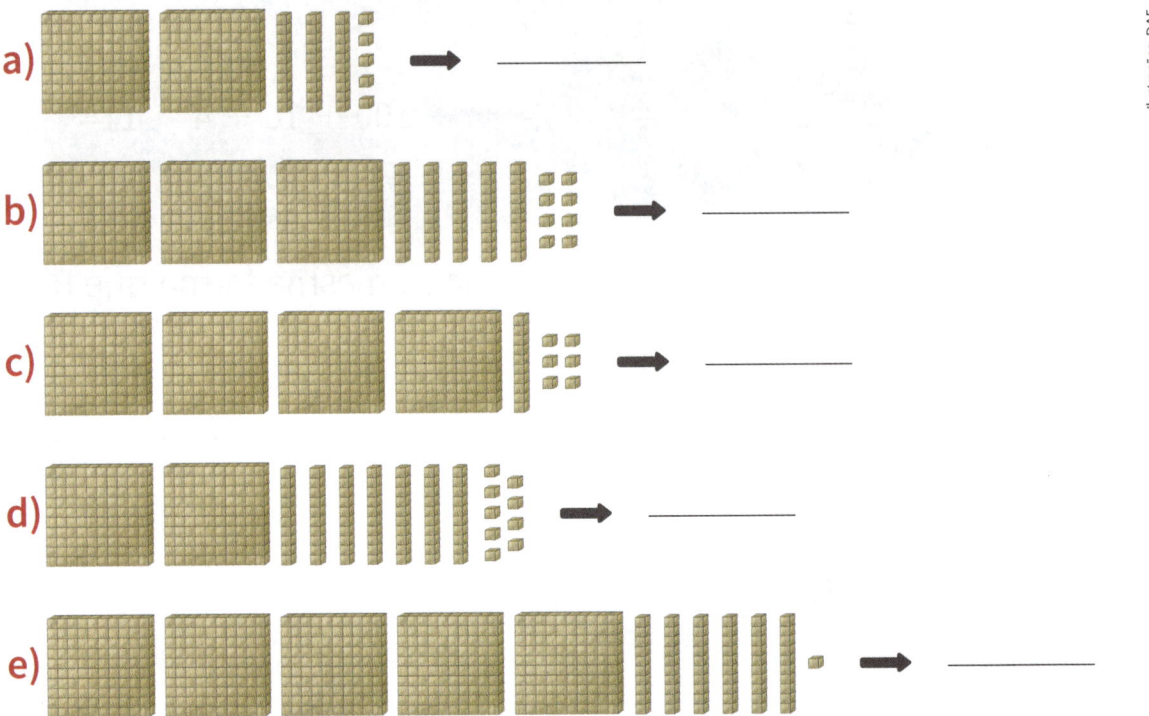

5 Ligue cada grupo de notas à quantia correspondente a ele.

a)

435 reais

b)

444 reais

c)

370 reais

d)

322 reais

6 Decomponha os números a seguir e escreva-os por extenso, conforme o exemplo.

> 728 = 700 + 20 + 8 ➡ setecentos e vinte e oito

a) 937 = _____ + _____ + _____ ➡ _____

b) 429 = _____ + _____ + _____ ➡ _____

c) 362 = _____ + _____ + _____ ➡ _____

d) 574 = _____ + _____ + _____ ➡ _____

e) 285 = _____ + _____ + _____ ➡ _____

f) 193 = _____ + _____ + _____ ➡ _____

g) 888 = _____ + _____ + _____ ➡ _____

h) 346 = _____ + _____ + _____ ➡ _____

i) 474 = _____ + _____ + _____ ➡ _____

j) 639 = _____ + _____ + _____ ➡ _____

k) 716 = _____ + _____ + _____ ➡ _____

l) 163 = _____ + _____ + _____ ➡ _____

7 Complete cada espaço com o número que foi decomposto.

a) 400 + 40 + 1 = _____

b) 300 + 50 + 3 = _____

c) 900 + 20 + 5 = _____

d) 500 + 10 + 7 = _____

e) 200 + 30 + 9 = _____

f) 600 + 50 + 8 = _____

g) 100 + 70 + 6 = _____

h) 800 + 90 + 4 = _____

8 Complete o diagrama de palavras com o nome dos números indicados.

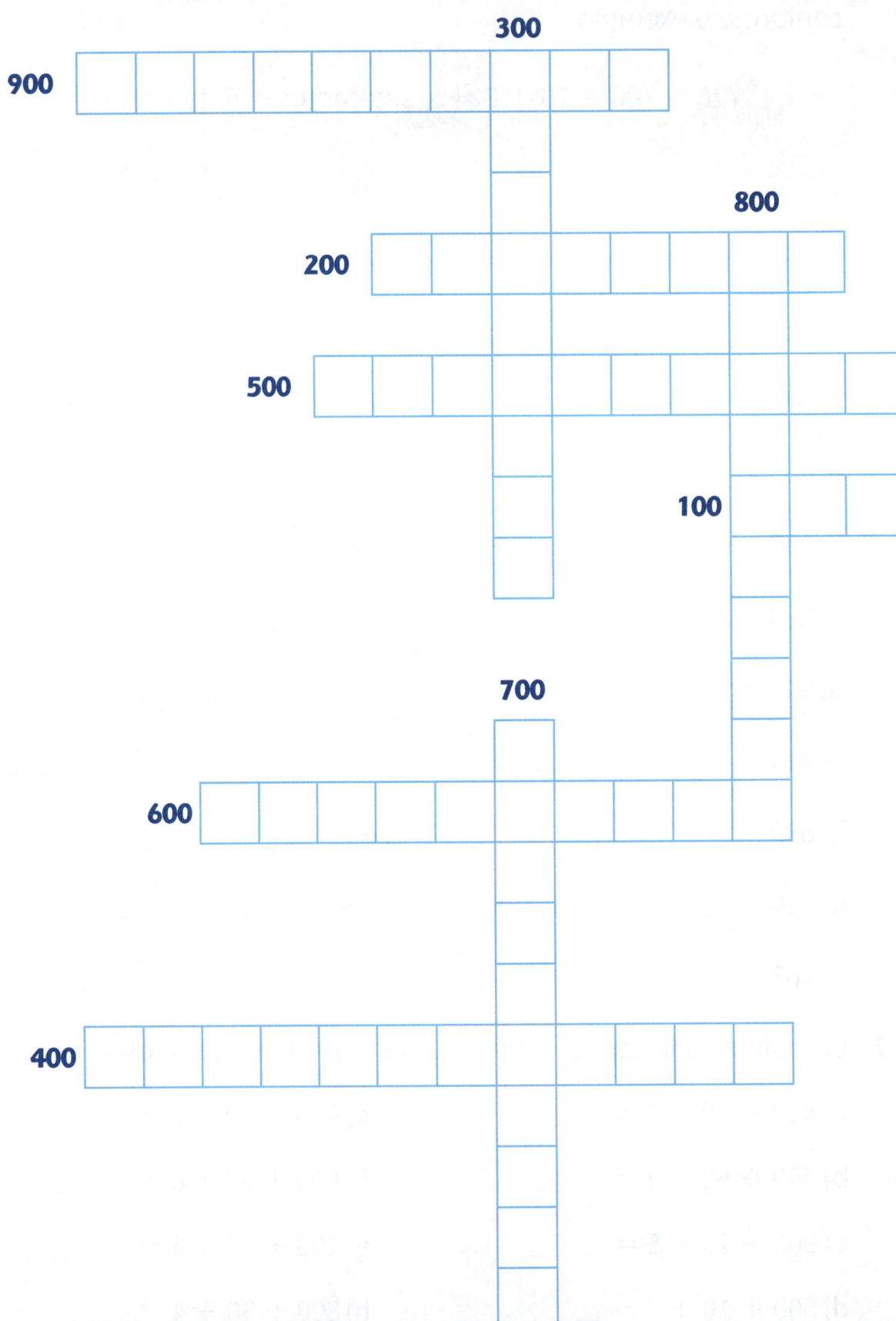

9 Quais são os números representados pelo Material Dourado em cada quadro a seguir? Escreva-os nos quadros de valores.

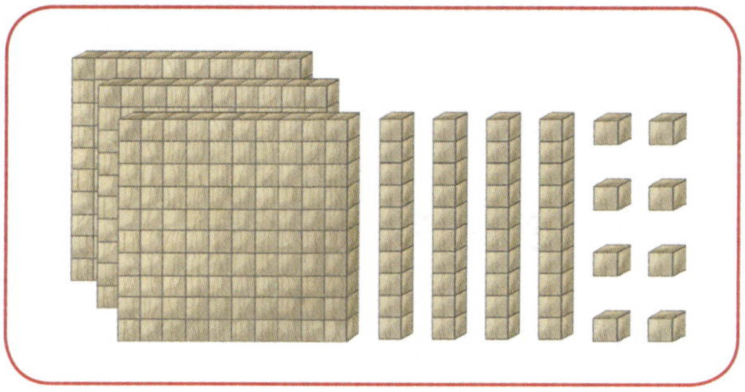

C	D	U

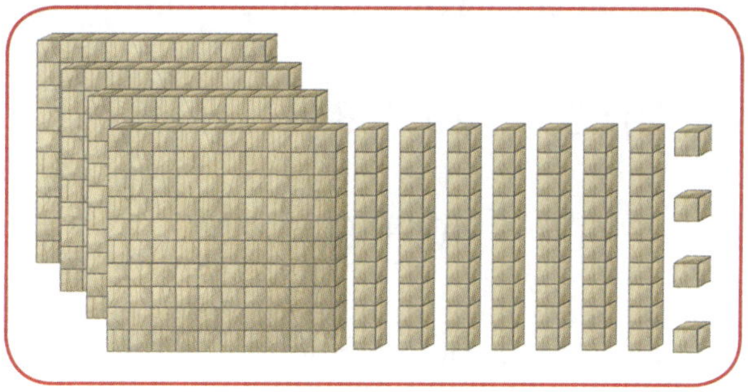

C	D	U

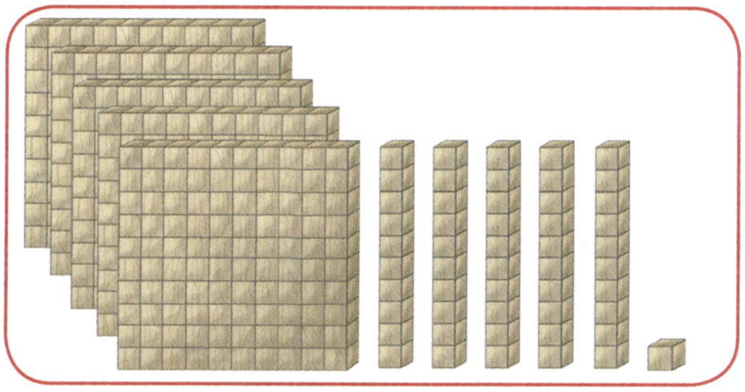

C	D	U

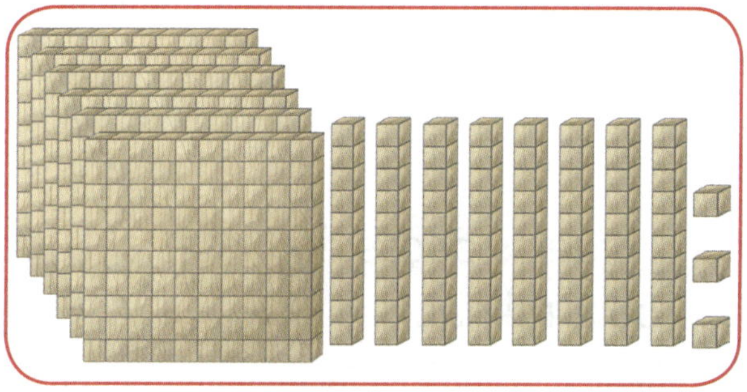

C	D	U

Ilustrações: DAE

10 Quem tem a maior quantidade em reais: Válter ou Rivalda?

As cédulas e moedas não estão representadas em proporção.

Válter

Rivalda

Fotos: Banco Central do Brasil

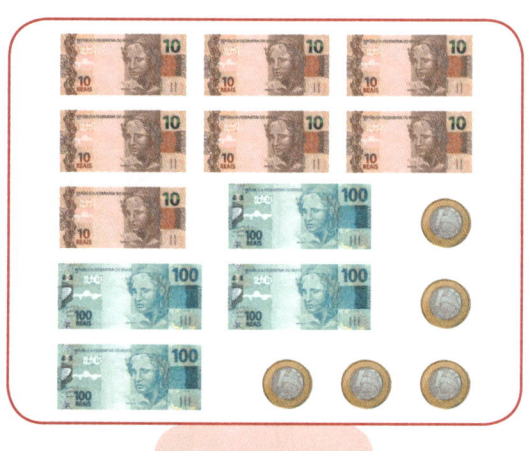

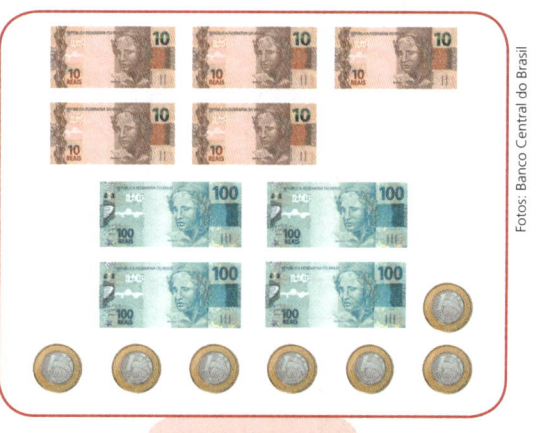

11 Calcule mentalmente as adições e complete-as.

a) 200 + 10 + 9 = _____

b) 500 + 20 + 8 = _____

c) 400 + 40 + 6 = _____

d) 700 + 50 + 5 = _____

e) 300 + 60 + 4 = _____

f) 800 + 70 + 3 = _____

g) 600 + 80 + 2 = _____

h) 700 + 30 + 7 = _____

i) 900 + 90 + 1 = _____

j) 100 + 900 = _____

12 Escreva uma adição com resultado igual a 1 000, isto é:

_____ + _____ = 1 000.

13 Ligue as peças do Material Dourado que, juntas, representam 1 000 ou 1 milhar.

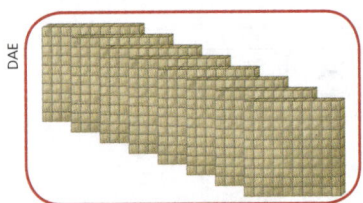
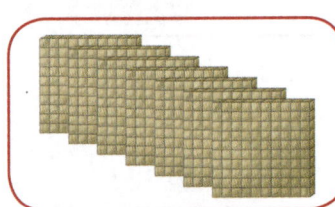
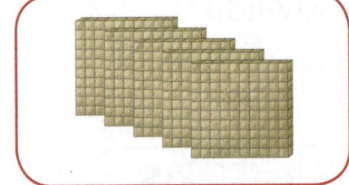
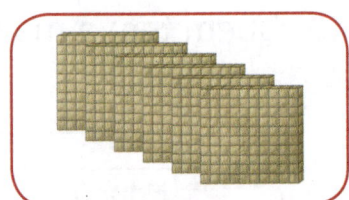

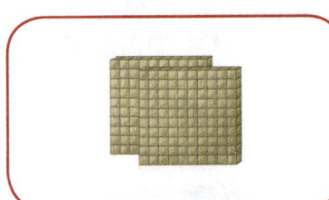
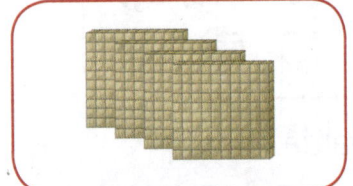
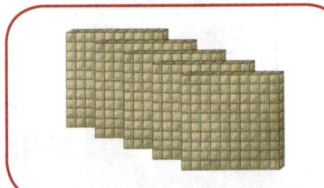

14 Complete a sequência de números de 981 a 1000.

981	982	983							
	992								

a) Que número vem imediatamente antes de 1000? _____

b) Quantos algarismos tem o número 1000? _____

15 Você sabe quanto é 1 centímetro? E 1 metro? Recorte as 10 tirinhas da página 319, na seção **Encartes**. Depois proceda da seguinte maneira: primeiro cole as tirinhas uma ao lado da outra, sem sobrepor a parte colorida. Assim, a tira completa terá 1 m. Então, dobre-a e cole-a no quadro abaixo.

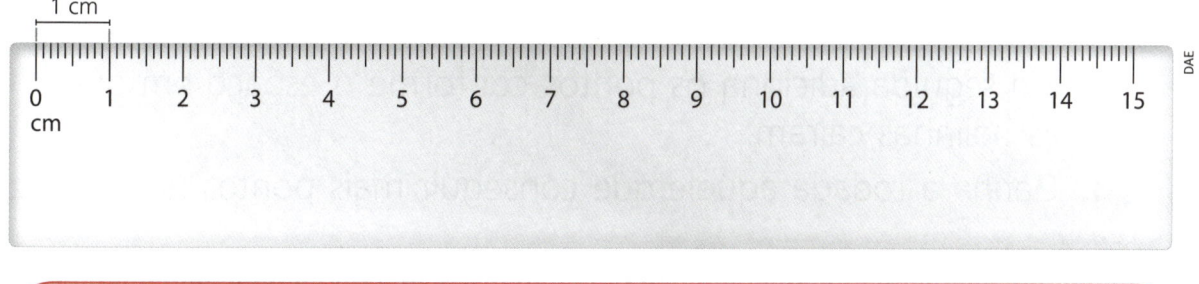

Portanto, 1 metro corresponde a _____ centímetros.

16 A turma inventou uma brincadeira diferente de tiro ao alvo. Os alunos utilizaram uma caixa grande com divisões internas. Em cada espaço interno colaram o número de pontos.

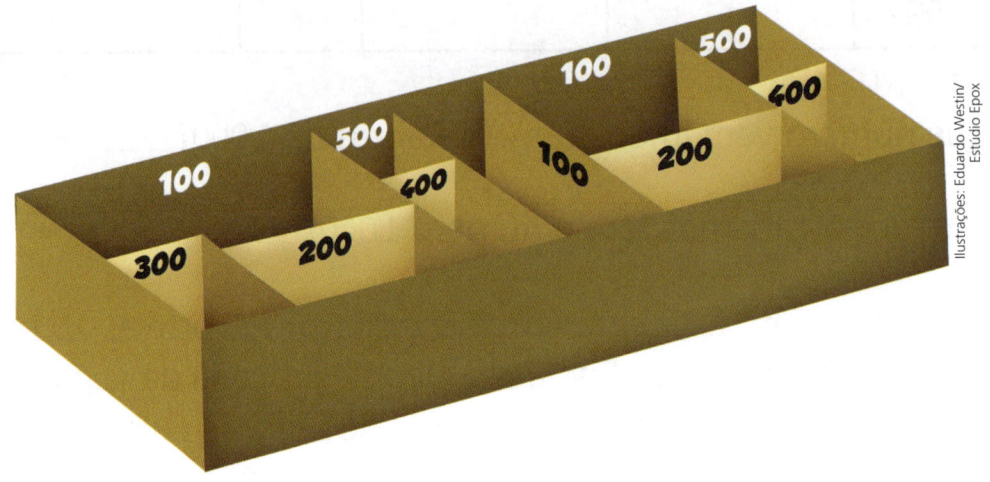

Regras do jogo
1. Cada um lança 2 bolinhas dentro da caixa.
2. Em seguida adiciona os pontos conforme o espaço em que as bolinhas caíram.
3. Ganha a rodada aquele que conseguir mais pontos na sua vez.

a) Quantos pontos no máximo um jogador consegue?

_____

b) Com duas bolinhas é possível fazer 700 pontos? Explique.

_____

17 Esta é para você pensar um pouquinho! Que número está representado no ábaco? Explique oralmente.

O número é _____.

 #Digital

Além de servirem para nos acordar, para tirar fotografias e para ouvir música, os *smartphones* podem ser usados para organização pessoal. Isso pode ser feito na função agenda. Vamos ver como?

1. Localize em um *smartphone* a função "agenda". Outros nomes que essa função recebe são "organizador" ou "calendário".
2. Abra o aplicativo no mês em que estamos. Vamos começar anotando as atividades que serão feitas na próxima segunda-feira.
3. Depois, adicione a cada dia da semana, de terça a sexta-feira, uma tarefa que você precisa fazer e uma tarefa que você gostaria de fazer. Se tiver dificuldade, peça ajuda ao professor.

▶ O IBM Simon é considerado o primeiro *smartphone* da história. Além de fazer e receber chamadas telefônicas, já apresentava funções como tela sensível ao toque, agenda, calculadora, envio e recebimento de *e-mails*, entre outras.

1 Veja como Sérgio fez a agenda dele e, depois, responda às questões.

Abril 2019							
Dia	7 dom	8 seg	9 ter	10 qua	11 quin	12 sex	13 sáb
14 h		Fazer tarefa de História.					
15 h						Jogar bola com o Leo.	
16 h				Caminhada com a vovó.			
17 h					Terminar o trabalho de Ciências.		
18 h			Telefonar para Jéssica.				

a) Qual é a 1ª tarefa da semana de Sérgio?

_____

b) Qual é a tarefa que antecede e a que sucede a caminhada com a vovó?

_____

Quem dorme de sapatos?

Sequências, ordem dos números

Uma pergunta curiosa: Quem dorme de sapatos?
- Para responder, ligue os pontos um a um de 1 até 100.

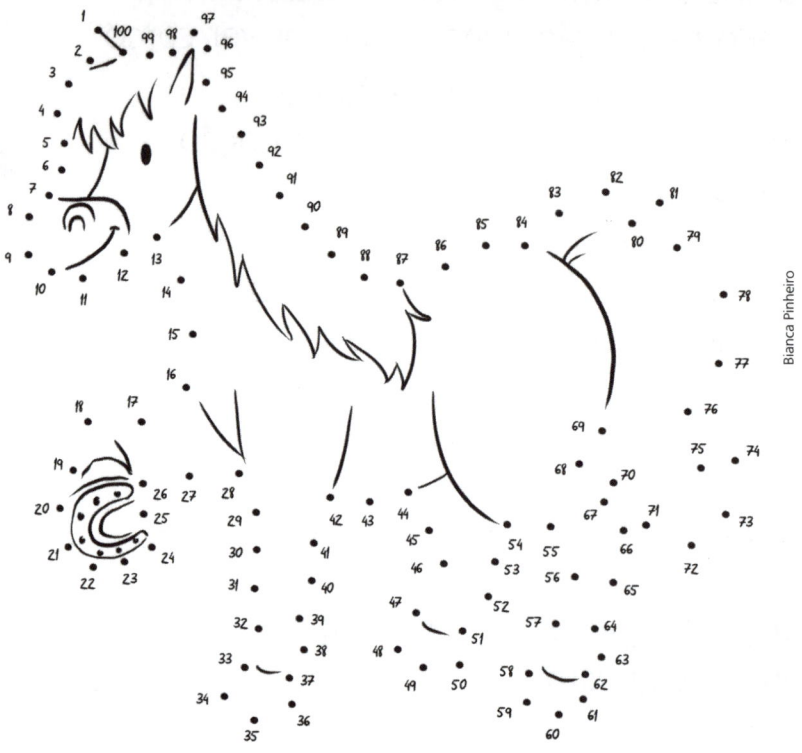

- Qual é a resposta? _____
- Qual é o **antecessor** do número 99, isto é, o número que vem imediatamente antes do 99? _____
- E qual é o **sucessor** do 99, isto é, o número que vem imediatamente depois do 99? _____

> A **sequência dos números naturais** é:
> 0, 1, 2, 3, 4, 5, 6, 7, 8, 9, 10, 11, 12, 13, 14, 15, 16, 17, ...
> **Antecessor** de um número natural é o que vem imediatamente antes dele, isto é, o número com 1 unidade a menos.
> **Sucessor** de um número natural é o que vem imediatamente depois dele, isto é, o número com 1 unidade a mais.

Os números 101, 102, 103, 104, 105, 106 e 107 estão escritos em **ordem crescente**.

Representamos desta forma:

101 < 102 < 103 < 104 < 105 < 106 < 107

Assim, por exemplo, temos:

102 < 103

→ 102 é menor que 103

Os números 107, 106, 105, 104, 103, 102 e 101 estão escritos em **ordem decrescente**.

Representamos desta forma:

107 > 106 > 105 > 104 > 103 > 102 > 101

Assim, por exemplo, temos:

103 > 102

→ 103 é maior que 102

1 Usando os símbolos **>** (maior que) e **<** (menor que), escreva os números de 990 a 999 na ordem:

a) crescente; _____

b) decrescente. _____

2 Podemos representar a sequência dos números naturais na reta numérica. Complete:

0, 1, 2, 3, ☐, ☐, ☐, ☐, ☐, ☐, ☐, ☐, ☐, ☐ ...

a) Responda:
- Na reta numérica, o que ocorre com os números quando avançamos da esquerda para a direita? _____
- O que significam os três pontinhos na reta numérica?
_____

b) Agora complete:
- Na reta numérica, 25 vem antes de 30. Dizemos que 25 é

_____ que 30 e escrevemos 25 < 30.

- Na reta numérica, 49 vem depois de 33. Dizemos que 49 é

_____ que 33 e escrevemos 49 > 33.

3 Escreva a sequência dos números naturais de 795 a 804.

795, 796, _____, _____, _____, _____, _____, _____, _____, _____

a) Compare os números colocando entre eles o sinal de **maior que** (>) ou de **menor que** (<).

- 798 _____ 801
- 795 _____ 799
- 804 _____ 797
- 800 _____ 796

b) Responda:
- Qual é o sucessor de 800? _____
- Qual é o antecessor de 798? _____

4 Quatro equipes participaram de uma gincana escolar.

No gráfico a seguir foram colocados os pontos que cada equipe conquistou.

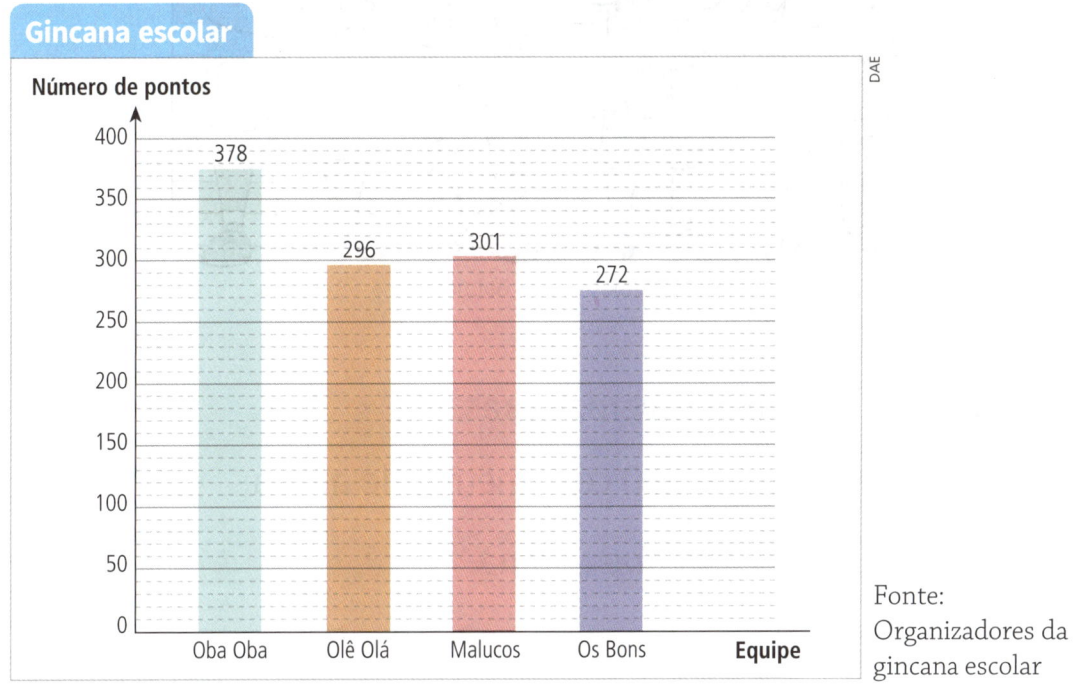

Fonte: Organizadores da gincana escolar

a) Qual das equipes obteve mais pontos e qual obteve menos pontos?

_____

b) Complete a tabela.

COLOCAÇÃO	EQUIPE	NÚMERO DE PONTOS
1º		
2º		
3º		
4º		

5 A professora fez uma régua na parede com medidas em centímetros. Observe os quatro alunos em pé na frente dessa régua.

Marque **X** nas afirmações verdadeiras.

☐ Todos têm mais de 100 centímetros de altura.

☐ Gabriela é mais alta que Lorena.

☐ Wilson tem altura menor que a de Henrique.

☐ A altura de Henrique é próxima de 140 centímetros.

6 Complete a reta numérica com os números que faltam.

... 999   1 000   1 001   ____   1 003   ____   1 005   1 006   ____   1 008   ____   1 010   1 011   ____   ...

a) O antecessor de 1 010 é ____.

b) O sucessor de 1 011 é ____.

c) Na reta numérica, um número que está à direita é maior do que um número que está à esquerda? ____

Mais de 1 000 metros

A unidade de milhar

Na fotografia abaixo estão representados atletas durante a disputa da prova de revezamento dos 4 × 400 metros realizada na olimpíada de 2016, na cidade do Rio de Janeiro. A equipe dos Estados Unidos ficou com a medalha de ouro após terminar a prova em menos de 3 minutos.

Responda:
- O que significa uma prova de revezamento 4 × 400 metros?

_____

- Quantos metros ao todo cada atleta percorre nessa prova?

_____

- Qual é a distância total percorrida na prova? _____

1 Descubra o segredo da sequência e complete-a.

- Qual é o segredo da sequência?

_____

2 Efetue as adições a seguir.

a) 9 + 1 _____

99 + 1 _____

999 + 1 _____

b) 90 + 10 _____

900 + 100 _____

900 + 90 + 10 _____

c) 80 + 20 _____

800 + 200 _____

900 + 80 + 20 _____

d) 6 + 4 _____

96 + 4 _____

996 + 4 _____

3 A professora representou no ábaco um número maior que 1 000. Observe essa representação na figura a seguir.

a) Que número está representado? _____

b) Escreva como lemos esse número.

_____

c) Quantas unidades a mais que 1 000 esse número tem?

_____

Quando escrevemos um número na ordem da unidade de milhar, utilizamos quatro algarismos.

Observe a disposição do número 1 789 no quadro de valores.

UM	C	D	U
1	7	8	9

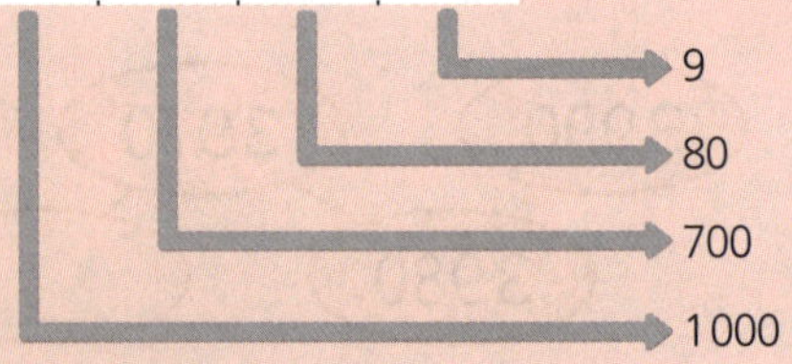

→ 9
→ 80
→ 700
→ 1 000

Decompondo 1 789, temos:

1 789 = _____ + _____ + _____ + _____

4 Complete cada sequência de números representada a seguir:

a)
991	992	993							
	1002							1009	
			1014				1018		

b)
1201	1202	1203							
1211					1216				
	1223						1228		

c)
1471	1472	1473							
	1483				1487				1490
			1495						

5 Faça a decomposição dos números conforme o exemplo.

UM	C	D	U
1	4	9	3

$1\,000 + 400 + 90 + 3$

a)
UM	C	D	U
1	8	7	4

_____

b)
UM	C	D	U
1	7	6	3

_____

c)
UM	C	D	U
1	2	9	8

_____

d)
UM	C	D	U
1	5	7	4

_____

e)
UM	C	D	U
1	3	8	6

_____

f)
UM	C	D	U
1	9	9	4

_____

6 Luciana recebe seu salário sempre no 5º dia útil do mês. Como ela trabalha numa agência bancária, neste mês ela fez a retirada de todo o salário e obteve as seguintes notas e moedas:

As cédulas e moedas não estão representadas em proporção.

a) Qual é o salário de Luciana? _____

b) Escreva esse valor por extenso.

_____

c) Quantas notas de 100 reais há em cada maço de 1000 reais?

_____

7 Faça a composição dos números e escreva como se lê cada um.

a) 3 000 + 800 + 90 + 5 = _____

Lemos: _____ .

b) 7 000 + 200 + 30 + 8 = _____

Lemos: _____ .

c) 9 000 + 400 + 20 + 7 = _____

Lemos: _____ .

d) 8 000 + 800 + 10 + 6 = _____

Lemos: _____ .

8 Quantos reais cada amigo tem? Complete:

Adônis

Tales

_____ reais   _____ reais

Lemos: _____   Lemos: _____

_____.   _____.

9 Descubra o segredo da sequência numérica a seguir e complete-a.

4 925, 4 815, 4 705, _____, _____, _____, _____, _____,

_____, _____, _____.

Segredo: _____.

10 Desenhe contas nos ábacos para representar cada número a seguir.

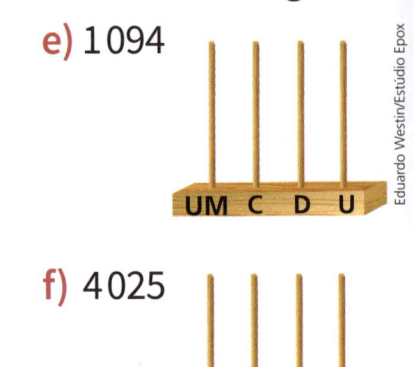

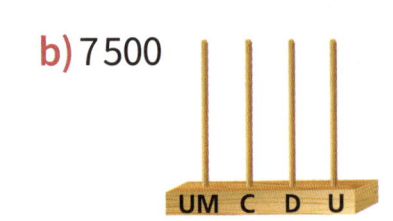

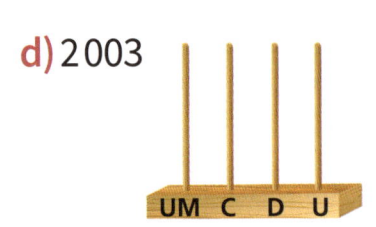

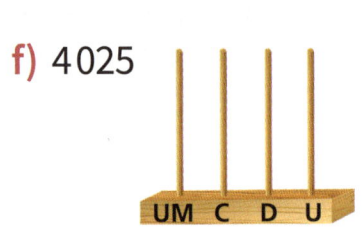

a) 2 508

c) 3 326

e) 1 094

b) 7 500

d) 2 003

f) 4 025

11 Na reta numérica a seguir estão representados alguns números e algumas letras que indicam outros números.

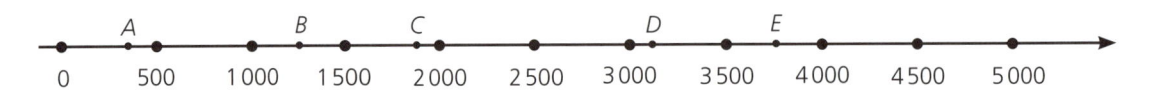

```
  A      B   C       D     E
0   500 1000 1500 2000 2500 3000 3500 4000 4500 5000
```

a) O ponto indicado pela letra A é um número maior que 250? Justifique.

_____

_____

b) Escreva um número que pode ser indicado pelo ponto B. _____

c) O ponto C indica o número 1 600. Essa afirmativa é correta? Justifique.

_____

_____

d) Escreva um número que pode ser representado pelo ponto D. _____

e) Escreva um número que pode ser representado pelo ponto E. _____

12 Calcule mentalmente cada adição.

a) 2 + 5 = _____

20 + 50 = _____

200 + 500 = _____

2 000 + 5 000 = _____

b) 6 + 3 = _____

60 + 30 = _____

600 + 300 = _____

6 000 + 3 000 = _____

13 Vamos fazer algumas adições na calculadora. Digite o número 9 257. Responda às questões com base nesse número.

a) Que número você tem de adicionar a ele para obter 9 857?

_____

b) Que número você tem de subtrair dele para obter 8 257?

_____

c) Que número você tem de adicionar a ele para obter 9 667?

_____

14 Elabore um problema que envolva um número com quatro algarismos; para isso, continue o enunciado a seguir.

No visor da calculadora aparece o número _____

_____

_____

_____

15 Junte-se a mais três colegas e utilize as cartas da página 321, na seção **Encartes** para jogar **Número maior**.

Regras

1. As 40 cartas (10 de cada aluno) devem ser embaralhadas e colocadas num montinho sem que se vejam os algarismos.

2. Cada aluno pega 4 cartas e forma um número com 4 algarismos.

3. Ganha a rodada quem formar o maior número.

Antes de jogar, imagine que você tenha tirado do montinho as seguintes cartas:

2 3 5 6

a) Escreva todos os números com 4 algarismos que você pode formar utilizando apenas os que estão nas cartas acima.

_____

_____

b) Escreva o menor e o maior número formados.

_____

16 Resolva cada uma das seguintes situações.

a) Antônio precisava digitar o número correspondente à quantia que havia depositado em sua conta num banco, porém trocou o algarismo das centenas com o algarismo das unidades de milhar. Observe na calculadora o que ele digitou. Que quantia ele havia depositado em sua conta no banco?

_____

b) Patrícia digitou na calculadora o maior número natural formado com 4 algarismos. Desse número, subtraiu o menor número natural com 4 algarismos. Descubra quais são os números e qual é o resultado da subtração.

- Maior número: _____ . Menor número: _____ .

- Diferença: _____ .

c) Elabore um problema que tenha os números 9 876 e 1 000. Escreva o enunciado nas linhas abaixo e apresente aos colegas a resolução do problema.

Enunciado:

_____

_____

_____

Resolução:

MATEMÁTICA em ação

Você já ouviu falar em **arredondamentos** e **estimativas**?

Um simples olhar para a cena acima pode levar você a pensar em algumas perguntas:

- Quantas pessoas aparecem na cena?
- Qual é a altura dos prédios que estão atrás da praça?

Essas perguntas podem ser resolvidas fazendo-se contagem ou mesmo efetuando-se medidas.

Entretanto, se quisermos ter apenas uma ideia desses números, precisamos fazer algumas estimativas e também arredondamentos. Mas como podemos fazer isso?

Valor total de uma compra

Observe os produtos e seus preços. Se você comprasse os três produtos, quantos reais aproximadamente gastaria?

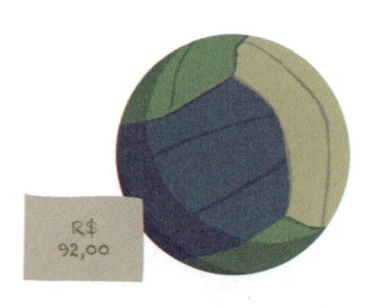

Os elementos não estão representados em proporção.

R$ 312,00

R$ 92,00

R$ 209,00

Você pode arredondar esses valores para a centena mais próxima, isto é:

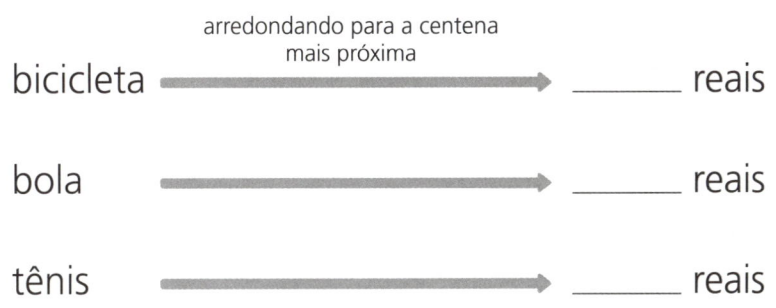

bicicleta →(arredondando para a centena mais próxima) _____ reais

bola →_____ reais

tênis →_____ reais

- Adicionando esses valores, podemos dizer que você gastaria aproximadamente _____ reais.

Altura da porta da sala de aula

Para fazer estimativas, você pode utilizar números ou medidas que conhece bem. Um exemplo é obter a altura aproximada da porta da sala de aula.

Na cena, a aluna está ao lado da porta da sala de aula. Se ela tem 110 centímetros de altura, qual será a altura da porta?

Resposta: _____ centímetros.

Explique aos colegas como você pensou. Depois, que tal fazer a estimativa da altura do teto de sua sala de aula em relação ao chão?

Como eu vejo
A influência da tecnologia

Marcos de Mello

Não é necessário fazer um levantamento estatístico para verificar que as pessoas estão, por um lado se conectando facilmente mas por outro se distanciando. Observe a imagem que mostra situações cotidianas em que a tecnologia influencia a vida das pessoas.

Ângela e Michele são muito amigas. Sempre estão trocando informações sobre diversos assuntos.

Quatro amigas com seus brinquedos se reuniram na praça para brincar bastante.

Hoje Valéria e Pedro resolveram tomar um café juntos. Os dois marcaram esse encontro para trocar algumas ideias sobre a vida deles. Porém, tanto Pedro quanto Valéria...

O celular é um instrumento que pode aproximar as pessoas. Mas, e quando as pessoas estão juntas, você acha que é fundamental estar ligado ao celular?

Vamos imaginar as mesmas cenas, porém com uma pequena alteração em cada uma delas.

A amizade entre Ângela e Michele é muito legal. Uma sempre escuta o que a outra tem a dizer.

O *skate* é uma atividade aeróbica que desenvolve o raciocínio com tomadas de decisões rápidas para realizar as manobras.

Quando as amigas resolvem brincar, elas esquecem até que têm celular...

A conversa entre Valéria e Pedro foi tão interessante para os dois, que até esqueceram de tomar café. Quando viram, o café já estava frio.

1. Cite aos colegas exemplos de situações em que as pessoas não podem utilizar o celular.

2. O que você acha que está errado na cena ao lado?

Quarenta e três 43

Como eu transformo

Celular e direção combinam?

Arte História Língua Portuguesa

O que vamos fazer?

Um painel com informações sobre a quantidade de acidentes causados pelo uso do celular ao volante.

Para que fazer?

Para informar e conscientizar as pessoas da importância de não usar o celular quando estiverem dirigindo.

Com quem fazer?

Com os colegas e o professor.

Como fazer?

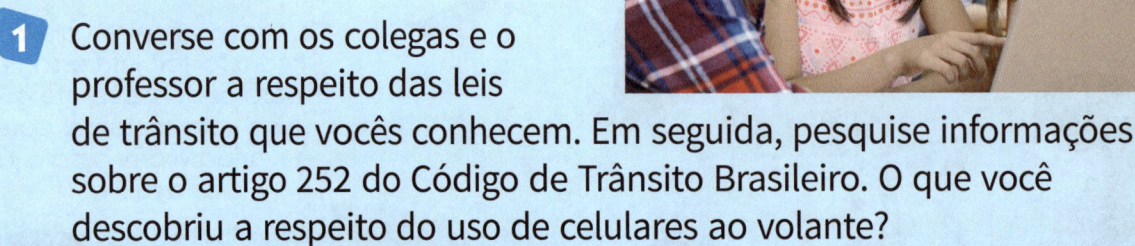

1. Converse com os colegas e o professor a respeito das leis de trânsito que vocês conhecem. Em seguida, pesquise informações sobre o artigo 252 do Código de Trânsito Brasileiro. O que você descobriu a respeito do uso de celulares ao volante?

2. Além das multas, quais podem ser as consequências desse ato?

3. Pesquise, com a ajuda do professor, a quantidade de acidentes ocorridos no trânsito na região onde você mora e tente identificar as maiores causas desses acidentes, incluindo o uso do celular pelo motorista.

4. O professor os ajudará a reunir as informações levantadas e a elaborar, com elas, um painel com o objetivo de informar e sensibilizar as pessoas a respeito do uso de celulares ao volante. O tema do painel da turma será: **Celular e direção combinam?**

5. Decida, junto com a turma e o professor, um local para afixar o painel. Lembre-se: quanto mais pessoas que dirigem ou conheçam outros motoristas virem o painel, melhor será.

Para você, como foi conversar sobre acidentes de trânsito? Por quê?

Revendo o que aprendi

1 Escreva como lemos os seguintes números ordinais e responda às perguntas.

a) 10º: _____

  • Qual é a 10ª letra de nosso alfabeto? _____

b) 8º: _____

  • Qual é a 8ª letra de nosso alfabeto? _____

2 No fim de semana passado Patrícia foi ao cinema e depois a uma lanchonete com seus amigos. Complete a seguir com o total que ela gastou no fim de semana.

LOCAL	cinema	lanchonete	Total
GASTO EM REAIS	24	15	

a) Explique no quadro a seguir como você calculou o total.

Patrícia gastou _____ no fim de semana.

b) Antes de Patrícia ir ao cinema e à lanchonete, o pai dela deu-lhe uma cédula de 50 reais. Quanto desse dinheiro ainda sobrou? Registre no quadro a seguir como você calculou.

Quarenta e cinco 45

3 Agora calcule mentalmente cada resultado a seguir.

a) 7 − 3 = _____   b) 6 − 4 = _____   c) 9 − 3 = _____

70 − 30 = _____   60 − 40 = _____   90 − 30 = _____

4 Este é o gráfico do número de refeições servidas na lanchonete da escola nesta semana.

Refeições na semana

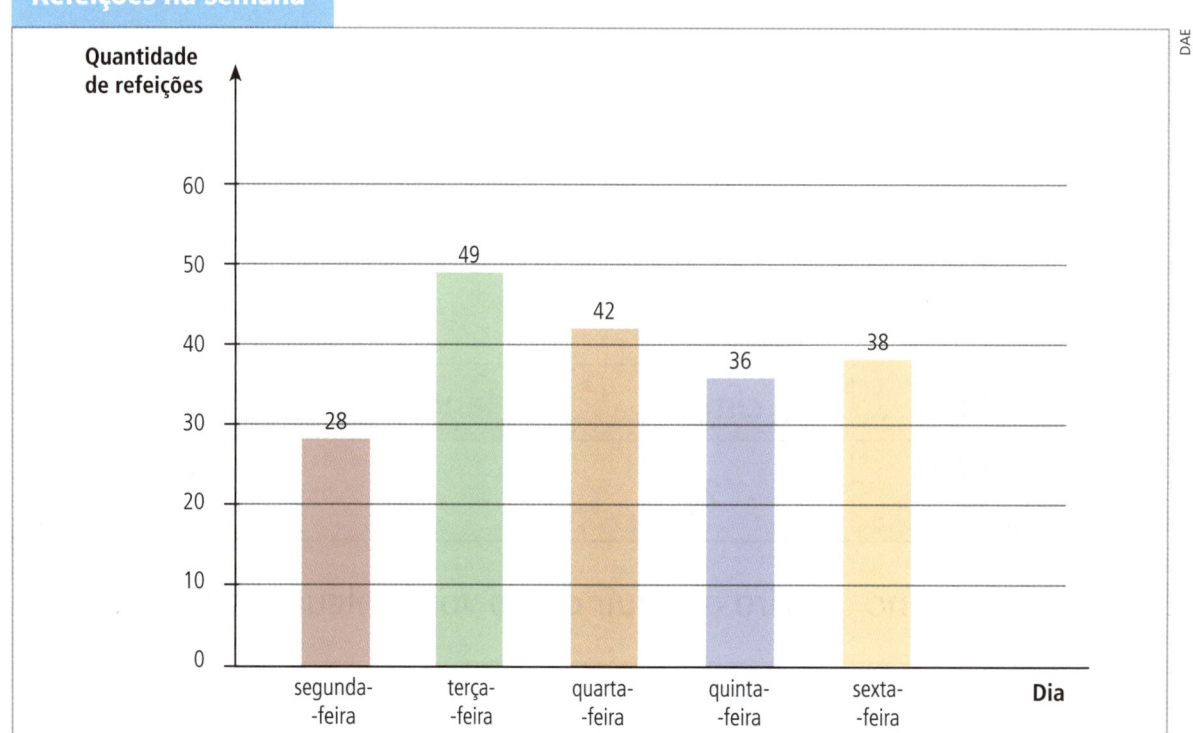

- segunda-feira: 28
- terça-feira: 49
- quarta-feira: 42
- quinta-feira: 36
- sexta-feira: 38

Fonte: Lanchonete da escola.

a) Quantas refeições foram servidas na segunda-feira a menos que na terça-feira? _____

b) Quantas refeições foram servidas na sexta-feira a mais que na quinta-feira? _____

c) Para servir a mesma quantidade de refeições de terça-feira, quantas refeições a mais seria preciso servir na quarta-feira? _____

5 Observe a seguir a quantidade de pacotes de sacos plásticos que há no estoque de um restaurante.

a) Quantos sacos plásticos há em cada pacote? _____

b) Qual é o total de sacos plásticos do estoque? _____

6 Faça a composição dos números a seguir e escreva como se lê cada um.

a) 400 + 50 + 7 = _____

Lemos: _____.

b) 800 + 20 + 2 = _____

Lemos: _____.

c) 700 + 10 + 9 = _____

Lemos: _____.

d) 600 + 20 + 5 = _____

Lemos: _____.

7 Escreva nos quadros o antecessor e o sucessor do número indicado.

a) ▢ 990 ▢   e) ▢ 1 000 ▢

b) ▢ 1 008 ▢   f) ▢ 2 801 ▢

c) ▢ 909 ▢   g) ▢ 3 900 ▢

d) ▢ 799 ▢   h) ▢ 4 001 ▢

8 Escreva quatro números formados por:

a) 2 algarismos; _____

b) 3 algarismos; _____

c) 4 algarismos; _____

d) 5 algarismos. _____

9 Escreva cada número do modo que lemos.

a) 4 200 _____

b) 2 350 _____

c) 9 480 _____

d) 2 570 _____

e) 5 600 _____

10 Escreva cada número que foi decomposto.

a) 5 000 + 600 + 30 + 8 = _____   c) 3 000 + 400 + 50 + 6 = _____

b) 1 000 + 900 + 40 + 1 = _____   d) 7 000 + 100 + 10 + 2 = _____

11 Este é um tiro ao alvo diferente. No chão da sala de aula foi colocada a cartolina. A equipe **A** jogou as fichas vermelhas, e a equipe **B**, as fichas pretas.

Complete o quadro observando os pontos, conforme a posição das fichas no alvo.

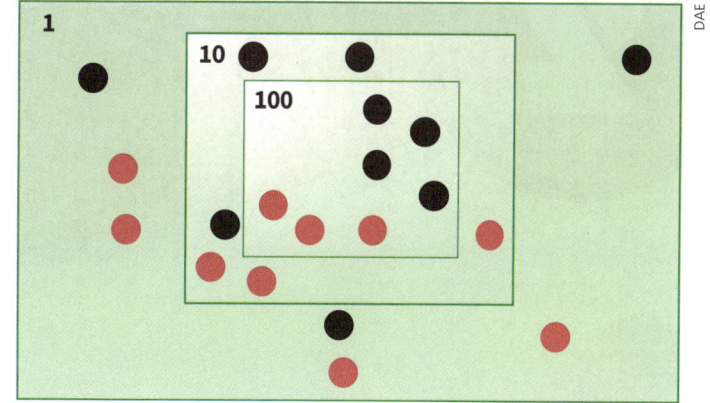

EQUIPE	100 PONTOS	10 PONTOS	1 PONTO	TOTAL
A (vermelha)				
B (preta)				

- Que equipe ganhou o jogo? Quantos pontos conseguiu?

_____

Desafio

1 Então, resolveu sozinho o desafio proposto no começo da unidade sobre o relógio?

Imagine agora outra situação:

- Roseli, brincando com as peças de um jogo de dominó, posicionou 6 peças conforme a figura ao lado e disse aos colegas que havia uma sequência bem curiosa. O desafio é ajudá-los a descobrir qual peça deve ser colocada na posição que está livre.

UNIDADE 2
Adição e subtração

- Três amigos precisam atravessar um rio. Como eles podem atravessar esse rio em segurança, considerando que o limite de peso do barco é de 150 kg e o peso de cada um deles é 50 kg, 75 kg e 120 kg?

O jogo das três cores

Janete, Robson e Teodoro inventaram um jogo de cartas no fim de semana, o **jogo das três cores**.

1. Eles fizeram 27 cartas, organizadas em grupos de 9. Cada grupo tem o quadradinho de uma cor: vermelho (100 pontos), amarelo (10 pontos) e verde (1 ponto).

100   **10**   **1**

2. As cartas foram embaralhadas e distribuídas entre os 3 amigos. Cada um ficou com 9 cartas.

3. Ganhou o jogo quem conseguiu maior pontuação somando os pontos de todas as suas cartas.

Experimente brincar: recorte as cartas que estão nas páginas 323, 325 e 327, na seção **Encartes**, e, com outros dois colegas, divirta-se.

Após brincar um pouco, responda às seguintes perguntas:

◆ Qual é o número de pontos máximo que podemos conseguir com 9 cartas?

◆ Quais são as cartas para conseguir 612 pontos?

As compras do dia a dia

Adição com números de até quatro algarismos

Pela manhã Marta foi ao supermercado e à farmácia.

Gastou no supermercado 342 reais.

Gastou na farmácia 125 reais.

◆ Assinale com um **X** o quadro correto.

Marta gastou ao todo:

(menos de 300 reais.)   (mais de 500 reais.)   (mais de 400 reais.)

◆ Podemos fazer esse cálculo por decomposição:

342 = 300 + 40 + 2
125 = 100 + 20 + 5

300 + 100   40 + 20   2 + 5

_____ + _____ + _____ = _____

◆ Podemos também fazer essa adição no quadro de valores:

C	D	U
3	4	2
+ 1	2	5

1 O gráfico indica o número de alunos matriculados em uma escola de Ensino Fundamental.

a) Observe o gráfico e complete a tabela.

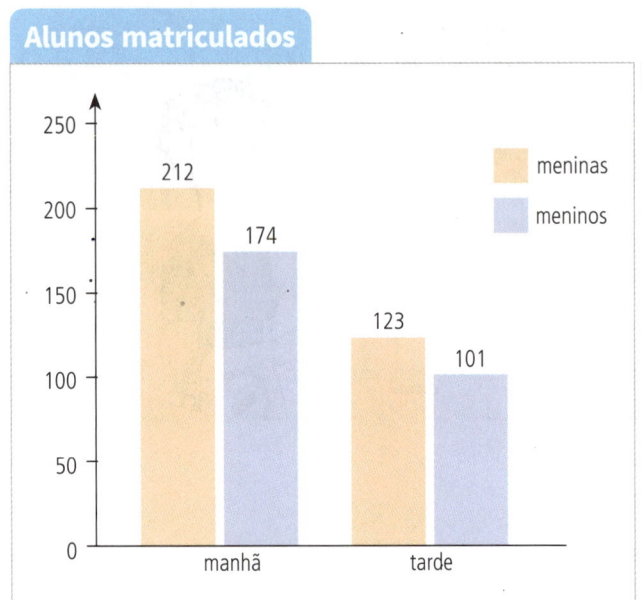

Alunos matriculados

- 212 meninas (manhã)
- 174 meninos (manhã)
- 123 meninas (tarde)
- 101 meninos (tarde)

	MANHÃ	TARDE
Meninas		
Meninos		
Total		

Fonte: Secretaria da escola.

b) Use a decomposição para calcular o total de meninas nos dois turnos.

212 = 200 + 10 + 2
123 = 100 + 20 + 3

200 + 100   10 + 20   2 + 3

_____ + _____ + _____ = _____

c) Complete o quadro de valores com o total de alunos que estudam à tarde.

C	D	U
1	2	3
+ 1	0	1

d) Quantos alunos há nessa escola juntando as meninas e os meninos dos dois períodos? _____

54 Cinquenta e quatro

2 Na primeira semana do mês, Gabriela abasteceu o carro e gastou 237 reais. Na segunda semana, novamente teve de abastecê-lo, só que gastou 221 reais. Quanto ela gastou com combustível nas duas semanas?

a) Complete a tabela:

Semana	Gasto em reais
1ª	
2ª	
Total	

b) Calcule o total pela decomposição:

237 = 200 + 30 + 7
221 = 200 + 20 + 1

200 + 200   30 + 20   7 + 1

_____ + _____ + _____ = _____

3 Calcule mentalmente e complete.

a) 2 + 7 = _____

20 + 70 = _____

200 + 700 = _____

b) 6 + 2 = _____

60 + 20 = _____

600 + 200 = _____

c) 4 + 3 = _____

40 + 30 = _____

400 + 300 = _____

d) 5 + 1 = _____

50 + 10 = _____

500 + 100 = _____

4 Efetue as adições completando cada quadro valor de lugar.

a)
C	D	U
2	3	2
+ 4	2	5

d)
C	D	U
8	1	7
+ 1	6	2

g)
C	D	U
4	4	4
+ 2	5	3

b)
C	D	U
2	3	4
+ 4	3	2

e)
C	D	U
7	2	3
+ 1	6	5

h)
C	D	U
5	0	9
+ 2	1	0

c)
C	D	U
5	2	1
+ 3	5	6

f)
C	D	U
3	3	5
+ 6	2	4

i)
C	D	U
8	0	7
+ 1	3	2

5 Agora efetue estas adições pela decomposição.

a)
215 + 463 =
= 200 + 10 + 5 + 400 + 60 + 3 =
= 200 + 400 + 10 + 60 + 5 + 3 =
= _____ + _____ + _____ = _____

b)
134 + 655 =
= 100 + 30 + 4 + 600 + 50 + 5 =
= _____ + _____ + _____ + _____ + _____ + _____ =
= _____ + _____ + _____ = _____

c) 322   +   415   =

= ____ + ____ + ____ + ____ + ____ + ____ =

= ____ + ____ + ____ + ____ + ____ + ____ =

=   ____ + ____ + ____   = ____

d) 223   +   334   =

= ____ + ____ + ____ + ____ + ____ + ____ =

= ____ + ____ + ____ + ____ + ____ + ____ =

=   ____ + ____ + ____   = ____

e) 436   +   342   =

= ____ + ____ + ____ + ____ + ____ + ____ =

= ____ + ____ + ____ + ____ + ____ + ____ =

=   ____ + ____ + ____   = ____

f) 523   +   406   =

= ____ + ____ + ____ + ____ + ____ + ____ =

= ____ + ____ + ____ + ____ + ____ =

=   ____ + ____ + ____   = ____

6 Efetue as adições com o auxílio do algoritmo como no exemplo.

```
123 + 471 = 594

   1 2 3
 + 4 7 1
 -------
   5 9 4
```

c) 516 + 282 = _____

a) 436 + 522 = _____

d) 602 + 261 = _____

b) 315 + 423 = _____

e) 825 + 144 = _____

7 Resolva as adições a seguir da maneira que você preferir e escreva os resultados nos espaços indicados.

a) 712 + 136 = _____

b) 502 + 274 = _____

8 Efetue as adições com o auxílio do quadro de valores.

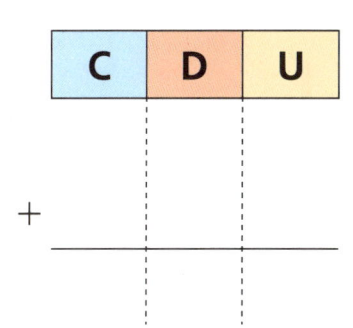

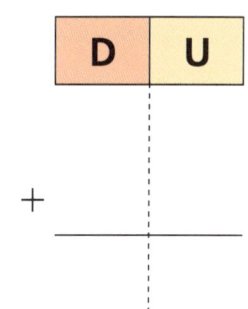

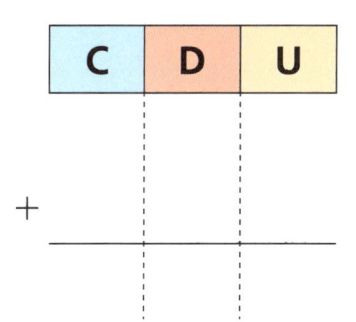

a) 243 + 710 = _____

C	D	U
+		

b) 618 + 241 = _____

C	D	U
+		

c) 82 + 17 = _____

D	U
+	

d) 825 + 74 = _____

C	D	U
+		

9 No sítio da família de Raul há uma vaca e um bezerro que nasceu faz pouco tempo. Pinte-os conforme a legenda.

■ vaca
■ bezerro

- Atualmente a vaca pesa 632 kg, e o bezerro 47 kg. Quantos quilos os dois pesam juntos? Faça o cálculo utilizando a decomposição.

10 Jonas faz adições utilizando o desenho do ábaco. Ele pintou de lilás as argolas que representam uma das parcelas e de verde as que representam a outra parcela.

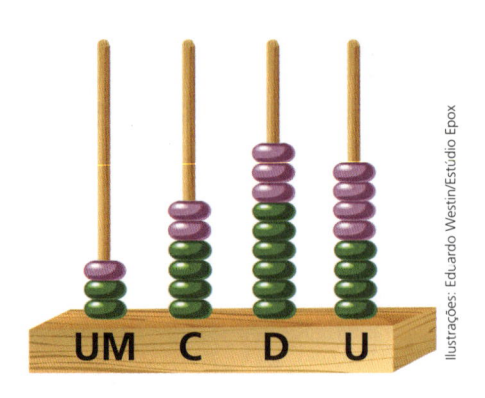

Observe o ábaco e escreva a adição que Jonas fez:

_____ + _____ = _____

11 Assim como Jonas, desenhe argolas para representar as adições nos ábacos e escreva os resultados.

a) 1 125 + 3 324 = _____

c) 5 304 + 483 = _____

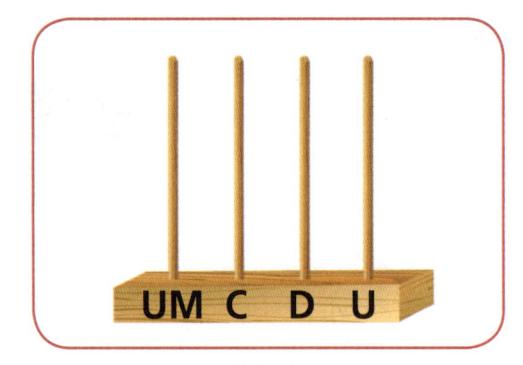

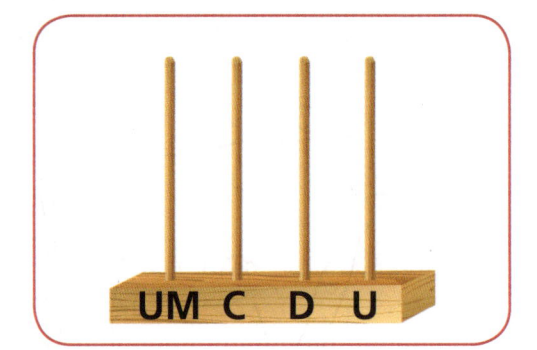

b) 2 213 + 4 680 = _____

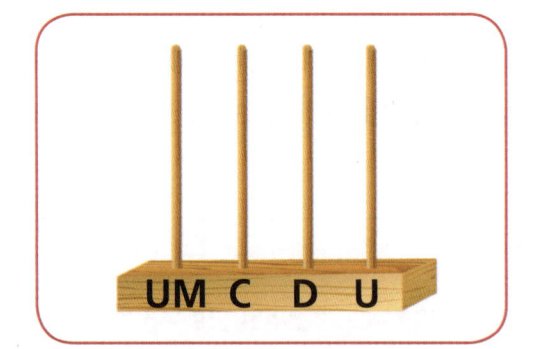

d) 521 + 6 367 = _____

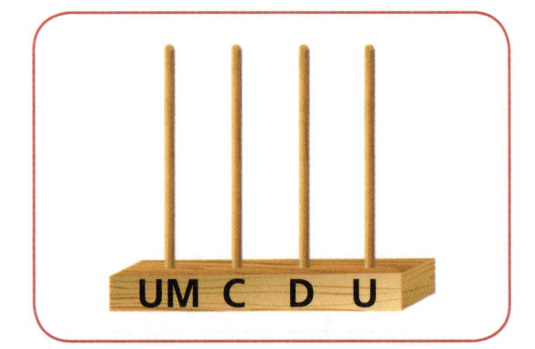

12 Para representar a adição de dois números, Paulo utilizou a reta numérica:

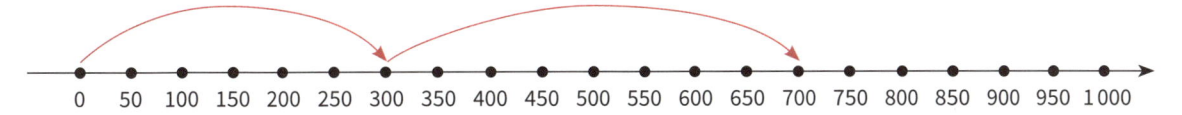

a) Complete a adição que Paulo representou na reta numérica acima:

_____ + 400 = _____.

b) Represente na reta numérica abaixo a adição 250 + 550.

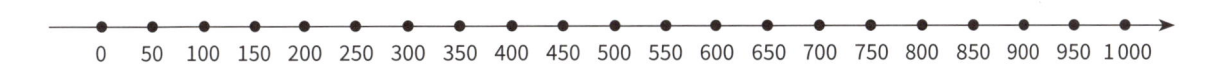

◆ Qual é o resultado de 250 + 550? _____

13 Juliana e Clarisse gostam de fazer caminhadas. Perto da casa delas há um campo de futebol que tem 110 metros de comprimento e 80 metros de largura. A linha tracejada no desenho indica o percurso que elas já fizeram hoje.

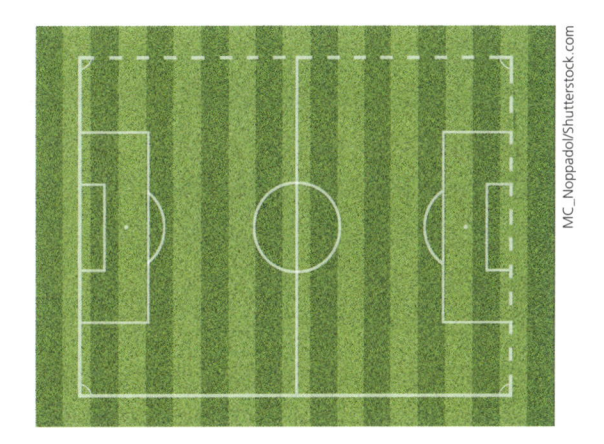

a) Quantos metros as duas já percorreram? _____

b) Para que elas completem uma volta no campo, quantos metros ainda vão ter que percorrer? _____

c) Qual será a distância total percorrida se elas derem duas voltas completas ao redor do campo? _____

14 Observe a quantia que cada um de três amigos conseguiu juntar depois de algum tempo:

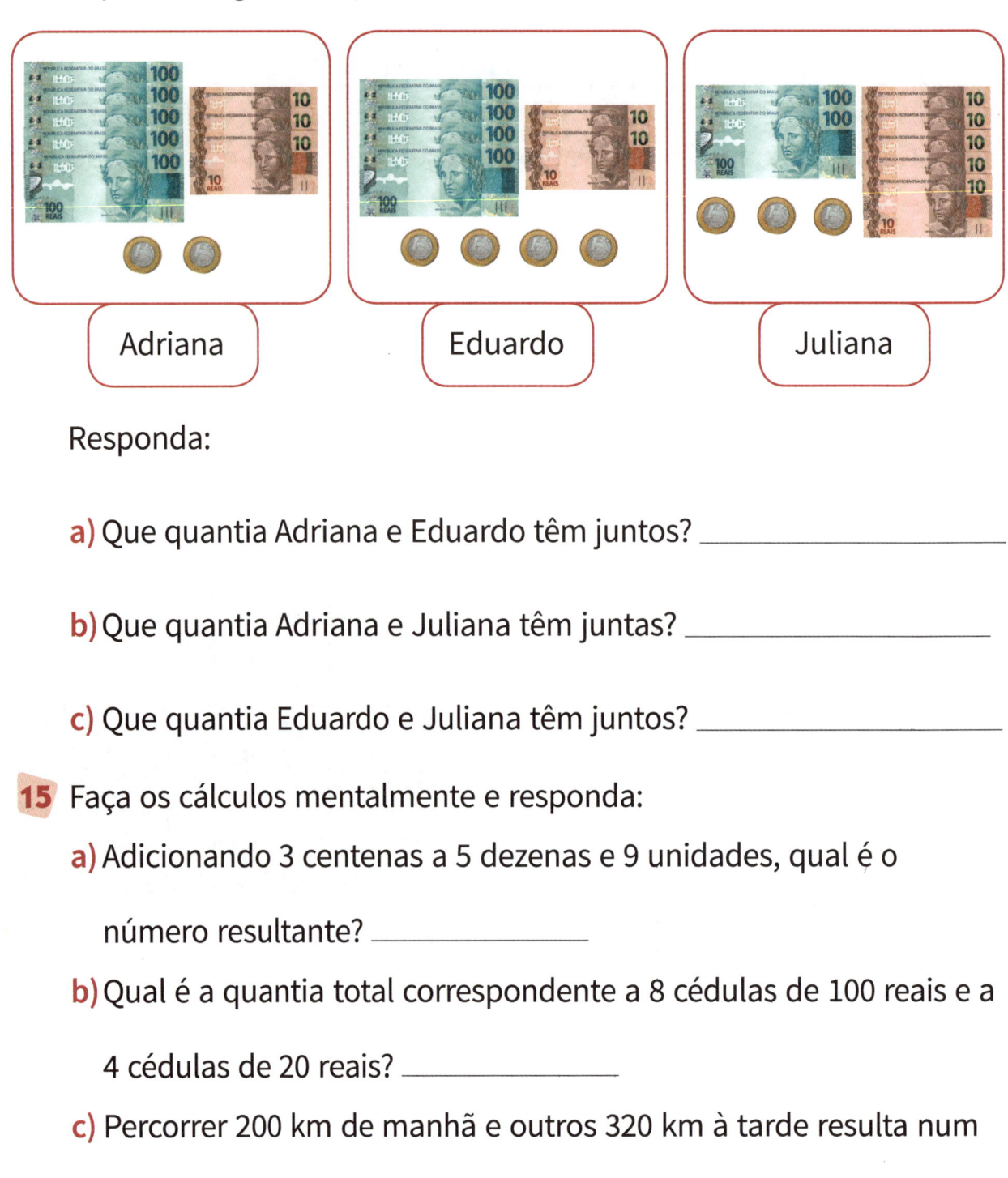

| Adriana | Eduardo | Juliana |

Responda:

a) Que quantia Adriana e Eduardo têm juntos? _____

b) Que quantia Adriana e Juliana têm juntas? _____

c) Que quantia Eduardo e Juliana têm juntos? _____

15 Faça os cálculos mentalmente e responda:

a) Adicionando 3 centenas a 5 dezenas e 9 unidades, qual é o número resultante? _____

b) Qual é a quantia total correspondente a 8 cédulas de 100 reais e a 4 cédulas de 20 reais? _____

c) Percorrer 200 km de manhã e outros 320 km à tarde resulta num total de quantos quilômetros? _____

d) Na Escola Futuro, há 330 alunos de manhã e outros 220 alunos à tarde. Qual é o total de alunos dessa escola? _____

Os Jogos Escolares
Adição com reagrupamentos

Para incentivar a prática de esportes, no mês de maio as escolas da cidade promovem a Semana dos Jogos Escolares, com a participação dos alunos dos três primeiros anos do Ensino Fundamental.

Complete a tabela a seguir, que apresenta a quantidade de inscritos em dois esportes: handebol e vôlei.

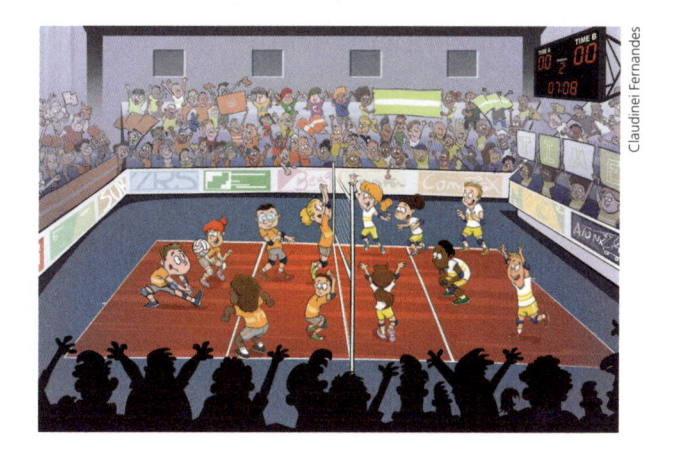

TURMA	HANDEBOL	VÔLEI	TOTAL
1º ano	37	33	
2º ano	36	27	
3º ano	28	20	48
Total		80	

◆ Utilize o quadro a seguir para fazer os cálculos.

Observe, por exemplo, como podemos obter o número 63, correspondente ao total de alunos do 2º ano. Devemos calcular 36 + 27.

Observe a seguir algumas maneiras de fazer esse cálculo.

- Utilizando o Material Dourado:

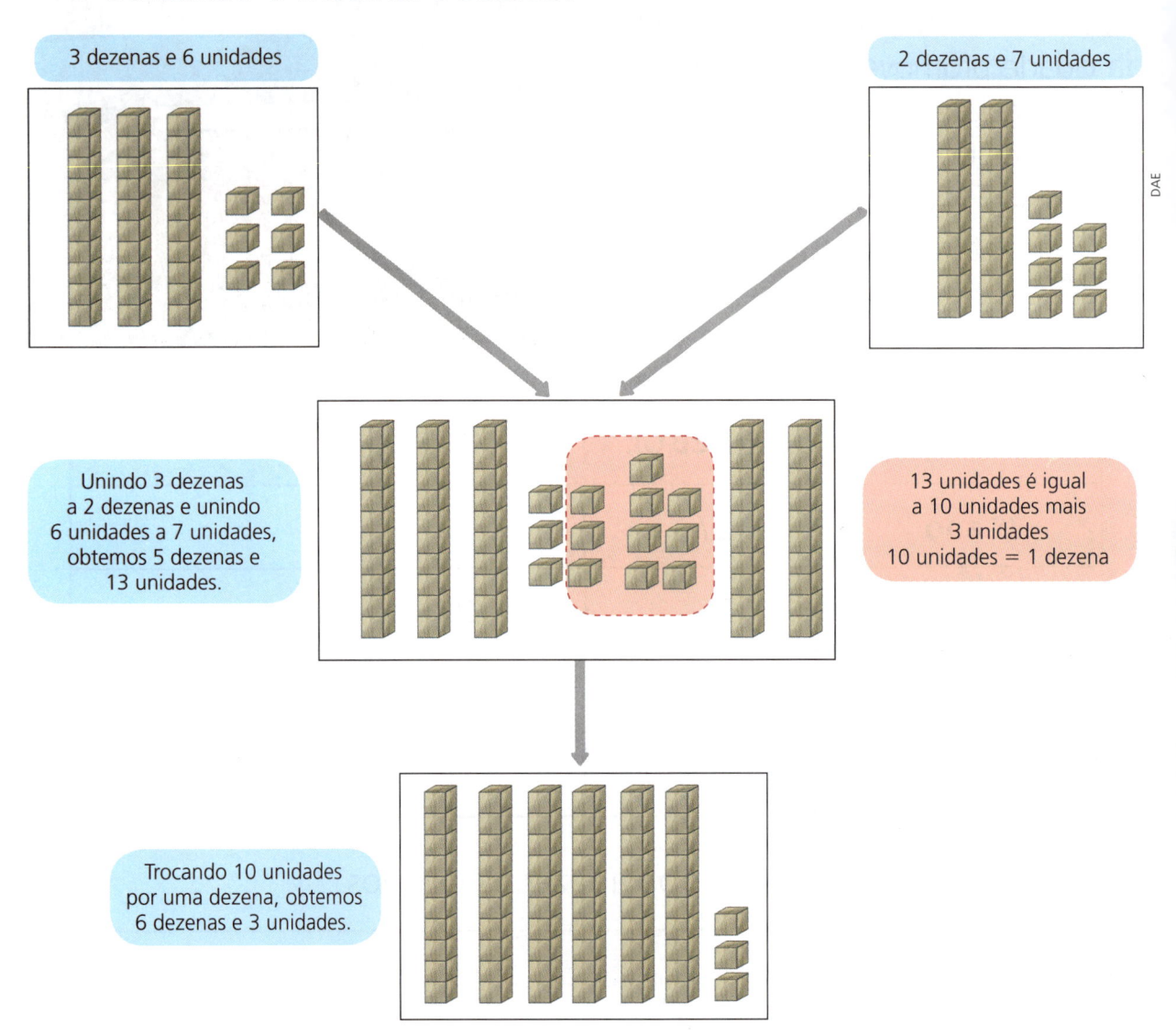

3 dezenas e 6 unidades

2 dezenas e 7 unidades

Unindo 3 dezenas a 2 dezenas e unindo 6 unidades a 7 unidades, obtemos 5 dezenas e 13 unidades.

13 unidades é igual a 10 unidades mais 3 unidades
10 unidades = 1 dezena

Trocando 10 unidades por uma dezena, obtemos 6 dezenas e 3 unidades.

- Fazendo a decomposição das parcelas:

36 = 30 + 6
27 = 20 + 7

30 + 20   6 + 7

50   +   13

50   +   10 + 3   = 60 + 3 = 63

- Utilizando o quadro de valores (dezena e unidade), fazemos um reagrupamento para efetuar a adição.

D	U
3	6
+ 2	7
	13

Adicionamos as unidades:

6 unidades mais 7 unidades são _____ unidades.

D	U
3⁺¹	6
+ 2	7
	3

Reagrupamos:

_____ unidades é o mesmo que _____ dezena e _____ unidades.

D	U
3⁺¹	6
+ 2	7
6	3

Adicionamos as dezenas:

_____ dezenas mais 2 dezenas são _____ dezenas

1 No final do ano, Talita comprou uma impressora pelo valor de 479 reais e alguns cartuchos de tinta no valor de 283 reais. Quanto ela gastou no total? Faça, no quadro a seguir, a decomposição dos valores e, depois, adicione-os.

Talita gastou _____ reais.

2 Faça as adições utilizando o Material Dourado e desenhe suas representações. Utilize um quadrado para representar uma placa, um retângulo para representar uma barra e um quadradinho para representar um cubinho.

a)

Centenas	Dezenas	Unidades
1 placa	3 barras	2 cubinhos
1 placa	2 barras	7 cubinhos

Centenas	Dezenas	Unidades

b)

Centenas	Dezenas	Unidades
1 placa	4 barras	2 cubinhos
1 placa	5 barras	7 cubinhos

Centenas	Dezenas	Unidades

c)

Centenas	Dezenas	Unidades
(1 centena)	(4 dezenas)	(6 unidades)
	(9 dezenas)	(5 unidades)

Centenas	Dezenas	Unidades

3 Faça as adições utilizando o Material Dourado e depois escreva os resultados.

a) 2 8 3
  + 4 5 8
  ———

b) 3 6 4
  + 5 4 9
  ———

c) 5 8 6
  + 2 4 7
  ———

d) 6 9 7
  + 2 3 4
  ———

4 Efetue cada adição usando o quadro valor de lugar.

a)
C	D	U
1	9	6
+ 3	0	5

c)
C	D	U
4	5	4
+ 4	5	8

e)
C	D	U
3	6	9
+ 5	0	3

b)
C	D	U
4	2	9
+ 1	5	4

d)
C	D	U
5	9	7
+ 2	4	7

f)
C	D	U
6	1	5
+ 1	7	5

5 Em uma peça de teatro compareceram 448 pessoas no sábado e 397 no domingo. Qual foi o total de público no final de semana? Veja como Jonas resolveu o problema. Ele utilizou o ábaco para fazer a adição.

Após representar 448 e 397 no ábaco, ele percebeu que tinha 15 argolas nas unidades. Assim, ele as reagrupou.

15 unidades é o mesmo que

_____ dezena e _____ unidades

Trocou 10 argolas, que representavam 10 unidades, por 1 argola na vareta das dezenas.

Então observou que tinha 14 dezenas, que é o mesmo que

_____ centena e _____ dezenas.

Trocou 10 argolas, que representavam 10 dezenas, por 1 argola na vareta das centenas.

Portanto, Júlio concluiu que

448 + 397 = _____.

◆ Agora faça no quadro abaixo a mesma adição utilizando a decomposição em centenas, dezenas e unidades.

6 Faça as seguintes adições utilizando o procedimento da decomposição.

a) 1 255 + 2 696 = _____

c) 5 679 + 4 254 = _____

b) 3 487 + 1 324 = _____

d) 7 187 + 2 569 = _____

7 A bibliotecária da escola fez um levantamento da quantidade de livros que foram emprestados aos alunos nos dois semestres do ano. O gráfico contém as informações.

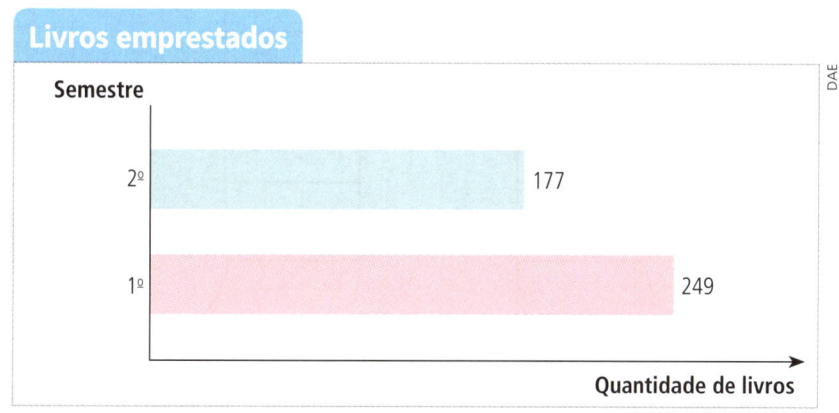

Livros emprestados

Semestre

2º — 177

1º — 249

Quantidade de livros

Fonte: Biblioteca da escola.

• Quantos livros foram emprestados no ano? _____

8 Faça as seguintes adições utilizando o quadro de valores.

a) 2 138 + 447 = _____

UM	C	D	U
+			

b) 1 294 + 3 509 = _____

UM	C	D	U
+			

c) 673 + 9 249 = _____

UM	C	D	U
+			

d) 3 365 + 4 456 = _____

UM	C	D	U
+			

9 Descubra qual é o segredo desta trilha e complete-a.

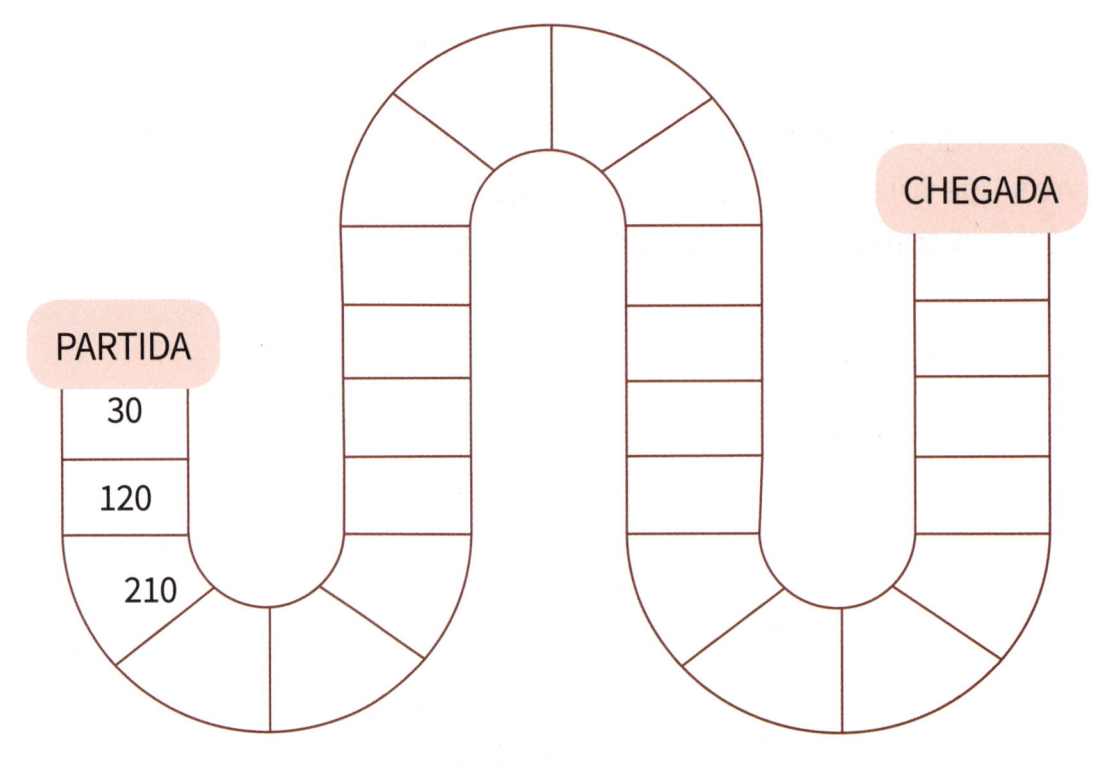

PARTIDA
30
120
210

CHEGADA

- Qual é o segredo da sequência? _____

10 Em algumas adições que precisam de reagrupamento, Carmen faz os cálculos utilizando um procedimento diferente. Observe:

$$70 + 40 = 70 + 30 + 10 = 100 + 10 = 110$$

a) Explique oralmente aos colegas como ela calculou 70 + 40.

b) Faça as adições a seguir com a estratégia que Carmen usou.

- 230 + 90 = _____
- 460 + 80 = _____
- 690 + 95 = _____

11 Pedro economizou 270 reais em abril e 230 reais em maio.

a) Complete a adição para saber o total poupado por Pedro.

270 + ____ = ____

b) Se Pedro tivesse economizado 230 reais em abril e 270 reais em maio, ele teria poupado o mesmo valor? Faça o cálculo e complete a adição para descobrir.

230 + ____ = ____

c) Complete as adições para tornar as igualdades verdadeiras.

- 2900 + 3000 = ____ + 2900
- 1500 + ____ = 3600 + 1500
- ____ + 2200 = 2200 + 5700
- ____ + 1250 = 3000

Setenta e um

12 No fim de semana, a família de Lucas foi ao supermercado e depois à farmácia. No supermercado gastaram 250 reais com alimentos e 83 reais com produtos de limpeza. Já na farmácia, gastaram ao todo 125 reais. Qual foi o gasto total da família de Lucas?

_____

13 Na sequência a seguir há um segredo. Você deverá descobrir esse segredo para completá-la com os números que faltam.

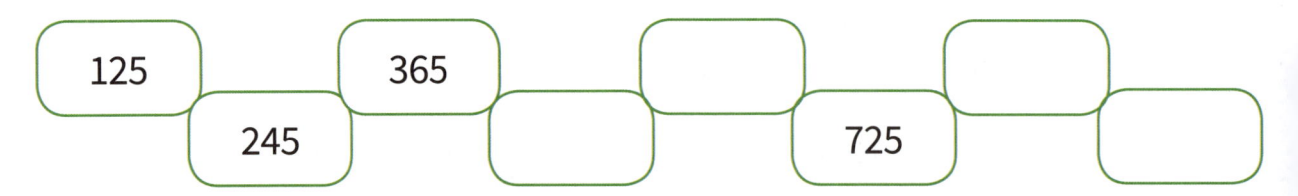

125 — 245 — 365 — ⬚ — ⬚ — 725 — ⬚ — ⬚

Explique como a sequência foi formada:

_____

_____

14 Faça mentalmente as seguintes adições:

a) 7 + 8 = _____

70 + 80 = _____

700 + 800 = _____

b) 9 + 4 = _____

90 + 40 = _____

900 + 400 = _____

c) 6 + 5 = _____

60 + 50 = _____

600 + 500 = _____

d) 12 + 9 = _____

120 + 90 = _____

1 200 + 900 = _____

O jogo de peteca

Subtração com números de até quatro algarismos

Você conhece o **jogo de peteca**? Já jogou?

Esse é um jogo de origem indígena. A palavra **peteca** vem do tupi e significa "bater com a palma da mão".

Como jogar

Pode-se jogar com dois ou mais participantes. Bate-se na peteca com a palma da mão, impulsionando-a para o alto de um jogador para o outro. Deve-se evitar que ela toque no chão.

Marcos e Antônio fizeram uma peteca e iniciaram um jogo. Estipularam que, cada vez que um deixasse a peteca cair no chão, o outro ganhava 1 ponto. Depois de algumas partidas, veja como ficou o placar:

MARCOS	ANTÔNIO
27 pontos	49 pontos

- Quantos pontos Antônio fez a mais do que Marcos? _____
- Explique no quadro abaixo como você calculou.

Troque ideias com os colegas e o professor para ver se é possível a turma toda jogar peteca e descobrir como ela é feita.

Podemos utilizar a **decomposição** das parcelas para efetuar a subtração.

Assim, subtraímos dezenas de dezenas e unidades de unidades:

49 = 40 + 9
27 = 20 + 7

40 − 20   subtraímos   9 − 7

_____ + _____ = _____

Logo, 49 − 27 = _____.

Podemos utilizar a representação do **Material Dourado** para indicar o número maior e, por meio de riscos, subtraímos o número menor.

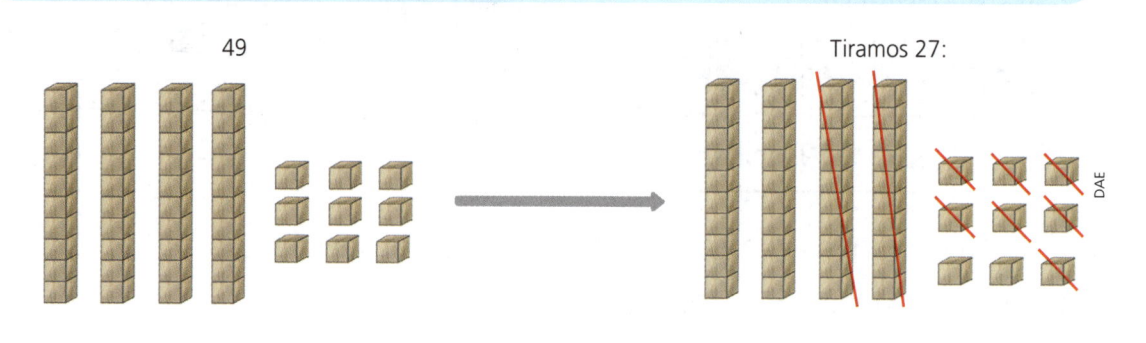

49   Tiramos 27:

49 − 27 = _____

Podemos também fazer essa subtração utilizando o **quadro de valores**, no qual subtraímos as dezenas (D) e as unidades (U).

D	U
4	9
− 2	7

1 Observe as representações com o Material Dourado e, em cada caso, pinte o quadro em que está a subtração que foi representada.

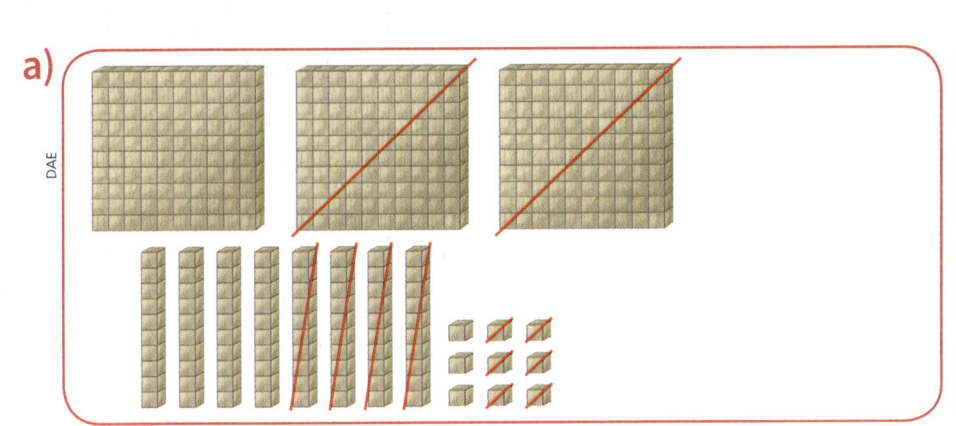

a)
- 389 − 149
- 389 − 243
- 389 − 246
- 389 − 146

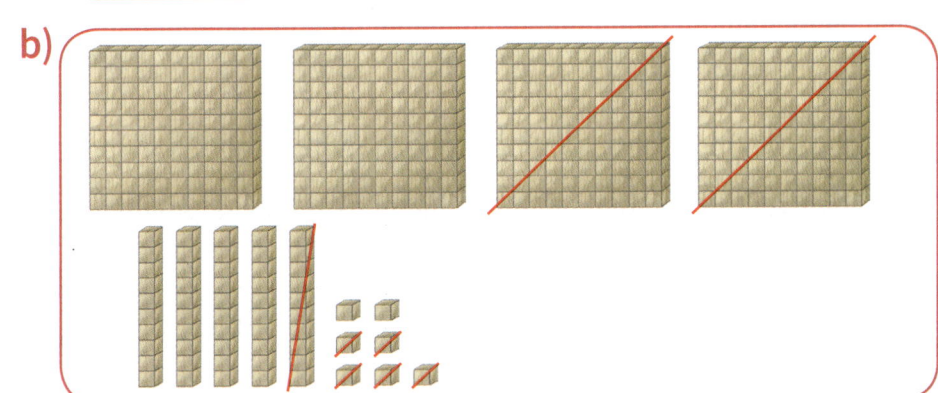

b)
- 457 − 215
- 457 − 205
- 457 − 115
- 447 − 215

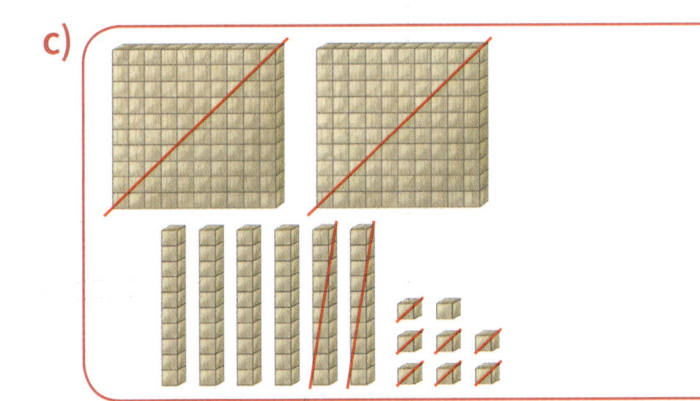

c)
- 268 − 117
- 268 − 217
- 168 − 117
- 268 − 227

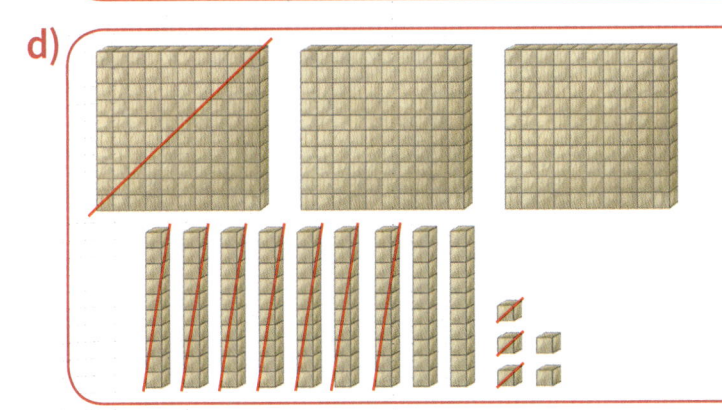

d)
- 395 − 163
- 395 − 173
- 495 − 163
- 395 − 237

2 Faça as subtrações mentalmente. Depois, escreva os resultados nos espaços indicados.

a) 300 − 200 = _____

b) 600 − 400 = _____

c) 800 − 200 = _____

d) 900 − 600 = _____

e) 370 − 100 = _____

f) 880 − 400 = _____

g) 760 − 200 = _____

h) 440 − 300 = _____

i) 220 − 100 = _____

j) 930 − 200 = _____

k) 1 000 − 300 = _____

l) 2 500 − 1 100 = _____

3 Calcule mentalmente cada subtração e ligue-a ao respectivo resultado.

a) 400 − 200

b) 950 − 100

c) 600 − 500

d) 850 − 150

e) 500 − 200

f) 900 − 300

100

300

200

600

700

850

4 O time de futebol do bairro se reuniu a fim de comprar um par de redes para as traves do campinho. Os jogadores já tinham juntado 122 reais. Quantos reais faltam para comprar as redes?

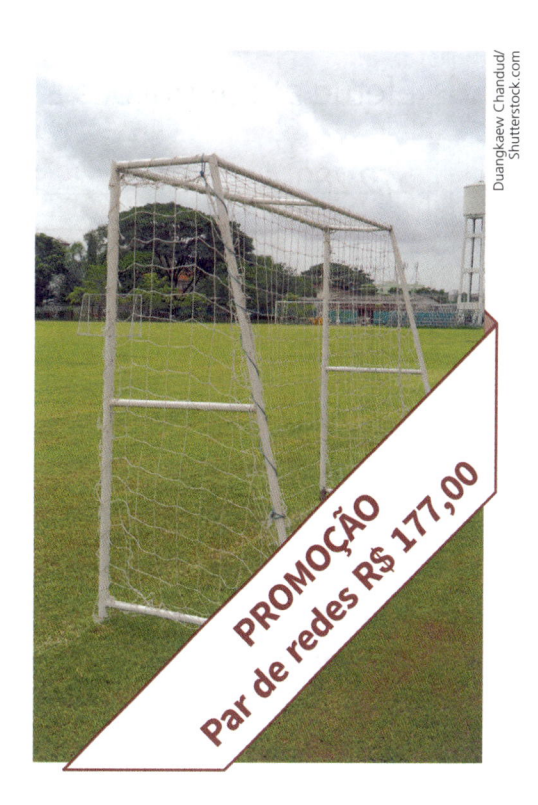

PROMOÇÃO
Par de redes R$ 177,00

Faltam ainda _____ reais para comprar as redes.

5 Efetue as subtrações com o auxílio do Material Dourado.

a) 46 − 32 = _____

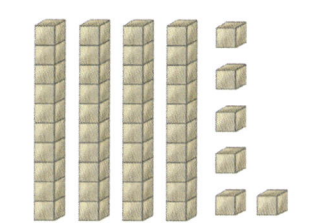

c) 68 − 37 = _____

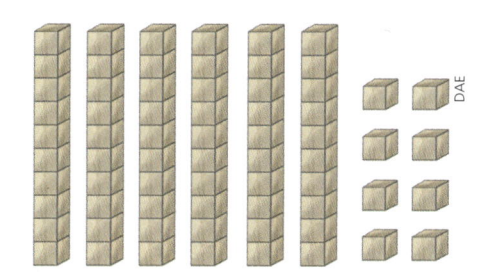

b) 89 − 53 = _____

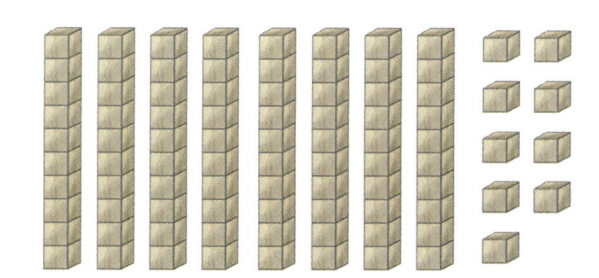

6 Efetue as subtrações a seguir utilizando a decomposição.

a) 2 289 − 1 127 = _____

e) 959 − 437 = _____

b) 7 745 − 2 331 = _____

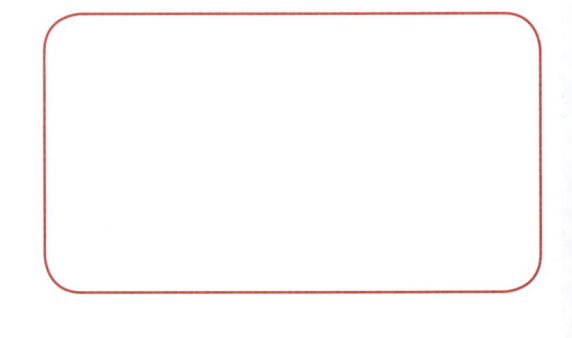

f) 738 − 223 = _____

c) 5 628 − 3 412 = _____

g) 645 − 521 = _____

d) 8 576 − 2 372 = _____

h) 489 − 174 = _____

7 Para representar números, a professora utilizou quadrado, retângulo e círculo, conforme abaixo.

1 centena = 100 unidades   1 dezena = 10 unidades   1 unidade

Veja como ela fez para representar uma subtração:

A subtração correspondente ao desenho é: _____ − _____ = _____.

8 Utilizando o procedimento adotado pela professora na atividade anterior, faça os desenhos e calcule o resultado das subtrações.

a) 475 − 124 = _____

b) 769 − 546 = _____

Setenta e nove

9 Numa compra de remédios, Tadeu teria de pagar 357 reais. Como não tinha dinheiro suficiente, resolveu não levar alguns produtos, que totalizavam 134 reais, e os devolveu. Para saber quanto teria de pagar, ele fez:

- a decomposição do valor a ser subtraído: 134 = 100 + 30 + 4;
- e diminuiu 100, depois 30 e depois 4.

$$357 - 100 = \underline{}$$

$$257 - 30 = \underline{}$$

$$227 - 4 = \underline{}$$

Logo, 357 − 134 = _____.

Portanto, ele teve de pagar _____ reais pelos produtos que levou.

10 Efetue estas subtrações nos quadros de valores.

a) 4377 − 1123 = _____

UM	C	D	U

b) 8959 − 4844 = _____

UM	C	D	U

11 Resolva cada uma das seguintes situações.

a) Uma vaca que pesava 250 kg estava, seis meses depois, com 360 kg. Qual foi o aumento de peso dessa vaca?

_____

b) Elabore um problema com as quantias 950 reais, 340 reais e 610 reais. Escreva o enunciado nas linhas abaixo e apresente a resolução.

_____

_____

_____

Resolução:

12 Assim como podemos representar uma adição na reta numérica, também podemos representar a subtração. Na reta numérica abaixo, a linha vermelha representa o resultado de uma subtração.

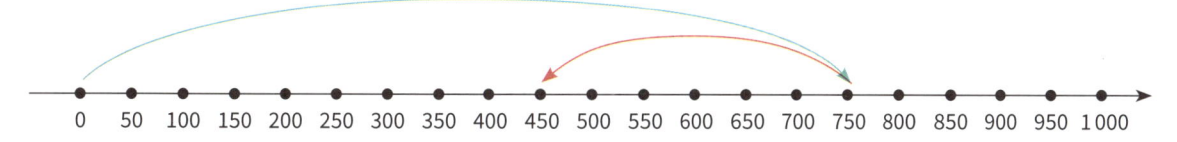

0 50 100 150 200 250 300 350 400 450 500 550 600 650 700 750 800 850 900 950 1 000

Complete a subtração que está representada na figura.

_____ − _____ = 450

Oitenta e um **81**

#Digital

Quando nos organizamos, fica mais fácil fazer tudo que precisamos sem esquecer nossas obrigações, como ajudar a separar o lixo reciclável ou ler o livro para a aula de Língua Portuguesa.

Que tal vermos, então, quais atividades foram feitas pelos alunos da turma?

Para isso, vamos fazer uma tabela com as informações sobre as tarefas de cada um.

	Segunda-feira	Terça-feira	Quarta-feira	Quinta-feira	Sexta-feira
TAREFAS DA CLÁUDIA	Lição de Geografia	Trabalho de Ciências	Passear com o vovô	Separar o lixo reciclável	Ajudar a tia a fazer o almoço

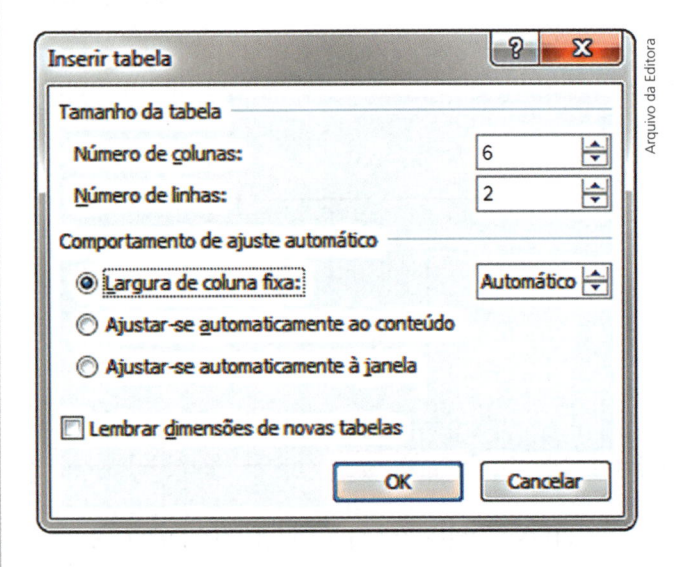

1. As tabelas são feitas de linhas e colunas. Conte quantas linhas e quantas colunas existem na tabela fornecida pelo professor.

   Linhas: 2.

   Colunas: 6.

2. Tendo essas informações, você pode fazer sua tabela de tarefas. Na barra de ferramentas do programa, na guia **Inserir**, escolha a opção **Inserir tabela...** O professor vai ajudá-lo a localizar essa opção.

3. Determine o número de linhas e de colunas da tabela. Preencha as lacunas e, em seguida, clique em OK.

4. Agora preencha a tabela com as atividades de sua semana. Vamos colocar apenas uma atividade por dia. Sempre que tiver dúvidas, pergunte ao professor.

Veja como está o tempo lá fora!
Subtração com reagrupamentos

Leia a tirinha da Mônica e responda às questões oralmente.

- O que a Mônica estava vendo pela janela?
- Como estava o tempo fora da casa da Mônica?
- Escolha uma das figuras que melhor indica o tempo em sua cidade hoje. Marque-a com um **X**.

A temperatura é medida em graus Celsius. Observe a previsão da temperatura máxima e mínima num dia na cidade do Recife.

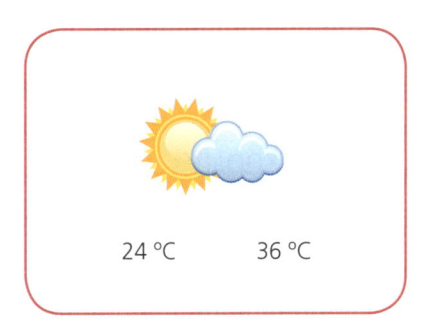

24 °C   36 °C

- Em sua opinião, será um dia de calor ou de frio? _____

Para obter, por exemplo, a diferença entre a temperatura máxima e a temperatura mínima, efetuamos uma subtração.
O resultado de uma subtração é chamado de **diferença** ou **resto**.

Converse com os colegas sobre a história da tirinha.

- Se na árvore houvesse 42 frutas e a personagem Magali comesse 17 delas, quantas frutas ainda restariam?

  Utilize o desenho abaixo, que representa 42 frutas, para calcular.

- No quadro a seguir, explique outros modos de fazer essa subtração.

Na subtração 42 − 17 temos que 2 é menor que 7. Sendo assim, precisamos fazer uma troca, que é conhecida como **reagrupamento**. Observe a seguir como podemos efetuar essa operação.

◆ Utilizando o Material Dourado:

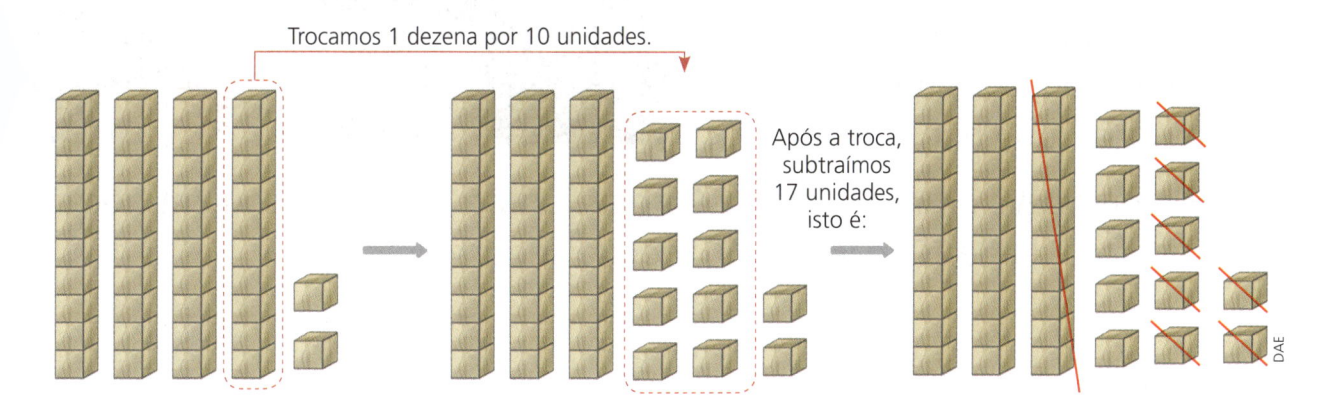

Trocamos 1 dezena por 10 unidades.

Após a troca, subtraímos 17 unidades, isto é:

Logo, temos que: 42 − 17 = _____.

◆ Utilizando a decomposição:

42 = 40 + 2 = 30 + 12
17 = 10 + 7

Iniciamos o cálculo sempre pela menor ordem, isto é, pela ordem das unidades.

42 =   30   +   12
17 =   10   +   7

         30 − 10   subtraímos   12 − 7

         20   +   5   =   _____

◆ Utilizando o quadro de valores:

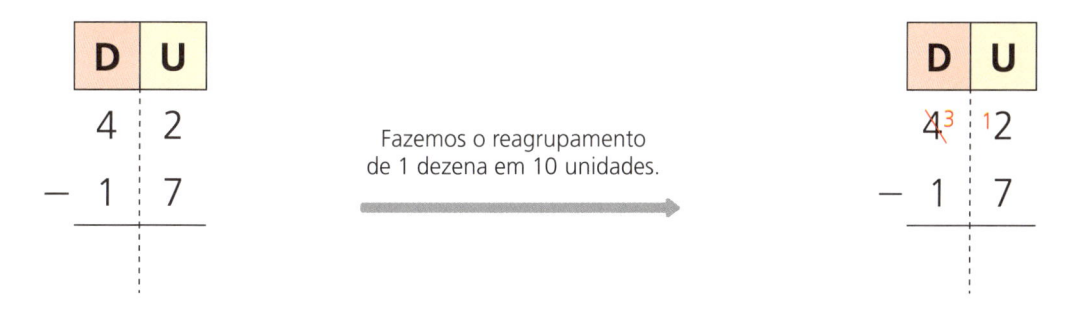

D	U
4	2
− 1	7

Fazemos o reagrupamento de 1 dezena em 10 unidades.

D	U
4³	12
− 1	7

Oitenta e cinco **85**

1 Juliana tinha 43 reais e gastou 27 reais em uma compra na papelaria. Para ela saber com quantos reais ficaria, antes do pagamento efetuou uma subtração, considerando o dinheiro que tinha.

Ela precisava tirar 27 reais de 43 reais. Como 3 < 7, pensou em trocar uma cédula de 10 reais por 10 moedas de 1 real:

As cédulas e as moedas não estão representadas em proporção.

Após a troca, ficaria com as seguintes cédulas e moedas:

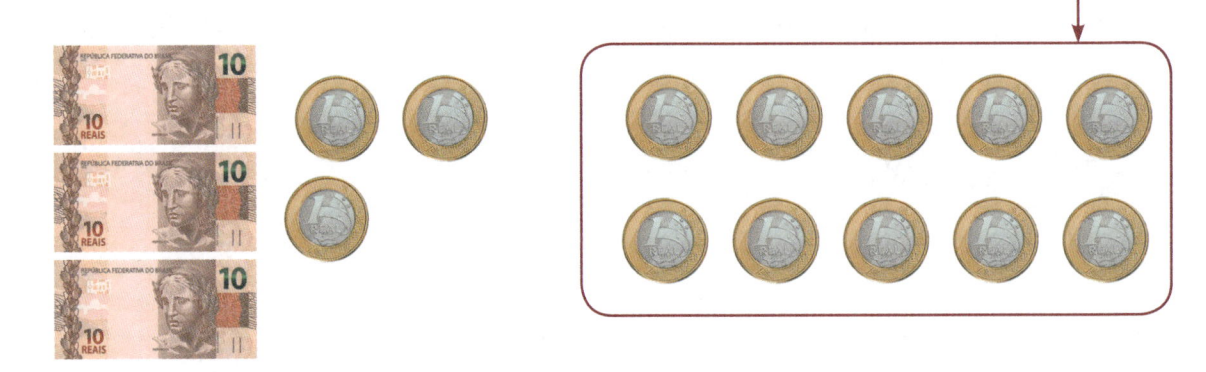

◆ Faça riscos para tirar a quantia de 27 reais e complete:

43 − 27 = _____

Portanto, após a compra, Juliana ficou com _____ reais.

86 Oitenta e seis

2 Faça mentalmente as subtrações e, depois, escreva os resultados.

a) 11 − 8 = _____

110 − 80 = _____

1 100 − 800 = _____

b) 13 − 7 = _____

130 − 70 = _____

1 300 − 700 = _____

c) 21 − 19 = _____

210 − 190 = _____

2 100 − 1 900 = _____

d) 46 − 39 = _____

460 − 390 = _____

4 600 − 3 900 = _____

3 Descubra o segredo da sequência a seguir e complete-a.

920, 890, 860, _____, _____, _____, _____, _____, _____, _____

4 Observe ao lado o quanto a família de Luciana gastou nos meses de maio e junho com energia elétrica e água.

	MAIO	JUNHO
Água	245 reais	316 reais
Energia elétrica	376 reais	298 reais

a) Explique o que aconteceu com o gasto de água e de energia elétrica no mês de junho em comparação ao mês de maio.

_____

_____

b) Qual é a diferença entre o consumo de água nesses dois meses?

_____

c) Qual é a diferença entre o consumo de energia elétrica nesses dois meses? _____

5 Observe como Márcia está fazendo a subtração 374 − 189 e ajude-a completando as lacunas no caderno dela.

▶ Fez a decomposição.

▶ Como 4 < 9, reagrupou 1 dezena.

▶ Como 60 < 80, reagrupou 1 centena e completou a subtração.

$374 \rightarrow 300 + 70 + 4$
$189 \rightarrow 100 + 80 + 9$

$374 \rightarrow \cancel{300} \; 200 + \cancel{70} \; 160 + 14$
$189 \rightarrow 100 + 80 + 9$
$ 200-100 \quad 160-80 \quad 14-9$
$ \underline{} + \underline{} + 5 =$

$= \underline{}$

Portanto, 374 − 189 = _____.

6 Nas subtrações a seguir, calcule os resultados como Márcia fez.

a) 47 − 29 = _____

b) 83 − 47 = _____

c) 92 − 55 = _____

d) 64 − 19 = _____

e) 76 − 39 = _____

f) 126 − 53 = _____

7 A professora resolveu a seguinte subtração com o quadro de valores.

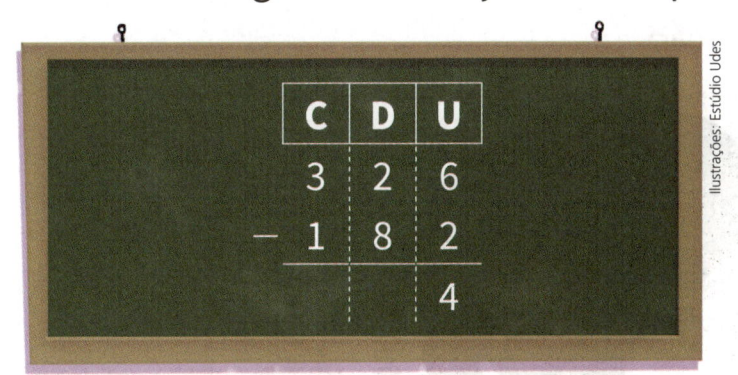

	C	D	U
	3	2	6
−	1	8	2
			4

Como 2 < 8, reagrupou 1 centena para 10 dezenas e continuou a subtração:

	C	D	U
	²3	¹2	6
−	1	8	2
	1	4	4

- Você compreendeu como a professora fez para subtrair? Troque ideias com os colegas e, depois, faça as subtrações a seguir.

a)
	C	D	U
	9	3	5
−	2	4	1

b)
	C	D	U
	5	6	5
−	1	2	9

c)
	C	D	U
	8	1	7
−	3	7	4

8 Complete as subtrações a seguir.

a) _____ − 200 = 6 000

b) 4 000 − _____ = 3 100

c) _____ − 1 300 = 4 000

d) 7 500 − _____ = 5 000

e) _____ − 3 300 = 1 300

f) 8 000 − _____ = 3 500

g) _____ − 7 000 = 500

h) 8 600 − _____ = 2 000

Utilizando a calculadora
Adição e subtração

Faça como Patrícia e use uma calculadora para verificar se o resultado da subtração no caderno está certo. Observe as teclas que ela utilizou:

[2] [7] [3] [−] [1] [2] [8]

- Que resultado apareceu no visor da calculadora? _____
- Patrícia tinha acertado ou errado a subtração? Justifique no quadro. _____

Caso você não tenha uma calculadora em mãos, pode refazer a subtração para verificar o resultado. Entretanto, há outra maneira: utilizar uma adição para verificar a subtração.

Para verificar se você fez corretamente uma adição, pode utilizar uma subtração. Para verificar se uma subtração está correta, pode utilizar uma adição. Observe os exemplos e complete as operações.

250 + 45 = 295

Verificando uma adição:

295 − 45 = _____

298 − 129 = 169

Verificando uma subtração:

169 + 129 = _____

Dizemos que a **adição** e a **subtração** são operações inversas.

Em outras palavras, você pode dizer que o que uma delas faz a outra desfaz. Compreendeu?

1 Josiane resolveu comprar um par de tênis para o filho. Pagou com:

PROMOÇÃO
238 REAIS

Que troco ela deve receber?

_____

_____

- Utilize uma adição para verificar se a subtração está correta:

2 Observe a quantia que Pedro tem na carteira.

Agora responda às questões.

a) Essa quantia é suficiente para comprar um computador que custa R$ 750,00? _____

b) Quanto falta ou quanto sobra na compra?

_____

3 Resolva as subtrações e depois verifique se estão corretas, conforme o exemplo.

```
   7 2 0                    3 6 0
 − 3 6 0    verificando   + 3 6 0
   3 6 0                    7 2 0
```

a)
```
   2 3 4
 − 1 1 0    verificando
```

b)
```
   5 8 9
 − 2 9 5    verificando
```

c)
```
   7 4 5
 − 3 1 6    verificando
```

d)
```
   9 2 7
 − 5 0 8    verificando
```

Gostei de verificar. Assim, já percebo se acertei.

4 Resolva as subtrações e depois verifique, por meio de uma adição, se elas estão corretas ou não.

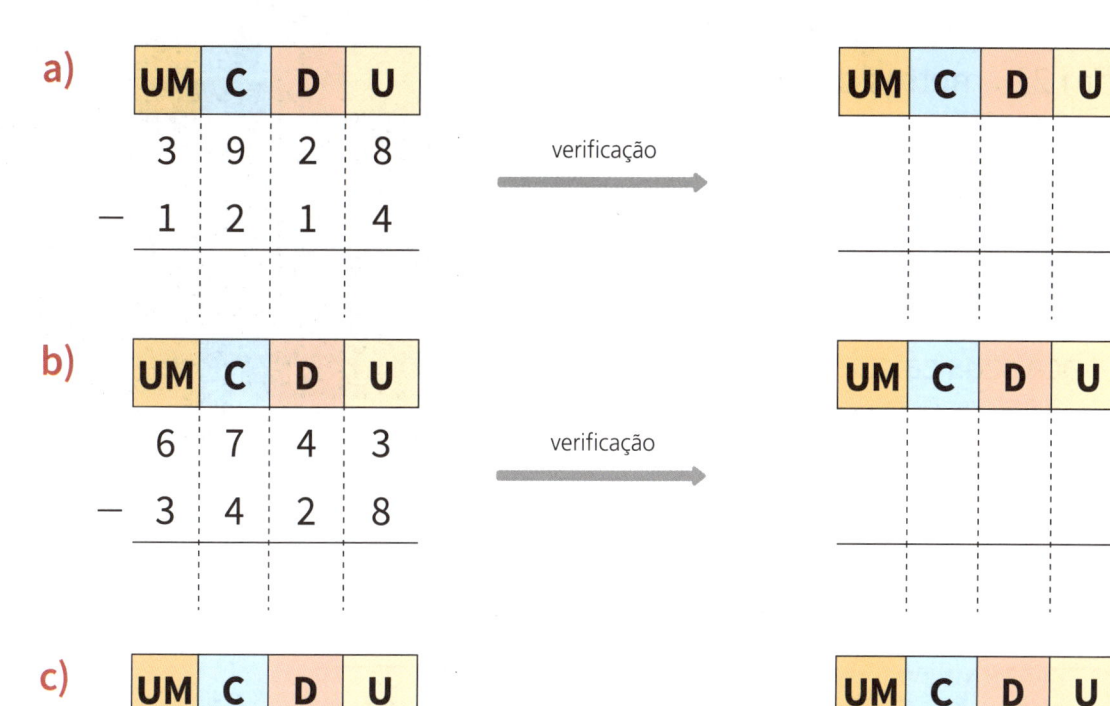

a)
UM	C	D	U
3	9	2	8
−1	2	1	4

verificação →

UM	C	D	U

b)
UM	C	D	U
6	7	4	3
−3	4	2	8

verificação →

UM	C	D	U

c)
UM	C	D	U
8	6	7	3
−4	3	1	2

verificação →

UM	C	D	U

5 Junte-se a um colega, invente duas adições e resolva-as nos quadros de valores. Depois faça as verificações utilizando a subtração.

a)
UM	C	D	U
+			

verificação →

UM	C	D	U
−			

b)
UM	C	D	U
+			

verificação →

UM	C	D	U
−			

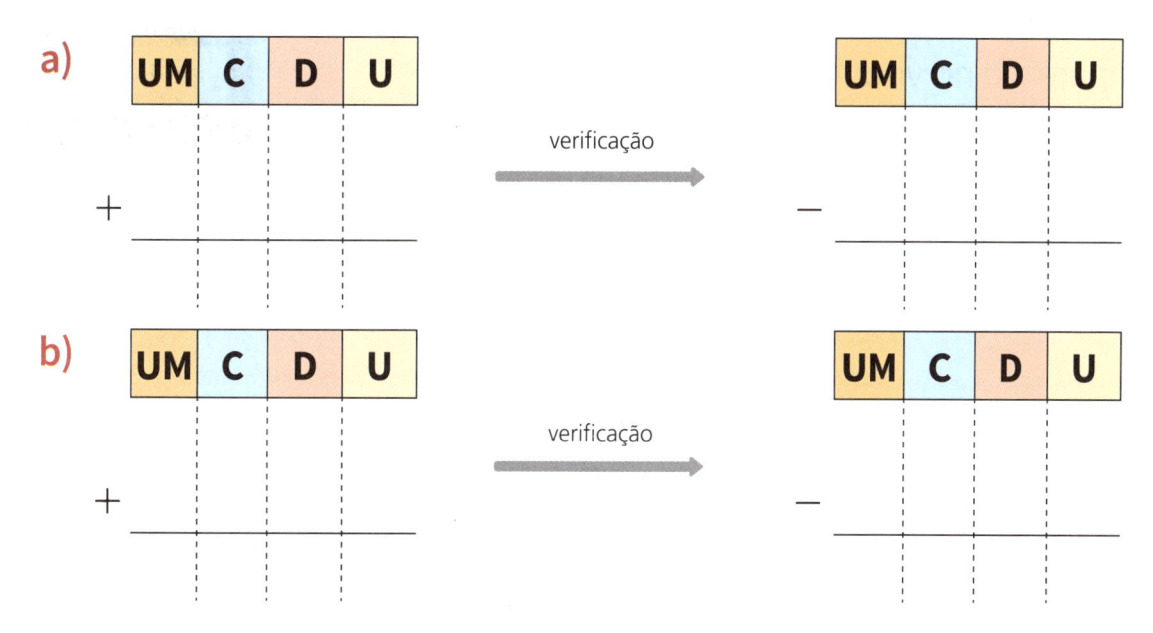

Noventa e três

6 Num passeio ao bondinho do Pão de Açúcar, no Rio de Janeiro, a família de Luíza passou por dois morros: um com 220 metros de altura e o outro com 396 metros de altura. Observe a fotografia.

Quantos metros de altura o segundo morro tem a mais que o primeiro?

◆ Faça seus cálculos e utilize a operação inversa para verificar o resultado.

_____

7 Complete a trilha fazendo as operações indicadas nas setas.

750 →(+ 120)→ ☐ →(− 90)→ ☐ →(+ 40)→ ☐
↓(− 220)
☐ ←(+ 60)← ☐ ←(− 60)← ☐ ←(+ 150)← ☐

8 Tiago digitou um número na calculadora, subtraiu 347 e apertou a tecla de igual. Veja ao lado o que apareceu no visor da calculadora.

Explique como você pode descobrir, na calculadora, o número que Tiago digitou inicialmente.

9 Na escola em que Roberta estuda foi feita uma pesquisa sobre os esportes de que os alunos mais gostam. Observe os resultados apresentados no gráfico abaixo e responda às questões.

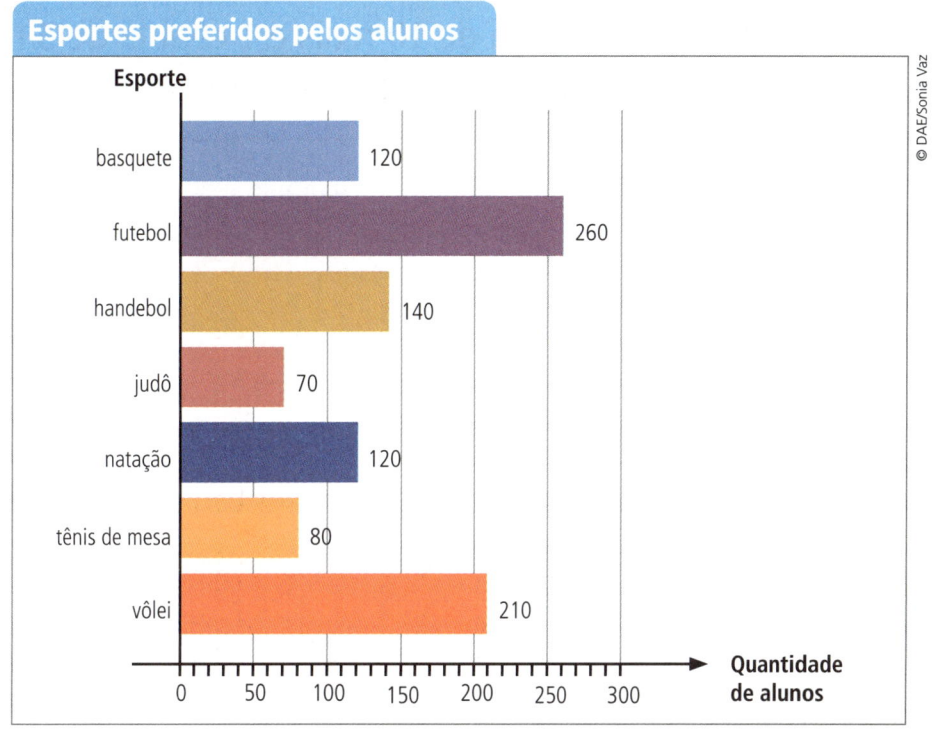

Esportes preferidos pelos alunos

- basquete: 120
- futebol: 260
- handebol: 140
- judô: 70
- natação: 120
- tênis de mesa: 80
- vôlei: 210

Fonte: Professor de Educação Física.

a) Quantos alunos há na escola de Roberta?
_____

b) Qual é o esporte favorito nessa escola? Quantos alunos preferem esse esporte?
_____

c) O esporte preferido pela maioria dos alunos teve quantos votos a mais que o 2º colocado?
_____

d) Quais foram os dois esportes menos votados? A soma dos votos desses dois esportes é maior ou menor que a quantidade de votos do 1º colocado?
_____
_____

Revendo o que aprendi

1 Numa compra de supermercado, Antônio deu 2 cédulas de 100 reais e recebeu como troco 1 cédula de 10 reais e 1 cédula de 5 reais. Qual foi o valor total da compra? Faça os cálculos no quadro a seguir.

2 Pinte o quadro da operação que Laura representou no Material Dourado:

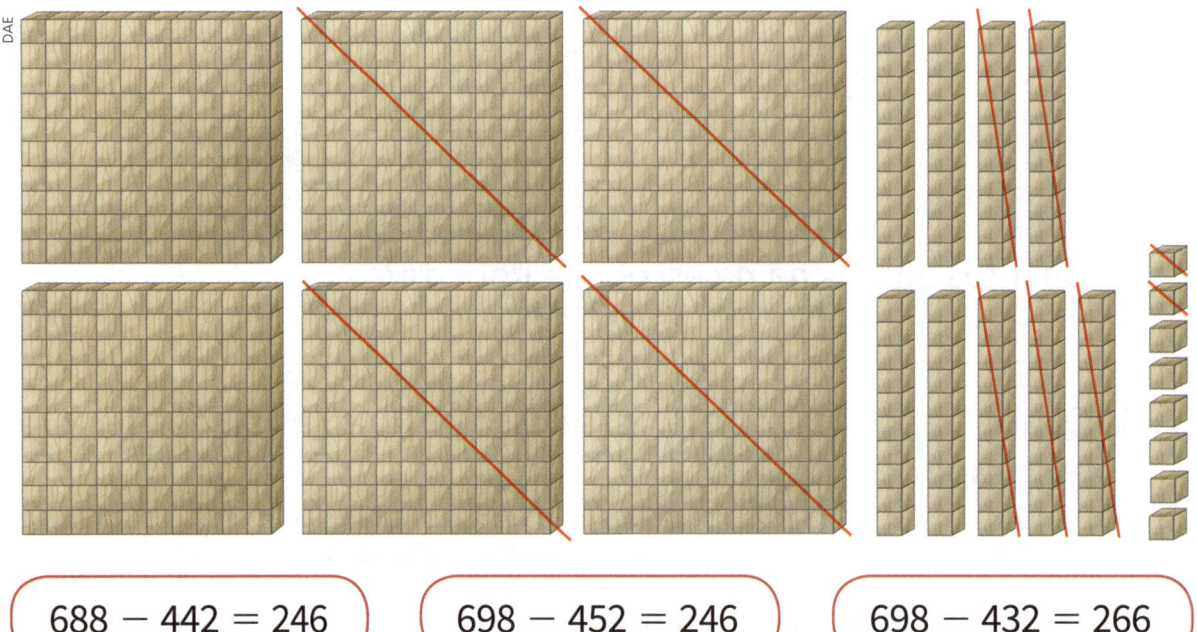

688 − 442 = 246   698 − 452 = 246   698 − 432 = 266

3 Marcos recebeu 3 400 reais por um trabalho que realizou. Desse valor, separou 800 reais para as despesas de alimentação e transporte durante o mês. Quantos reais ainda restaram do que separou?

4 Na fazenda de Ricardo há um cavalo e um potro. O cavalo pesa 889 kg e o potro pesa 614 kg a menos que ele. Sabendo que o cavalo é marrom e o potro é marrom com uma listra branca no pescoço, pinte os dois. Depois, descubra o peso do potro utilizando o quadro de valores.

C	D	U

Portanto, o potro pesa _____ kg.

5 Efetue estas subtrações nos quadros de valores.

a) 377 − 123 = _____

C	D	U

b) 959 − 844 = _____

C	D	U

6 Elabore dois problemas conforme as instruções abaixo. Resolva cada problema no caderno e, então, peça a um colega que verifique se você o resolveu corretamente.

- **1º Problema –** Que tenha os valores 4 900 reais e 2 300 reais.

Enunciado: _____

_____

_____

- **2º Problema –** A resposta do problema deverá ser 1 500 metros.

Enunciado: _____

_____

_____

7 Este é um quadrado mágico que a turma estava tentando completar. A regra dele é que a soma dos números em cada coluna em cada linha e também em cada uma das duas diagonais é 150. Duas peças já foram colocadas. Você consegue completar o quadrado?

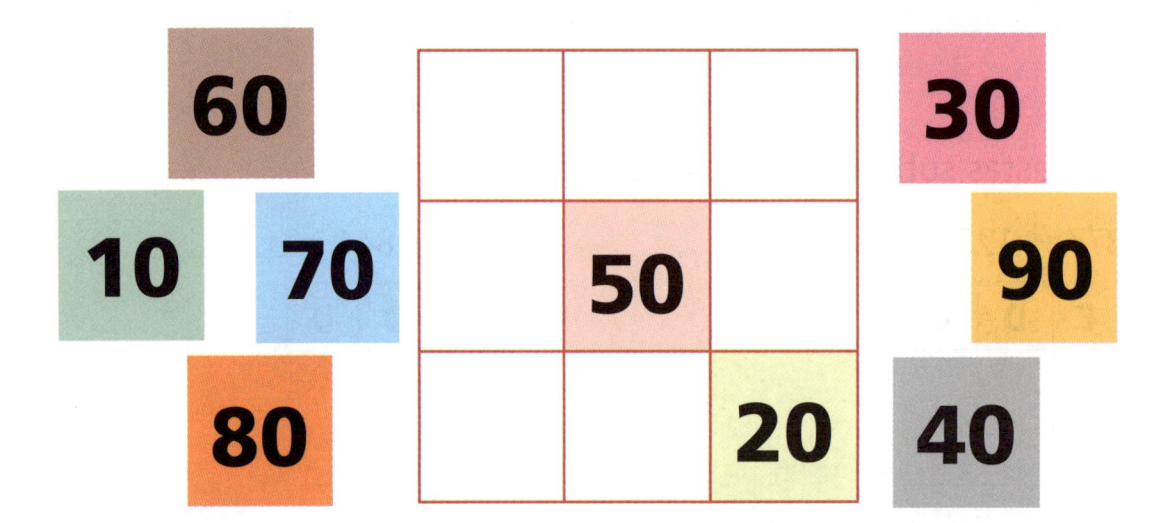

60 30
10 70 50 90
80 20 40

98 Noventa e oito

8 O quadro a seguir apresenta as quantias em reais que os irmãos Pedro, Laura e Ana economizaram. Mostra também o valor de 120 reais que cada um ganhou de presente de Natal da avó. Complete o quadro com a quantia total que cada um ficou. Depois responda.

	PEDRO	LAURA	ANA
Quantia guardada	200	300	100
Presente da avó	120	120	120
Saldo			

Responda:

a) Quantos reais Pedro tinha guardado a mais que Ana? _____

   ◆ A diferença entre as quantias aumentou ou diminuiu após o presente da avó? _____

b) A diferença entre a quantia guardada por Ana e Laura foi alterada depois do presente da avó?

_____

9 Após observar como Eduardo utilizou o Material Dourado para fazer a subtração 139 − 87, complete as frases.

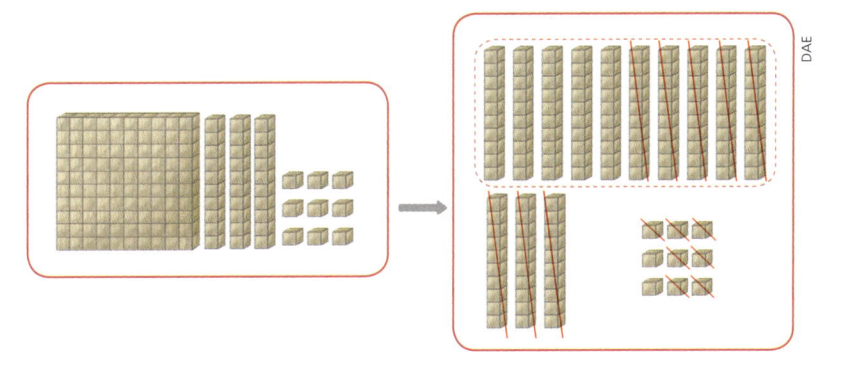

a) Como 3 < 8 (3 dezenas é menor do que 8 dezenas), ele trocou _____ centena por _____ dezenas.

b) Depois fez a subtração: 139 − 87 = _____.

10 Complete as adições e subtrações a seguir. Efetue essas operações no quadro da maneira que preferir. Use as operações inversas para verificar o resultado.

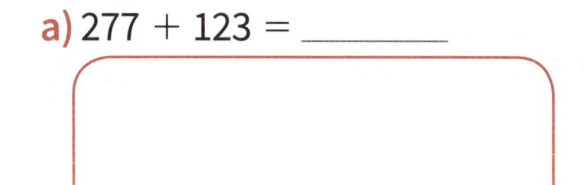

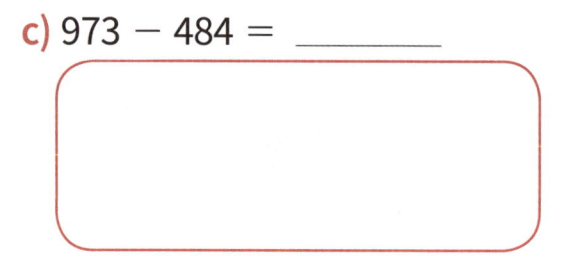

a) 277 + 123 = _____

c) 973 − 484 = _____

b) 475 + 368 = _____

d) 872 − 563 = _____

11 Manoel e Carlos fizeram a mesma subtração, mas encontraram resultados diferentes. Qual dos dois resultados está correto? Como podemos descobrir sem calcular a subtração?

Manoel	Carlos
8 2 7 − 6 9 8 1 1 9	8 2 7 − 6 9 8 1 2 9

_____

12 Regina foi ao supermercado e, na hora de pagar, observou que suas compras custaram 257 reais. Deu ao caixa três cédulas de 100 reais para pagar. Quanto ela deve receber de troco?

_____

13 Em uma adição, uma parcela é 215 e a soma é 648. Qual é a outra parcela?

_____

Desafio

1 Você conseguiu resolver o desafio dos amigos na travessia do rio proposto no começo da unidade? Quantas vezes o barco teve de atravessar o rio? Agora você vai adorar o desafio das moedas!
Imagine que tenhamos as seguintes moedas de reais:

O desafio é descobrir os valores que podemos formar com uma moeda ou mais, **sem repetição** de um mesmo valor. Por exemplo, para formar o valor de 6 reais, utilizamos as moedas de 2 reais e 4 reais. Já para conseguir 15 reais, utilizamos as moedas de 1 real, 2 reais, 4 reais e 8 reais (note que nenhuma foi repetida). Descubra todos os valores em reais que podem ser formados.

Para ir mais longe

Livros

▶ **10 que valem 30! Quem tem 10 não tem 30. Ou tem?**, de Atílio Bari. São Paulo: Scipione, 2002 (Coleção Em Cena).
Três amigos devem dinheiro um ao outro. Depois de muito tempo, resolvem pagar as dívidas com os mesmos 10 reais de mesada que tinham antes. De forma divertida, a obra trabalha adição e subtração.

▶ **Quem ganhou o jogo? Explorando a adição e a subtração**, de Ricardo Dreguer. São Paulo: Moderna, 2011 (Coleção Crianças Poderosas).
O livro traz a incrível história de um garoto cadeirante que, com seus amigos, utiliza a adição e a subtração para jogar basquete.

UNIDADE 3
Geometria

Uma dúvida surgiu quando mãe e filha visitaram uma exposição de arte. Diante do quadro, ficaram em dúvida sobre o número de cubos visíveis nele.

▸ Quantos cubos você consegue ver representados no quadro?

Cento e três 103

O palhaço malabarista

Você já foi ao circo?
Veja o que o palhaço Marreco está fazendo!

◆ Pinte o palhaço para ele ficar bem colorido!
◆ Procure na cena algum elemento que se pareça com as figuras abaixo.

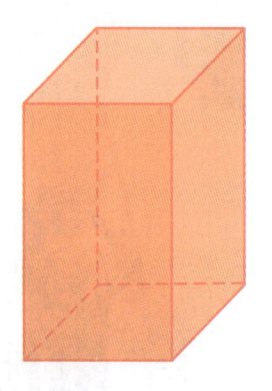

As embalagens
Figuras geométricas espaciais: retomada

Leia o texto sobre a importância das embalagens.

Os elementos não estão representados em proporção.

O papel e funções da embalagem

Conter, proteger e viabilizar o transporte dos produtos são as funções básicas. Com a evolução da humanidade e o aumento das atividades econômicas, foram incorporadas novas funções: informar o consumidor, comunicar-se com ele e vender os produtos a partir de visuais atraentes.

[...]

A embalagem é fundamental nos processos logísticos de qualquer setor da economia ao otimizar a ocupação de espaço e facilitar o manuseio nas etapas de transporte, armazenagem e distribuição. [...]

[...] Ela contém informações escritas e visuais acessíveis a todos. No caminho da inclusão social, os deficientes visuais também já encontram informações em braile em algumas embalagens. [...]

Disponível em: <www.abre.org.br/setor/apresentacao-do-setor/a-embalagem/funcoes-das-embalagens>. Acesso em: abr. 2019.

- Que palavras você não compreendeu no texto? Comente com o professor e os colegas.
- Fale sobre alguma informação importante que aparece nas embalagens.

Algumas embalagens têm forma parecida com a de sólidos geométricos. Observe a seguir dois exemplos:

Os elementos não estão representados em proporção.

bloco retangular ou paralelepípedo

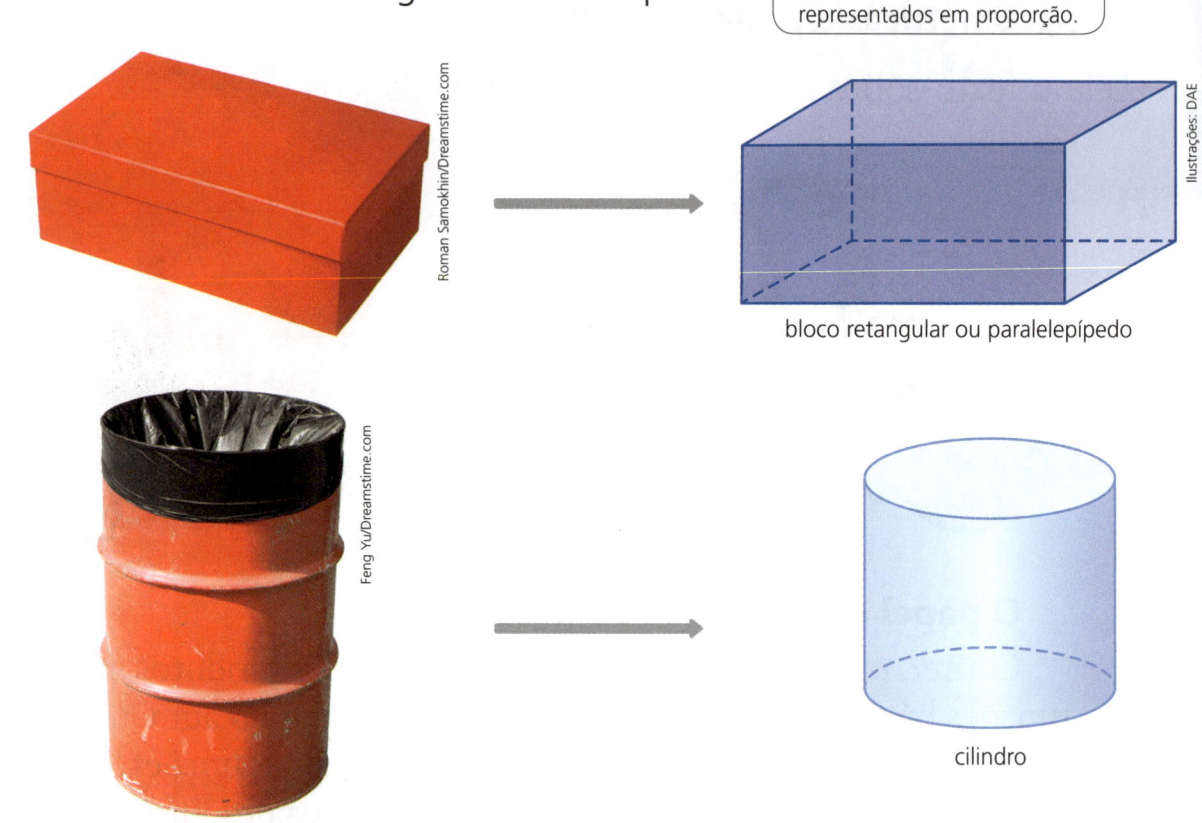

cilindro

Além das embalagens, há diversos objetos cuja forma lembra a de figuras geométricas.

◆ Ligue cada objeto à respectiva figura geométrica.

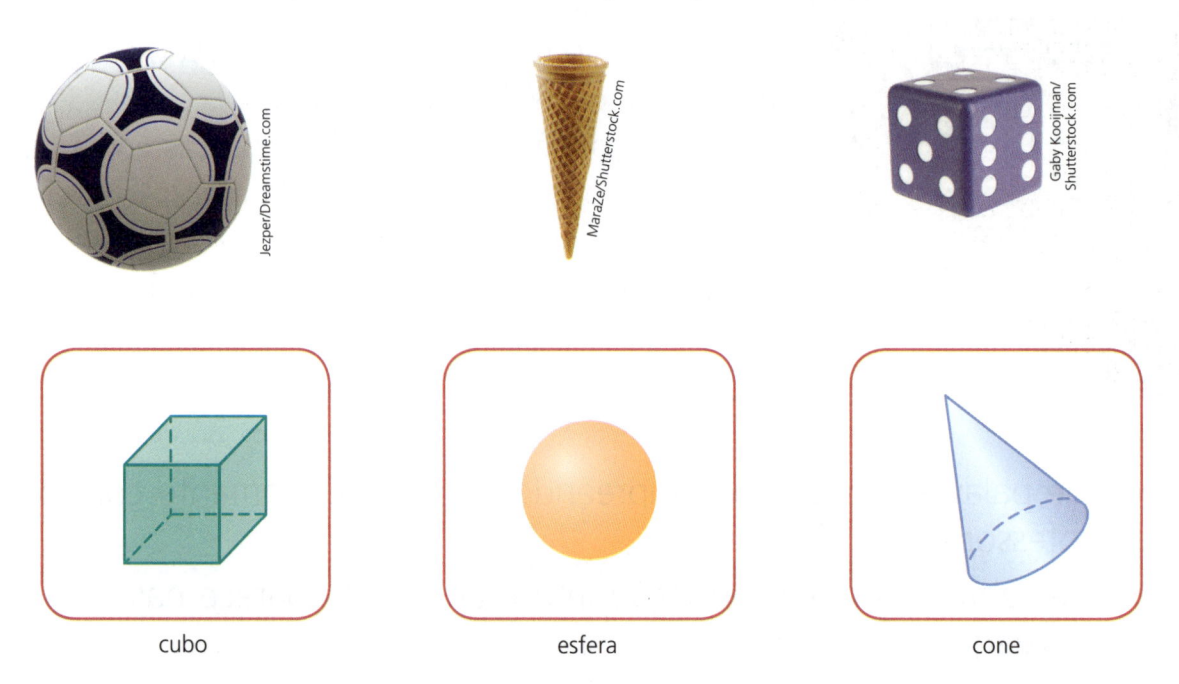

cubo   esfera   cone

106 Cento e seis

Algumas das partes de uma figura geométrica não plana têm a própria denominação.

No **cilindro**, cada uma das partes circulares é chamada de **base**, e a parte curva que une as bases é chamada de **superfície lateral**.

base do cilindro
superfície lateral
base do cilindro

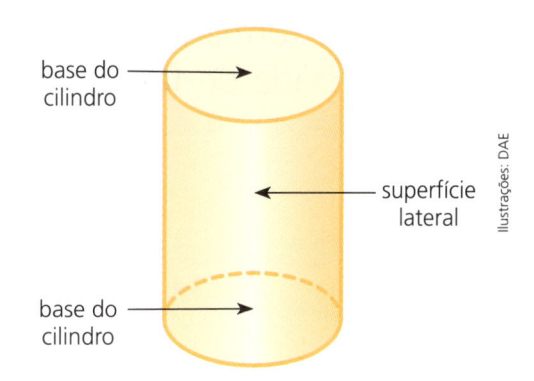

No **cone**, também temos uma parte circular, igualmente chamada de **base**. A ponta do cone é chamada de **vértice**, e a parte curva, que une o vértice à base, também é chamada de **superfície lateral**.

vértice
superfície lateral
base do cone

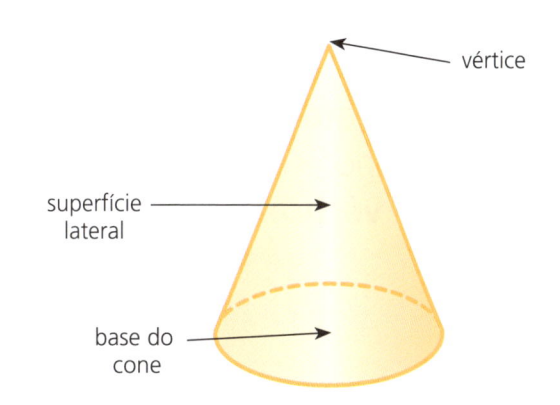

A **esfera** não apresenta região plana alguma. É composta de uma superfície toda curva chamada de **superfície esférica**.

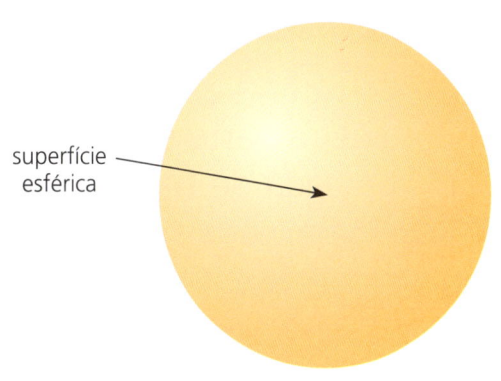

superfície esférica

A casca da melancia parece uma superfície esférica.

As figuras que não apresentam partes curvas também têm nome para cada um de seus elementos. Vejamos alguns deles.

O **cubo** é formado por seis quadrados. Cada superfície determinada por eles é chamada de **face**, e as pontas do cubo são chamadas de **vértices**.

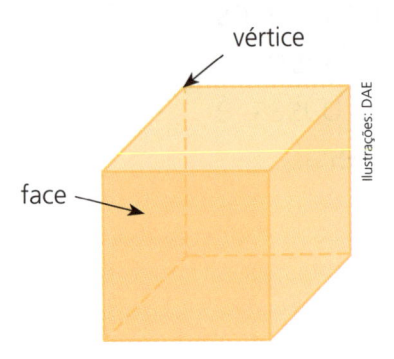

O **bloco retangular** é formado por seis retângulos. Cada superfície determinada por eles é chamada de **face** e, como no cubo, cada ponta é chamada de **vértice**.

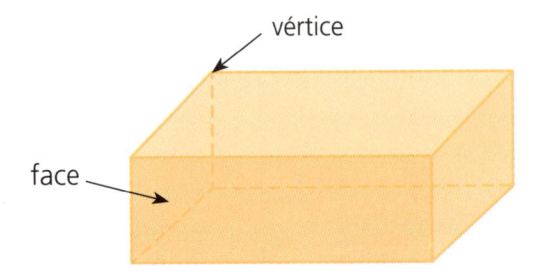

Na pirâmide, a parte sobre a qual ela está apoiada determina uma superfície chamada de **base**. Cada ponta é chamada de **vértice** e cada superfície, determinada pelos triângulos que unem a base ao vértice da pirâmide, é chamada de **face lateral**.

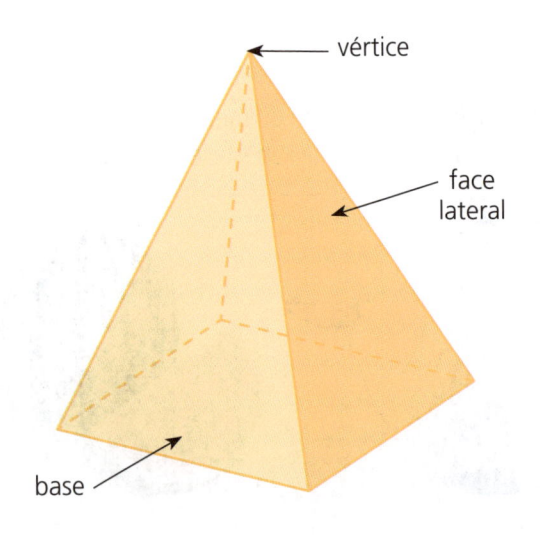

1 Algumas indústrias produzem velas nos mais variados formatos. Escreva o nome da figura geométrica parecida com cada uma destas velas.

2 Pinte de **verde** as figuras geométricas que têm superfície arredondada.

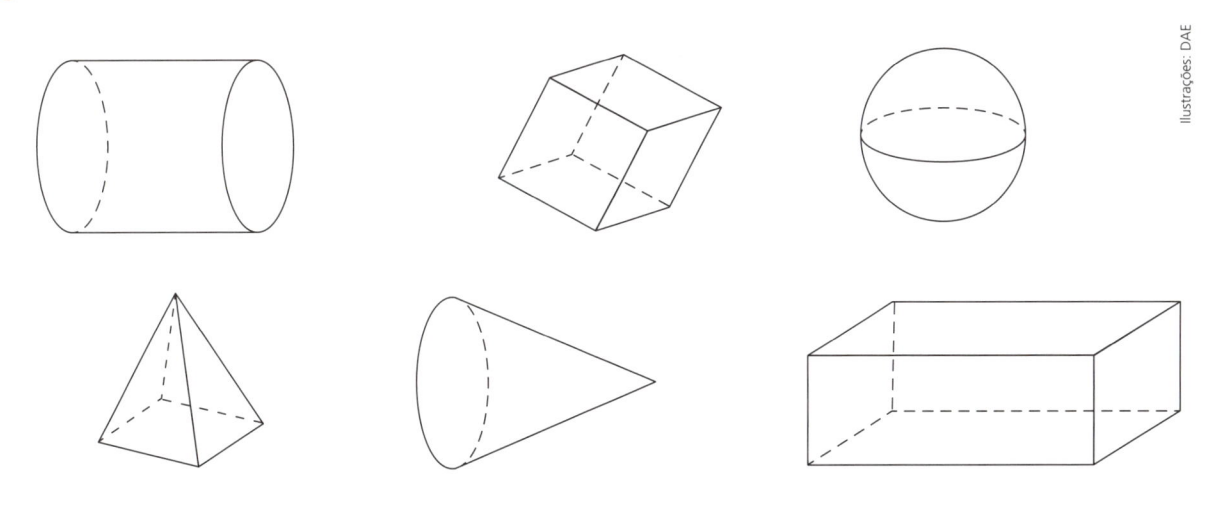

3 Nos quadrinhos, escreva **P** para os paralelepípedos ou blocos retangulares e **C** para os cilindros.

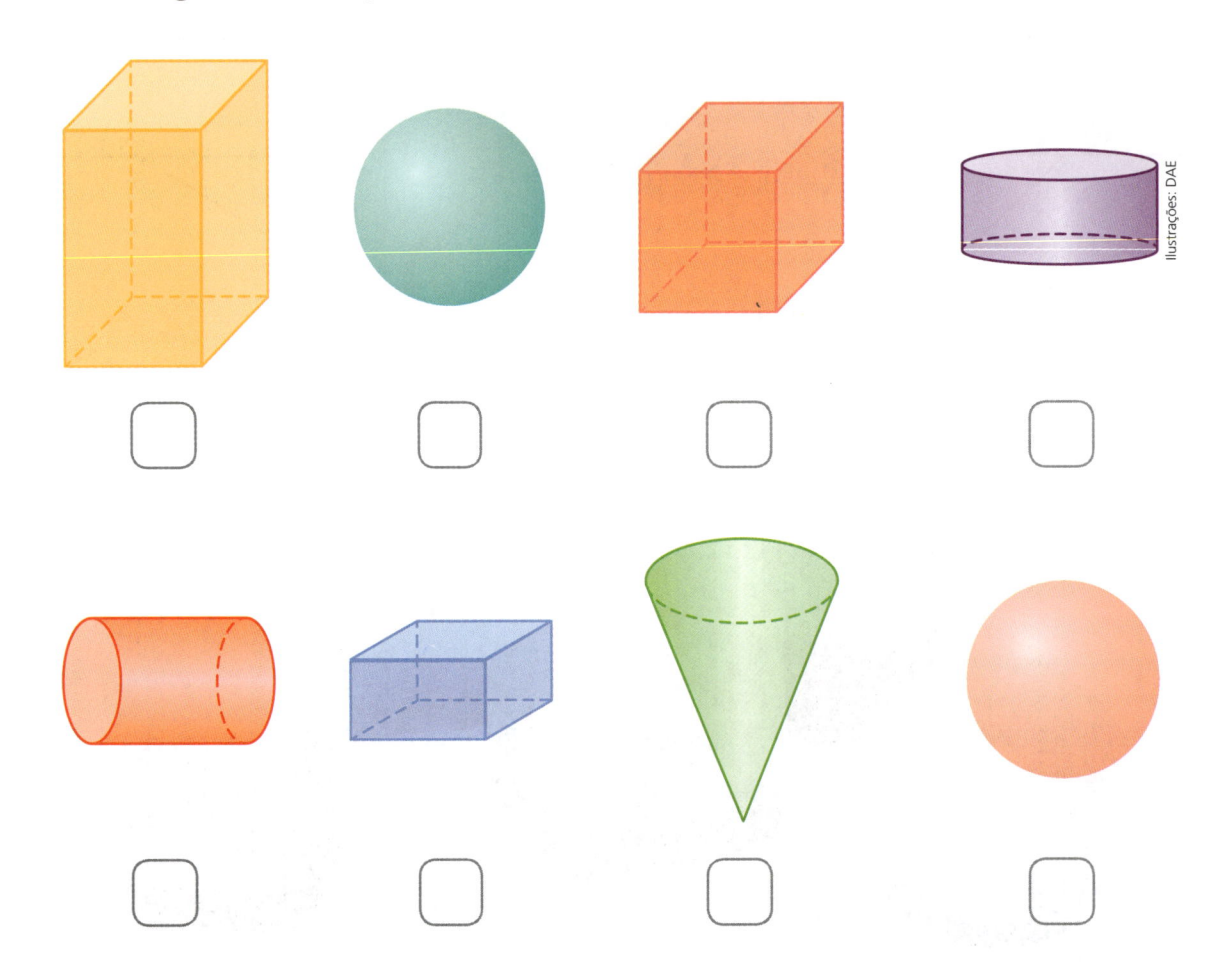

4 Com o Material Dourado, a turma fez um paralelepípedo empilhando os cubinhos em três camadas.

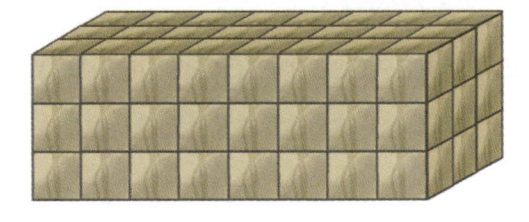

a) Quantos cubinhos há em cada camada?

_____

b) A figura tem quantos cubinhos ao todo?

_____

Desmontando embalagens

Figuras geométricas espaciais: noção de planificação

A turma foi separada em duas equipes. Cada equipe ficou encarregada de desmontar uma embalagem.

Veja a caixa que a equipe **A** desmontou:

A caixa é formada por seis faces.

◆ Qual era a forma geométrica da caixa antes de ser desmontada?

_____

Agora observe a caixa que a equipe **B** desmontou:

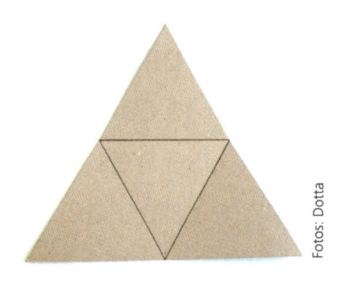

◆ Qual era a forma geométrica da caixa antes de ser desmontada?

_____

1 Samuel estava com uma caixa de papelão em cima da mesa. Observe as duas cenas.

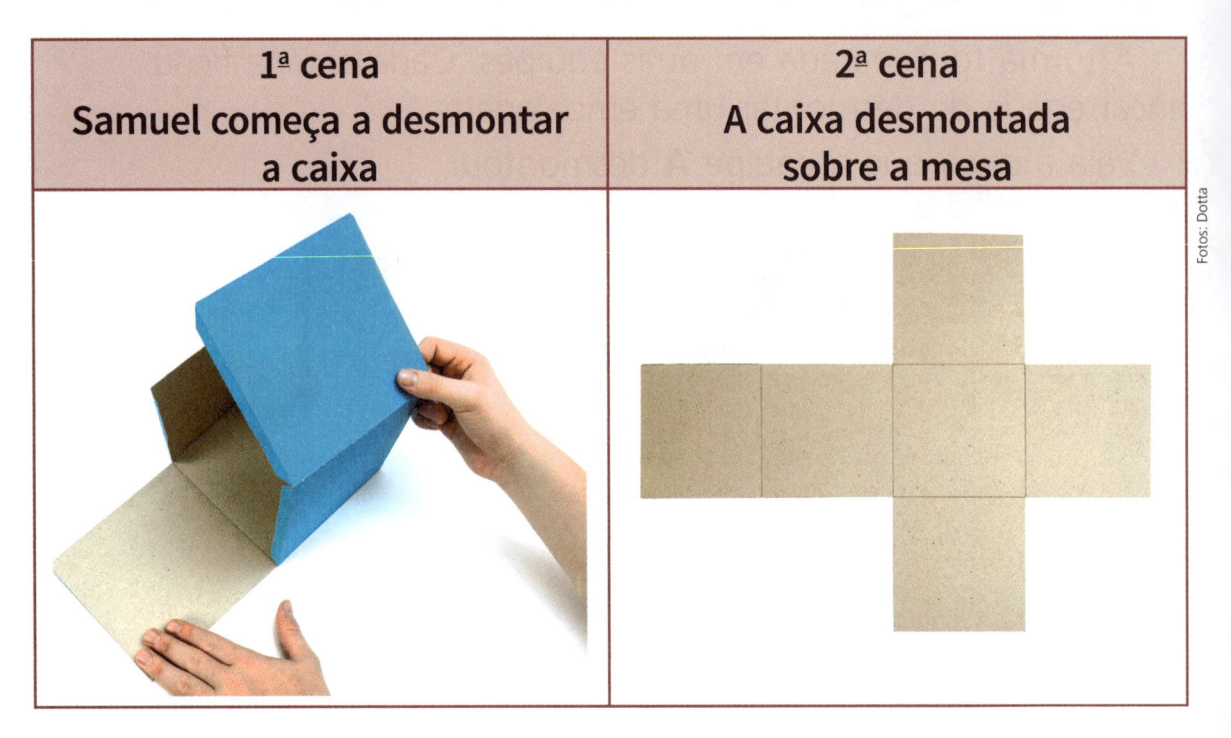

1ª cena Samuel começa a desmontar a caixa	2ª cena A caixa desmontada sobre a mesa

a) Qual era a forma geométrica da caixa que Samuel desmontou?

_____

b) Quantas faces tem a caixa? _____

2 Você sabia que a soma dos pontos das faces opostas de um dado é sempre igual a 7? Laura tinha um **molde** para montar o dado. Mas, antes de montá-lo, queria pintar as faces opostas com a mesma cor. Use três cores e pinte o molde ao lado para ajudar Laura.

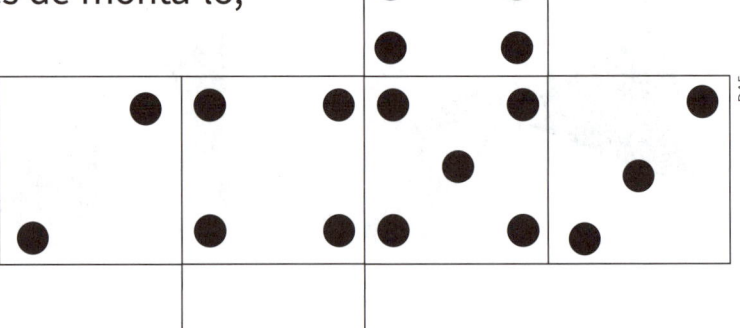

3 Bruna queria montar uma caixa em forma de pirâmide. Pinte de vermelho o molde que ela poderia escolher para montar a pirâmide.

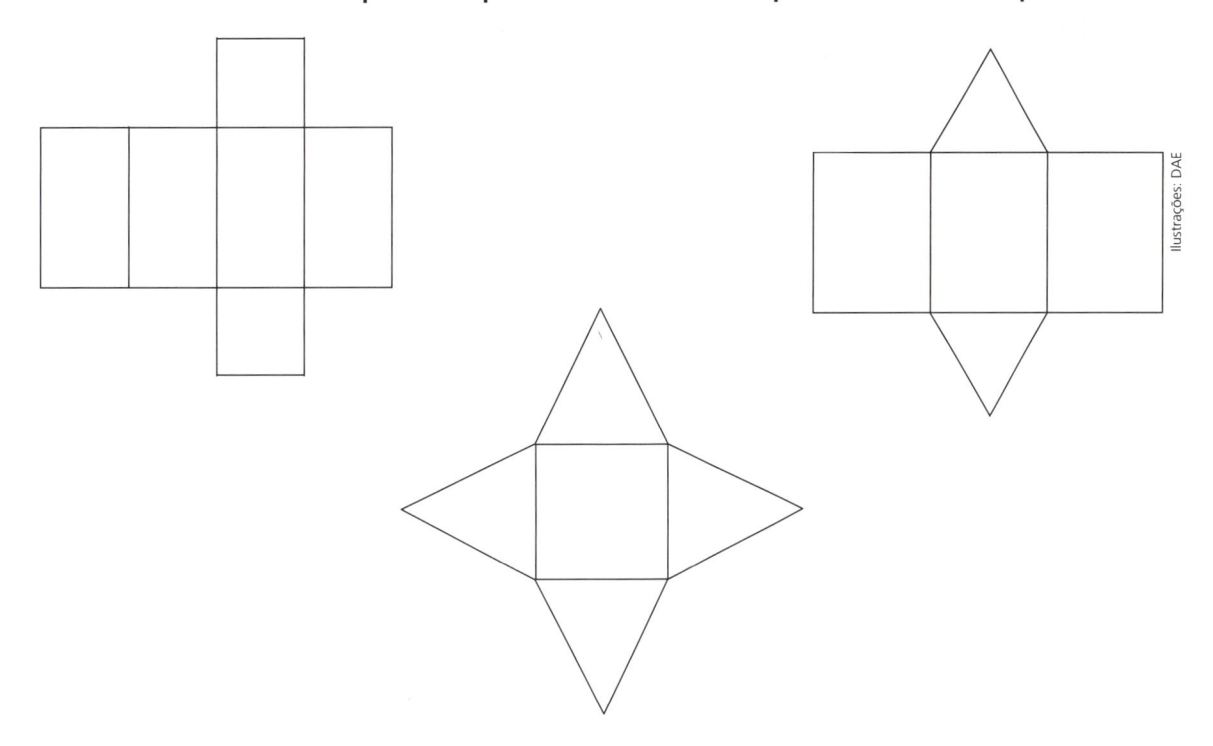

- Agora responda oralmente: que objetos se obtêm com cada um dos outros dois modelos de planificação?

4 Junte-se a um colega para montar uma caixa com a planificação da página 329, na seção **Encartes**. Você encontrará um molde igual a este:

Modo de fazer

1. Pinte o molde na cor que você desejar.
2. Cole o molde numa cartolina.
3. Recorte-o conforme orientações do professor.
4. Agora monte a caixa.
   - Qual é a forma geométrica da caixa que você montou?

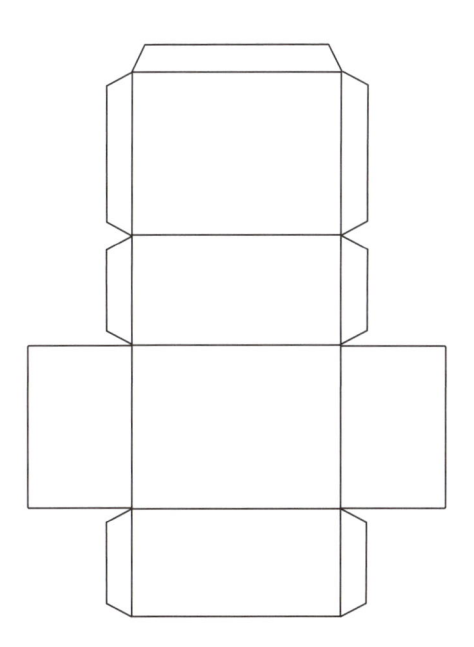

Cento e treze **113**

5 Ainda com o mesmo colega, monte agora uma caixa em forma de **prisma** com a planificação da página 331, na seção **Encartes**. A forma da caixa será:

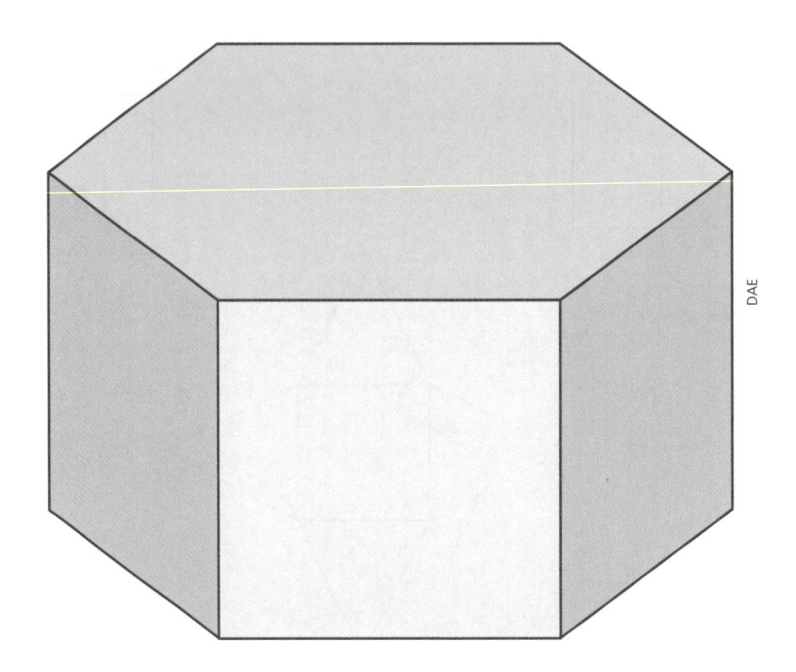

Modo de fazer

1. Cole o molde numa cartolina.
2. Pinte-o na cor que você desejar.
3. Recorte-o conforme orientações do professor.
4. Agora monte a caixa.
   - Marque um **X** na embalagem que tem a mesma forma do prisma que você montou.

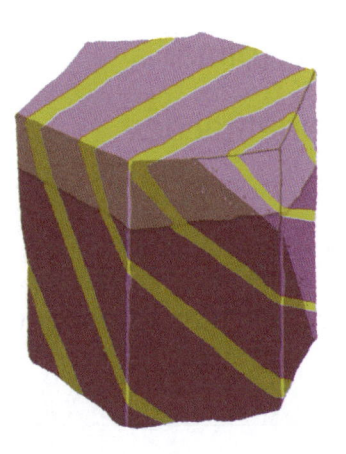

6 Além da pirâmide que você já conhece, há outros tipos de pirâmides. Observe ao lado o molde da planificação de uma pirâmide que Juliana montou. Pinte, da mesma cor, a pirâmide que resultou do molde.

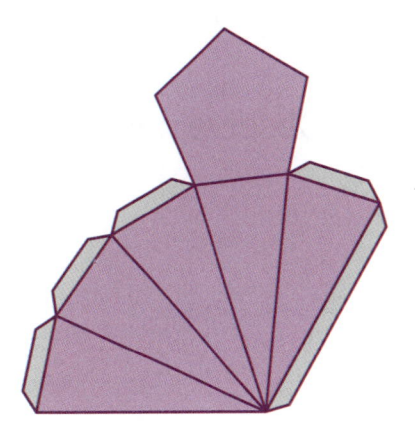

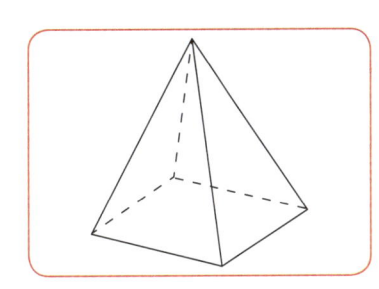

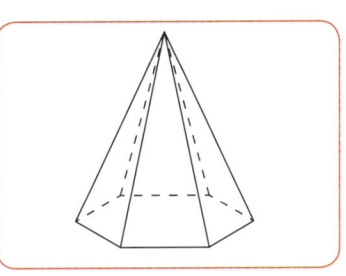

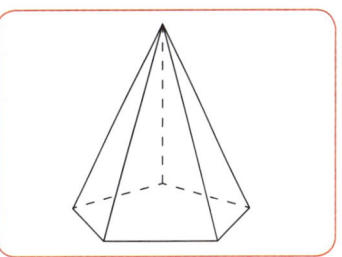

7 Observe as ilustrações abaixo e, depois, responda:

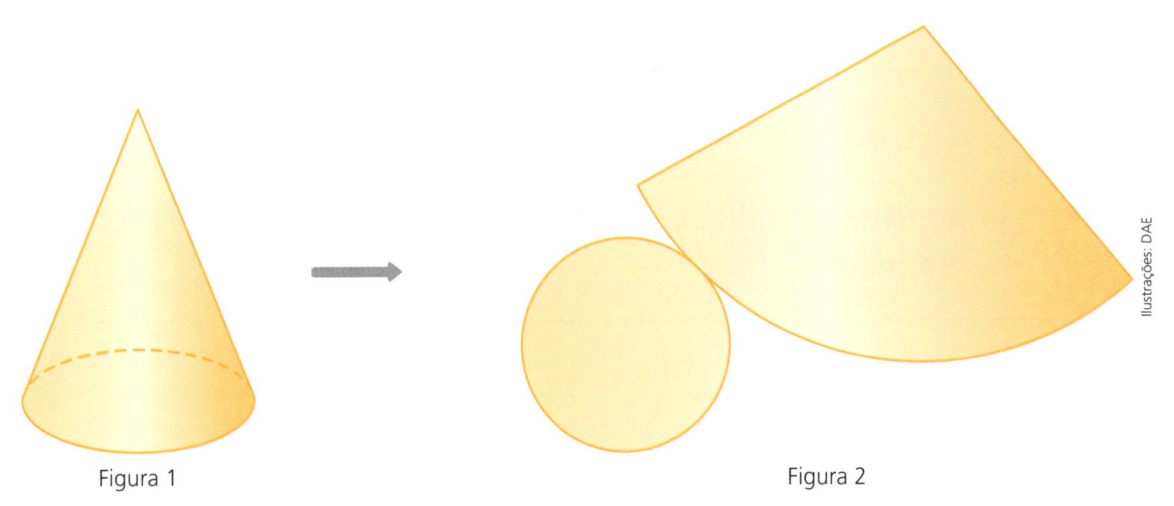

Figura 1

Figura 2

a) O que representa a figura 1?

_____

b) E a figura 2?

_____

8 Junte-se a dois colegas e, de acordo com instruções do professor, pintem e montem a planificação do cone utilizando o molde da página 349, na seção **Encartes**.

Cento e quinze **115**

9 Observe nas ilustrações abaixo um cilindro e sua planificação.

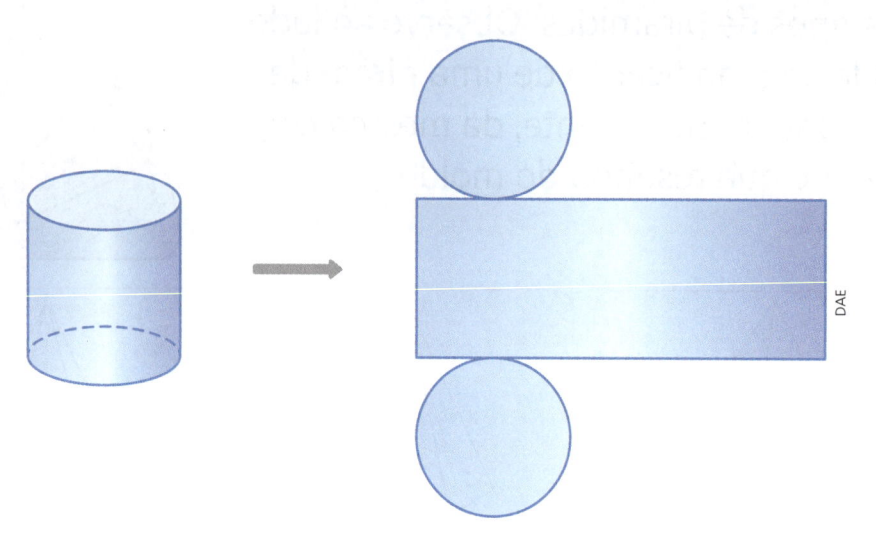

Responda:

- Quais formas geométricas planas formam a planificação do cilindro?

_____

- Desenhe uma planificação de cilindro diferente da apresentada nesta atividade.

10 Junte-se a dois colegas e, de acordo com instruções do professor, pintem e montem a planificação do cilindro utilizando o molde da página 351, na seção **Encartes**.

Contornando para desenhar

Figuras geométricas planas

A turma se dividiu em quatro grupos e cada um tinha que colocar um objeto em cima de uma cartolina. Com o lápis, os alunos tinham de contornar o objeto e depois, utilizando lápis colorido, tinham de pintar a parte interna da região contornada.

Veja o desenho que cada grupo fez em sua cartolina ao terminar a atividade:

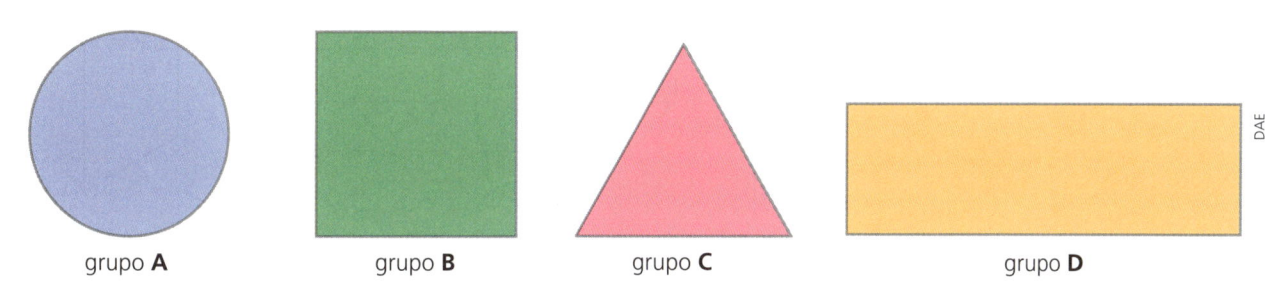

grupo **A**   grupo **B**   grupo **C**   grupo **D**

- Quais são as denominações das figuras geométricas desenhadas pelos alunos nas cartolinas?

_____

- Quais objetos você acha que os alunos utilizaram para fazer os contornos? Responda oralmente.

Você já estudou que algumas figuras geométricas planas têm denominações especiais:

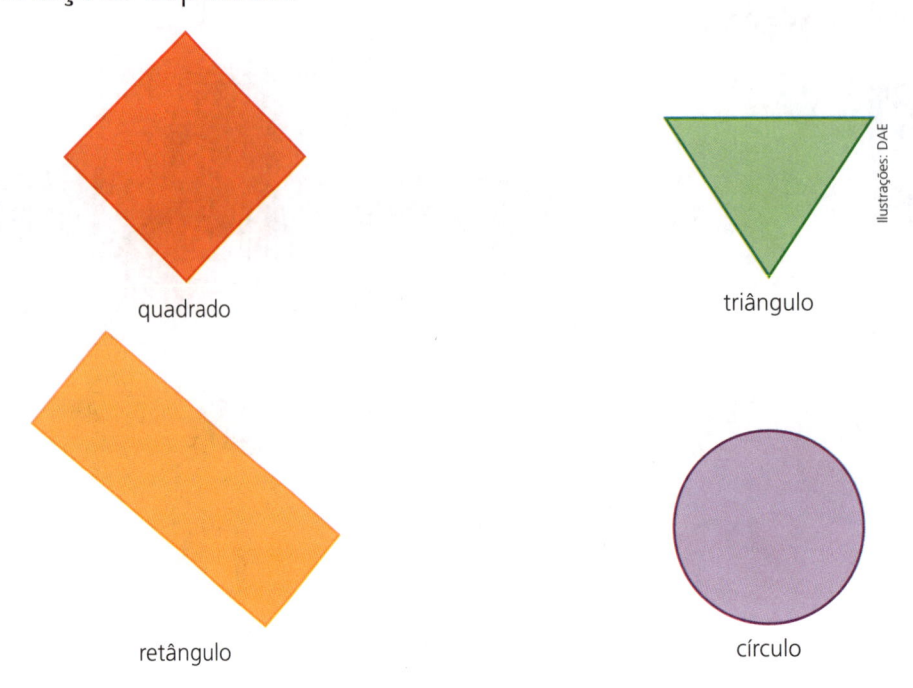

quadrado

triângulo

retângulo

círculo

Essas figuras geométricas planas podem ser encontradas em figuras geométricas espaciais.

- Observe as figuras geométricas planas indicadas pelas setas e pinte-as da mesma cor que as formas apresentadas acima.

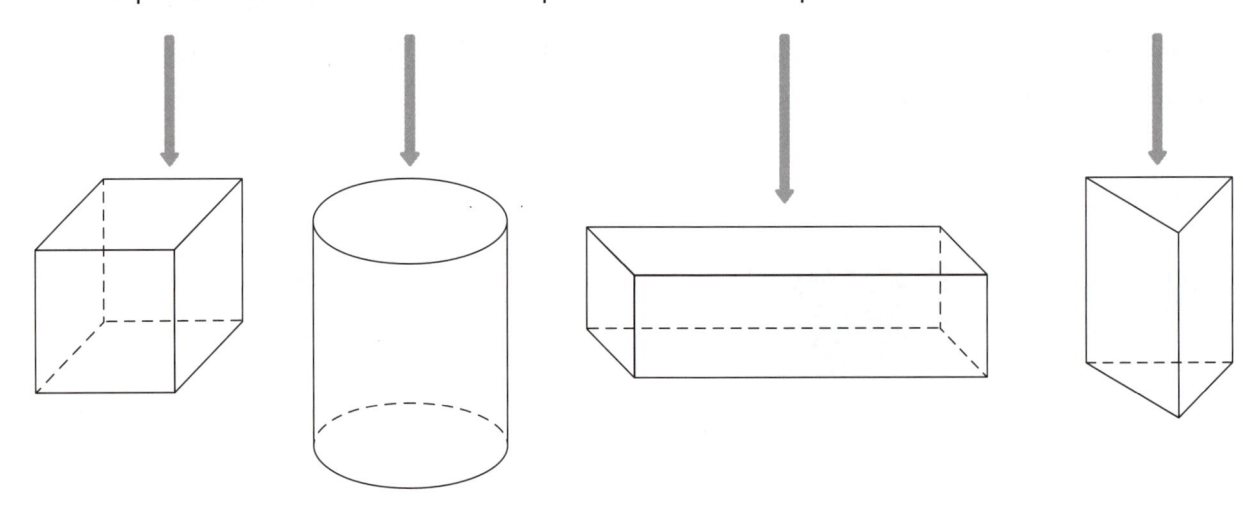

- O que existe em comum entre o quadrado e o retângulo?

_____

- E o que diferencia o quadrado do retângulo?

_____

1 Relacione as figuras geométricas planas em destaque nos sólidos com as figuras correspondentes.

a)

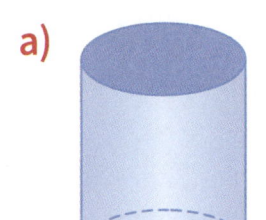

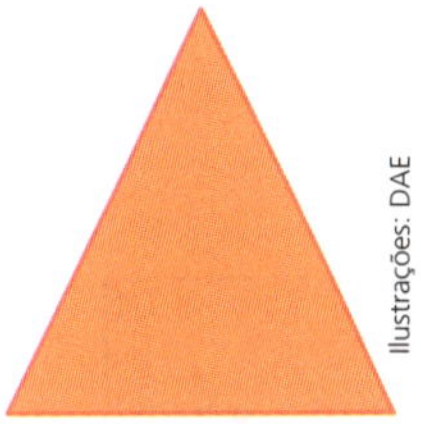

b)

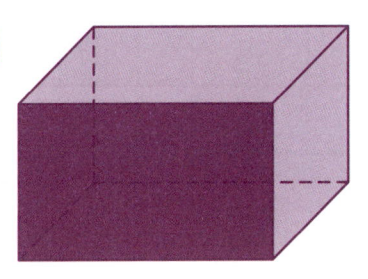

c)

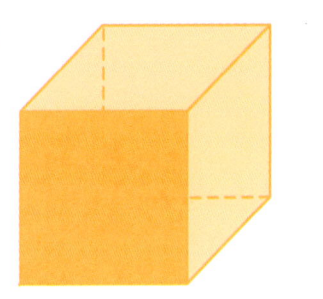

d)

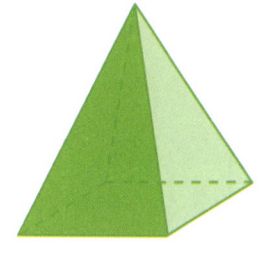

2 Amanda desenhou uma circunferência e, para isso, utilizou uma moeda como molde. Quais outros objetos Amanda poderia ter utilizado?

_____

_____

_____

3 Paula fez a planificação de uma caixa em forma de cubo que ela havia construído.
Depois, recortou cada uma das seis partes.

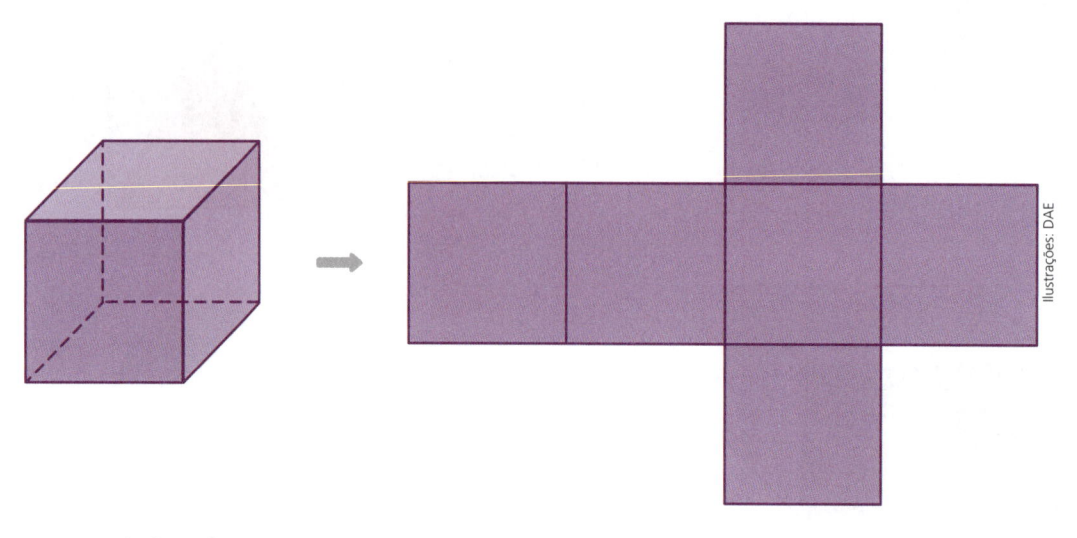

• Qual é a forma geométrica plana de cada parte?

_____

4 Utilizando apenas quadrados e triângulos, Rodrigo fez o desenho a seguir. Use sua criatividade e pinte o desenho com cores variadas.

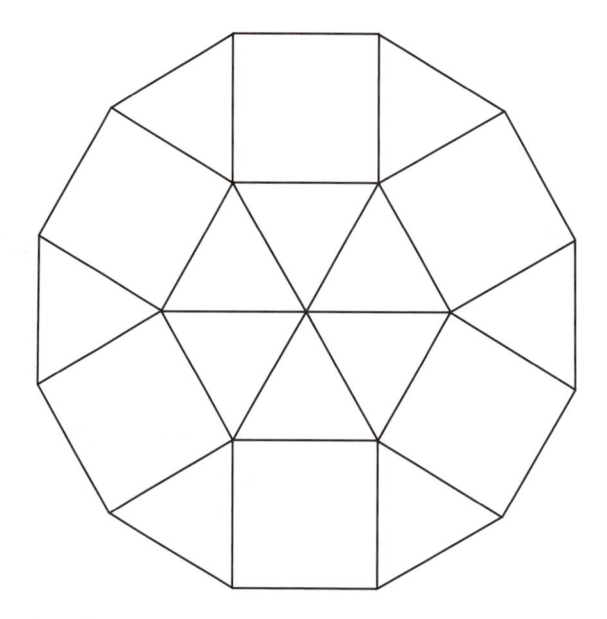

a) Quantos quadrados estão representados? _____

b) Quantos são os triângulos? _____

5 Observe os dois desenhos e pinte o que está em branco para que fiquem parecidos.

• Qual é a figura geométrica mais utilizada nesses desenhos?

_____

6 As figuras geométricas planas podem ser encontradas em faixas de decoração de paredes, em calçadas e até em tecidos.

a) Observando que a parte colorida é formada por quadrados dentro de quadrados, siga o padrão de cores e pinte o que está em branco.

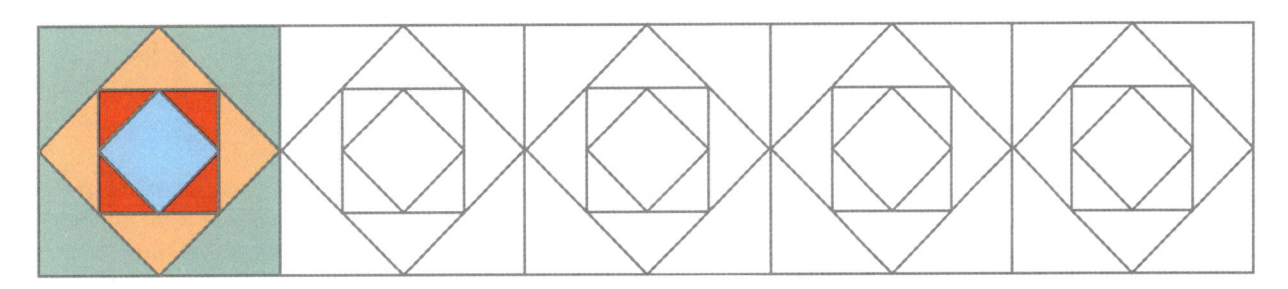

b) Agora é sua vez de inventar um padrão de cores para colorir os retângulos.

Cento e vinte e um **121**

A lenda do Tangram
Paralelogramo e trapézio

A professora disse:
— Vou ler para vocês a lenda do Tangram...

Conta a lenda que um jovem chinês despedia-se de seu mestre, pois iniciaria uma grande viagem pelo mundo. Nessa ocasião, o mestre entregou-lhe um espelho de forma quadrada e disse: "Com esse espelho você registrará tudo que vir durante a viagem, para mostrar-me na volta".

O discípulo, surpreso, indagou: "Mas mestre, como, com um simples espelho, poderei eu lhe mostrar tudo o que encontrar durante a viagem?".

No momento em que fazia esta pergunta, o espelho caiu-lhe das mãos, quebrando-se em sete peças.

Então o mestre disse: "Agora você poderá, com essas sete peças, construir figuras para ilustrar o que viu durante a viagem".

Secretaria de Educação do Estado de São Paulo. *Aprender vale a pena. Módulo 2.* São Paulo, 1998.

Responda oralmente:
- O que é uma lenda?
- Você conhece a lenda do Tangram?

Com base no que disse o mestre, o discípulo da lenda montou o quadrado com os sete pedaços. Agora é sua vez!

- Recorte da página 333, na seção **Encartes**, as sete figuras planas que formam o Tangram e, assim como o sábio, monte um quadrado com essas peças. **Não cole** as peças, pois você as utilizará em outras atividades.

- Responda oralmente: que figuras geométricas você conhece que são peças do Tangram?
- A figura ao lado chama-se paralelogramo. Alguma das peças do Tangram tem a forma dessa figura? _____

paralelogramo

Utilizando o paralelogramo, o quadrado e os dois triângulos pequenos do Tangram, podemos formar outra figura geométrica plana:

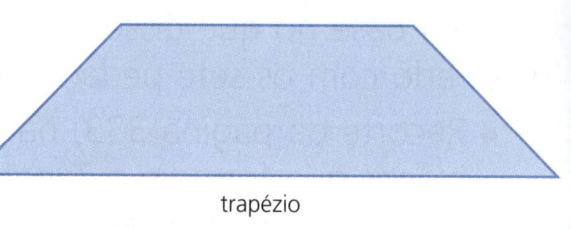

trapézio

- Com o quadrado, o paralelogramo e os dois triângulos pequenos forme um trapézio, como o que está representado acima, e mostre-o aos colegas.
- Você também pode formar um trapézio utilizando o quadrado e os dois triângulos pequenos. Mostre seu trapézio para a turma!

1 Junte-se a um colega para fazer cada uma das figuras a seguir utilizando as 7 peças do Tangram. Quando vocês formarem uma figura, mostrem-na para o professor e, depois, iniciem a próxima figura.

2 Forme um grupo com mais dois colegas e, utilizando as 7 peças do Tangram de cada um, montem juntos as três figuras a seguir. Em cada figura devem ser utilizadas as 7 peças de um único jogo.

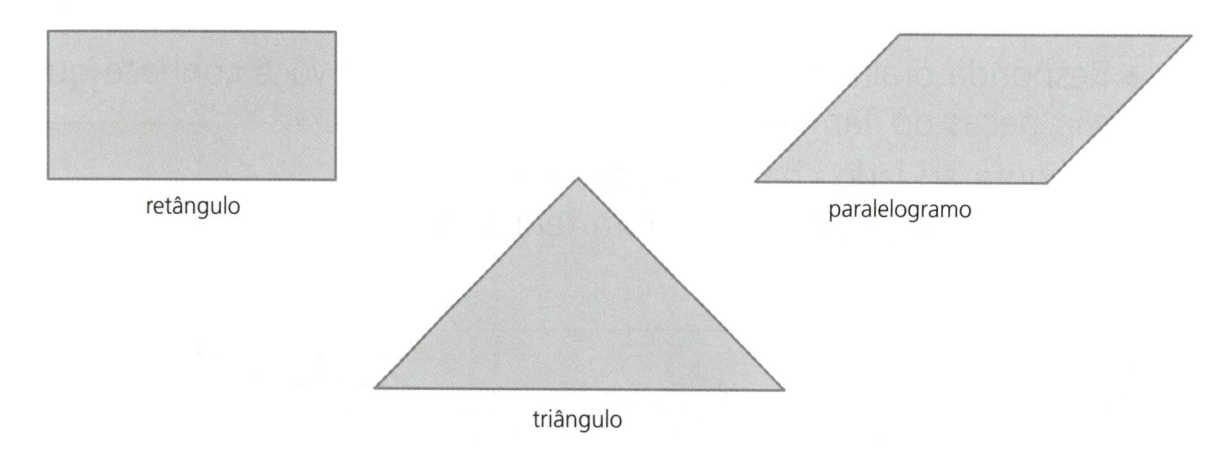

retângulo

paralelogramo

triângulo

124 **Cento e vinte e quatro**

3 Descubra o segredo da sequência de cores e pinte as formas que faltam.

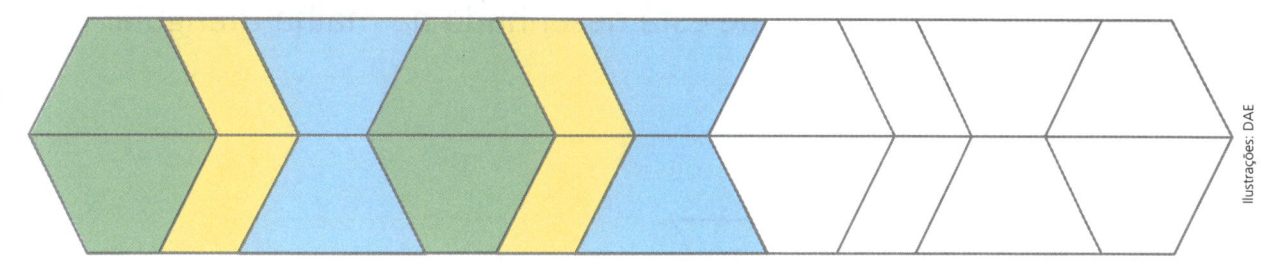

a) Qual é o segredo da sequência de cores?

_____

b) Que figuras geométricas aparecem na figura?

_____

4 Observe as figuras geométricas desenhadas na malha quadriculada a seguir. Pinte da mesma cor aquelas que são iguais, isto é, que têm a mesma forma e também o mesmo tamanho. Depois responda.

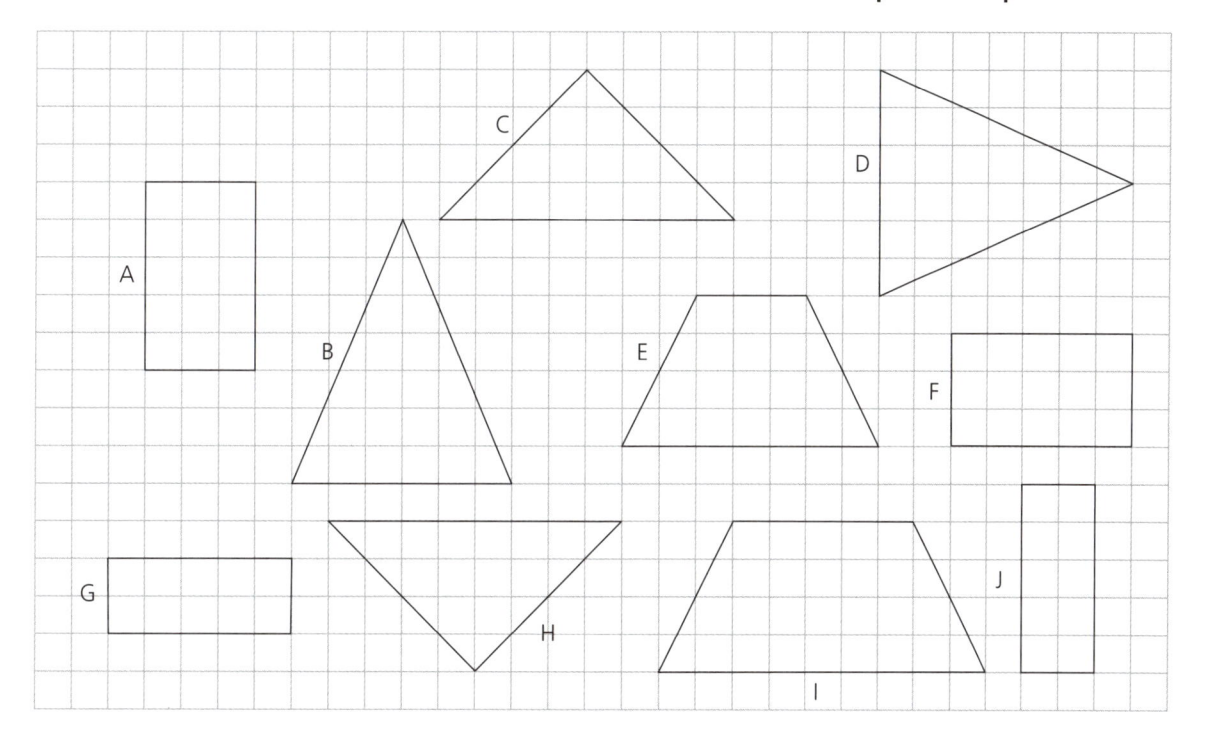

◆ Cada uma das figuras tem outra igual, isto é, da mesma forma e do mesmo tamanho?

_____

5 Utilize uma régua para desenhar na malha triangular da direita um paralelogramo igual ao que está desenhado na malha triangular da esquerda.

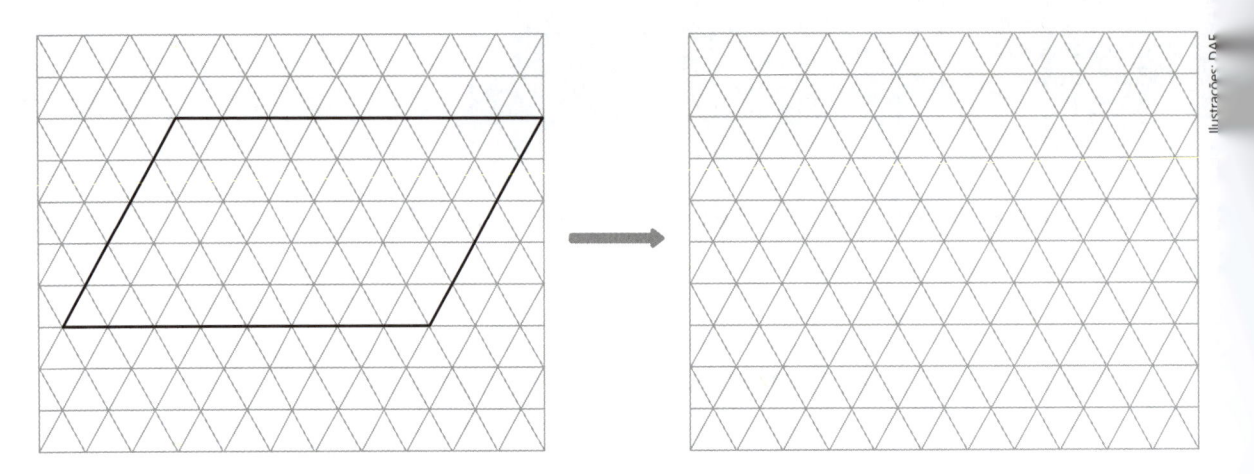

6 Traçando apenas uma linha, divida cada figura abaixo em dois triângulos. Use uma régua para fazer a linha.

#Digital

Vamos utilizar novamente o *software* editor de textos, porém explorando duas novas funcionalidades: **copiar** e **rotacionar**.

Inicialmente, desenhe algumas das figuras que você já conhece. Experimente um retângulo, um triângulo, um círculo ou uma estrela.

Para **copiar** uma dessas figuras, siga estas instruções.

1. Clique na figura para selecioná-la.

2. Clique em [ícone] na barra de ferramentas.

3. Clique em [ícone] para copiar a figura selecionada e arraste-a para onde quiser.

Você terá uma cópia da primeira figura.

Agora, vamos **rotacionar** a figura.

1. Inicialmente, você deve selecioná-la.

2. O controle para rotacioná-la pode estar na barra de ferramentas [ícone] ou na própria figura, indicado por [ícone] ou por [ícone].

3. Agora você pode girar livremente a figura.

Faça um desenho copiando e girando as figuras que você conhece e, depois, tente responder junto aos colegas:

- Esses comandos alteram a forma ou o tamanho das figuras?
- É possível girar uma figura até que ela volte à posição inicial? Se sim, quanto é preciso girar?

MATEMÁTICA em ação

Nesta unidade você observou que existem construções com formas parecidas com as de figuras geométricas espaciais, tais como o cilindro e o paralelepípedo. As figuras geométricas planas também são encontradas em telas com pinturas, desenhos, padrões geométricos e nas bandeiras do Brasil e dos estados brasileiros.

Bandeira do Brasil

Figuras geométricas:

_____

_____

_____

Bandeira do Acre

Note que são _____ triângulos que formam _____ retângulo.

Bandeira da Paraíba

A bandeira tem forma de retângulo, sendo subdividida em _____ retângulos.

Escolha outro estado brasileiro e observe a bandeira dele. Informe, a seguir, que figuras geométricas aparecem nela.

_____

As figuras geométricas planas também aparecem em placas de trânsito! As placas são utilizadas para orientar melhor os motoristas e os pedestres.

- Qual é o significado desta placa em forma de triângulo? Se não souber, pergunte para alguém de sua família que sabe dirigir.

___

- E qual é o significado desta placa em forma de círculo?

___

- E desta aqui, em forma de quadrado, qual é o significado?

___

Bem, agora que você já conhece um pouco a utilização de figuras geométricas em bandeiras e placas, que tal criar uma placa que signifique "é proibido conversar" para colocar na porta da biblioteca? Desenhe a placa no quadro abaixo e mostre-a para a turma.

Revendo o que aprendi

1 Observe que as três pirâmides desenhadas a seguir são diferentes. Pinte da mesma cor cada pirâmide e sua planificação.

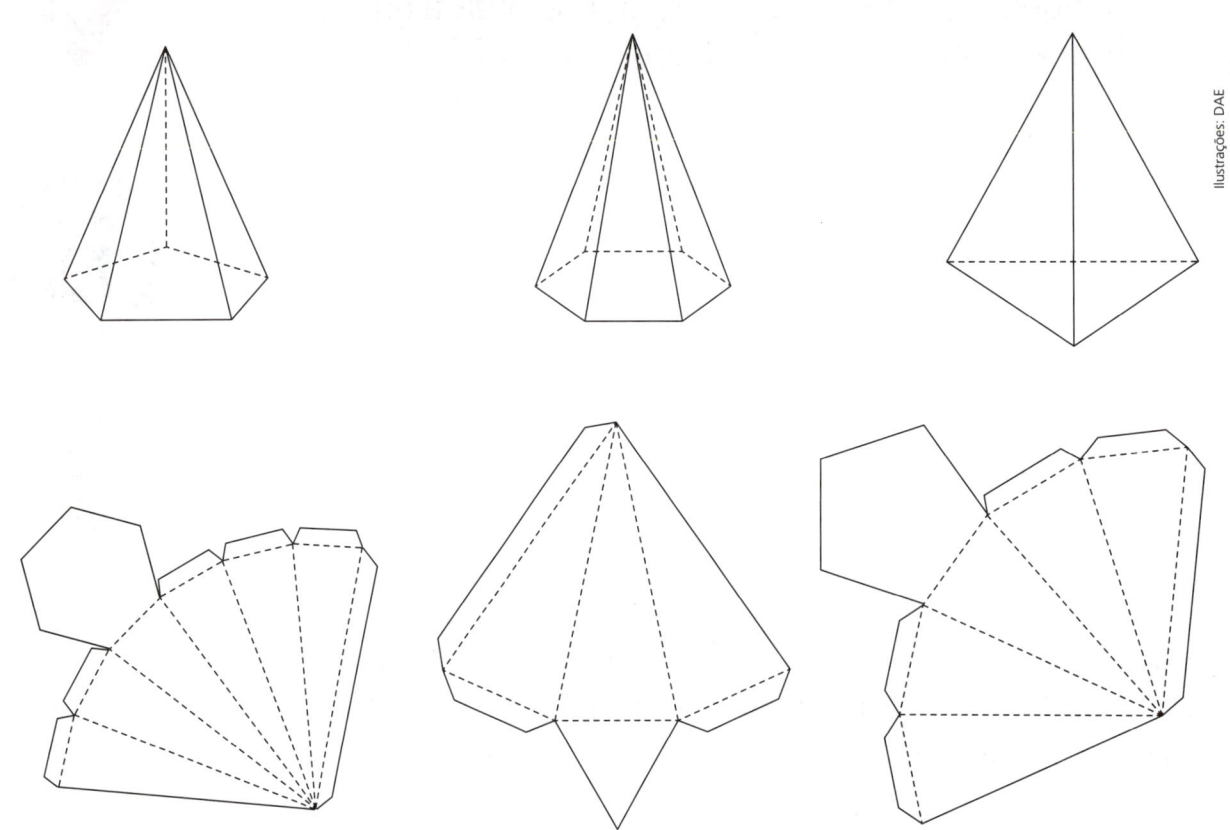

• Todas essas pirâmides têm o mesmo número de faces? _____

2 Marcos queria formar o cubo da direita empilhando cubinhos menores. Observe à esquerda o que ele já fez.

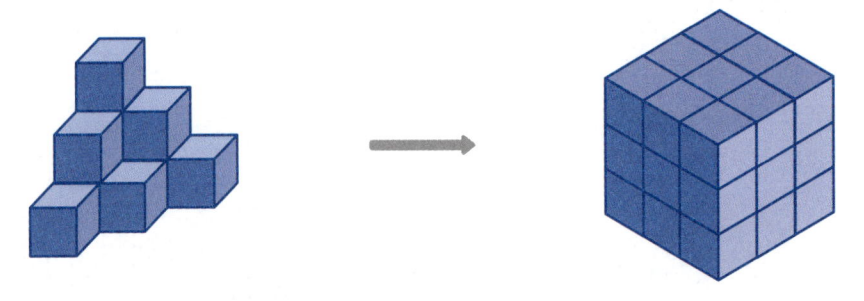

a) Quantos cubinhos Marcos já empilhou? _____

b) Quantos cubinhos ainda precisa empilhar? _____

130 Cento e trinta

3 Esta é a churrasqueira da casa de Nadir.

Responda:

a) Qual é a forma de cada cerâmica? _____

b) Quantas cerâmicas foram utilizadas? _____

4 Karen organizou alguns tijolos que tinha em sua casa formando a seguinte pilha:

a) Qual é a forma geométrica de cada um dos tijolos? _____

b) E a forma da pilha que ela fez? _____

c) Quantos tijolos há nessa pilha? _____

5 Veja a criatividade de Mônica. Retirou a tampa de uma lata e revestiu-a com um papel decorado para formar um porta-canetas.

a) Qual é a forma geométrica da lata?

_____

b) Qual é a forma geométrica do papel decorado? _____

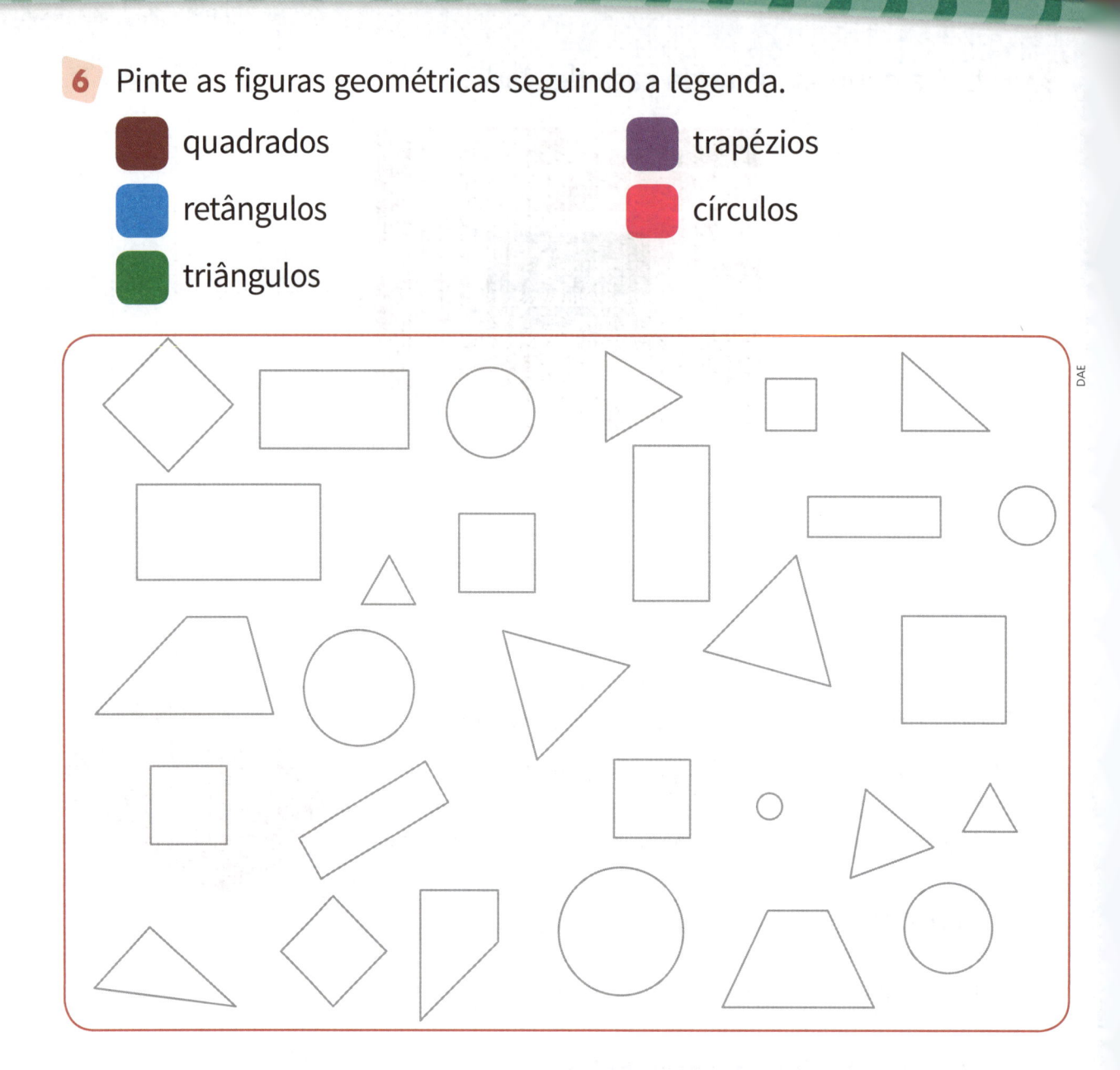

6 Pinte as figuras geométricas seguindo a legenda.

■ quadrados ■ trapézios
■ retângulos ■ círculos
■ triângulos

◆ Agora complete o quadro sobre as figuras geométricas que você coloriu.

FIGURA GEOMÉTRICA	QUANTIDADE
quadrado	
retângulo	
triângulo	
trapézio	
círculo	

7 Escreva o nome das formas geométricas não planas representadas a seguir. Em seguida, responda às questões.

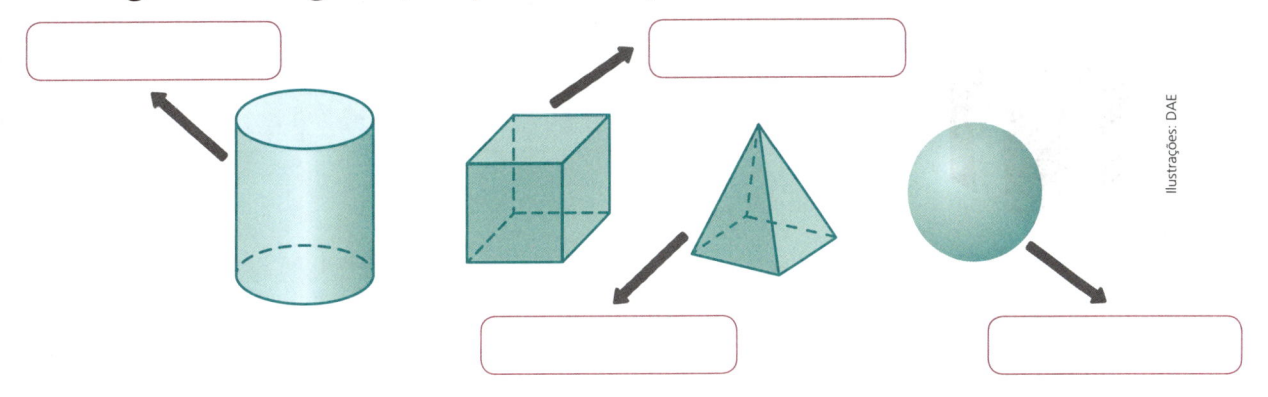

a) Qual dessas formas geométricas tem exatamente 5 vértices?

_____

b) Qual dessas formas geométricas tem todas as faces quadradas?

_____

c) Qual dessas formas geométricas não tem faces planas?

_____

8 Utilizando-se apenas uma forma geométrica plana, foi desenhada a seguinte figura. Pinte-a usando as cores que preferir.

Agora responda às questões.

a) Qual forma geométrica foi utilizada para compor a figura? _____

b) Essa forma geométrica é plana ou não plana? _____

9 Escreva o nome das figuras geométricas não planas com as quais cada objeto a seguir se parece.

Os elementos não estão representados em proporção.

a) _____

b) _____

c) _____

d) _____

e) _____

f) _____

10 Recorte de revista ou jornal dois pedaços de papel: um em forma de trapézio e outro em forma de paralelogramo. Depois, cole-os no quadro abaixo.

Desafio

1 E então, conseguiu ver quantos cubos estão representados na imagem do início da unidade? Agora vamos a outro desafio que também envolve visualização.

- Olhe bem para a figura e responda:

   As linhas vermelhas formam quadrados? Elas estão retas ou tortas?

Cento e trinta e cinco **135**

UNIDADE 4
Multiplicação

É HORA DO PRÊMIO FINAL!

O apresentador falou no programa de perguntas que o círculo da esquerda esconde o mesmo segredo do círculo da direita.

▶ Que número substitui corretamente o sinal de interrogação?

A altura de um prédio

Grandes prédios ou edifícios são construídos nas cidades para que as pessoas possam morar, entre outras finalidades. Observe que a imagem ao lado representa um prédio que tem o andar térreo e ainda 9 andares.

Responda oralmente:

- Você sabe o que significa "andar" quando falamos de um prédio?
- E qual é o significado de "andar térreo"?
- Com base na imagem do prédio, como podemos saber que ele tem 9 andares a partir do térreo?

Para você estimar a altura desse prédio, considere que o andar térreo tem 5 metros de altura e todos os demais andares têm aproximadamente 4 metros de altura cada um. Assim, você pode fazer a seguinte adição:

4 + 4 + 4 + 4 + 4 + 4 + 4 + 4 + 4 + 5 =

= _____ + 5 = _____.

Ou, ainda:

_____ × _____ + 5 = _____ + 5 = _____.

- Faça um desenho de um prédio com o andar térreo e outros 3 andares.

Campeonato de voleibol
Multiplicação: significados, procedimentos, dobro e triplo

Um campeonato de vôlei será disputado na escola pelos times, que estão cantando o Hino Nacional Brasileiro. Ficou decidido que cada time jogará uma vez com cada um dos demais times. Ganha o campeonato quem conseguir vencer mais jogos.

Observe a cena e responda:

◆ Quantos times disputarão o campeonato? _____

◆ Quantos jogadores haverá em cada time? _____
◆ Quantos jogadores ao todo disputarão o campeonato?
_____

Para calcular a quantidade de jogadores você pode ter utilizado a multiplicação ou a adição.

◆ Multiplicação: _____ × _____ = _____.

◆ Adição: _____ + _____ + _____ + _____ = _____.

◆ Como todos os times se enfrentarão uma única vez, quantos jogos ao todo esse campeonato terá? Para responder, considere que os times são **A**, **B**, **C** e **D** e monte todos os jogos entre eles no quadro a seguir.

Você pode utilizar a multiplicação não só para representar adição de parcelas iguais. Observe a seguir alguns exemplos.

Quantidade em disposição retangular

Observe o desenho da parte da frente de um prédio e complete as frases.

- Há _____ andares nesse prédio.

- Cada andar tem _____ janelas na parte da frente.

- Ao todo são _____ janelas na parte da frente.

Utilizando uma multiplicação:

_____ × _____ = _____.

Os elementos não estão representados em proporção.

Cálculo do número de possibilidades

Marta vestirá uma blusa e uma saia para ir a uma festa. Observe as peças de roupa de que ela dispõe e complete as frases.

- São _____ blusas e _____ saias.

- Para cada saia há _____ blusas para combinar.

- Ao todo são _____ possibilidades de usar uma blusa e uma saia.

Utilizando uma multiplicação: _____ × _____ = _____.

Observe a seguir todas as possibilidades que Marta tem de combinar blusa e saia:

1 Você conhece a brincadeira dos 3 pés? Ela deve ser feita em dupla: um aluno amarra o pé esquerdo no pé direito do colega. Ambos saem pulando com as pernas amarradas. Vence a dupla que cruzar primeiro a linha de chegada.

Se a turma formou 7 duplas, quantos alunos ao todo estavam brincando? Complete as operações e encontre a resposta.

a) Usando uma adição:

_____ + _____ + _____ + _____ + _____ + _____ + _____ = _____.

b) Usando uma multiplicação:

_____ × _____ = _____.

2 Pinte de vermelho a multiplicação que indica o total de botões da imagem:

| 7 × 3 = 21 | 6 × 3 = 18 | 3 × 7 = 21 | 3 × 8 = 24 | 3 × 6 = 18 |

3 Descubra o segredo da sequência e complete-a.

0, 3, 6, 9, ___, ___, ___, ___, ___, ___, ___

◆ Explique oralmente qual é o segredo da sequência.

4 Calcule mentalmente para completar as frases.

a) O dobro de 8 metros é _____ metros.

b) O triplo de 5 anos é _____ anos.

5 Note o que Ana fez para multiplicar alguns números e complete as multiplicações.

a) Multiplicação por 2 (tabuada do 2)

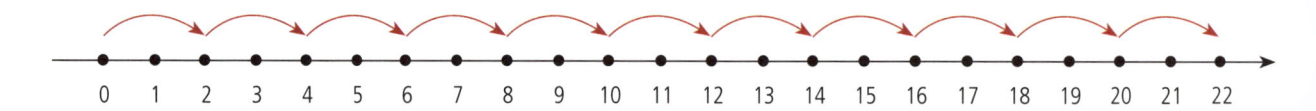

2 × 0 = _____   2 × 4 = _____   2 × 8 = _____

2 × 1 = _____   2 × 5 = _____   2 × 9 = _____

2 × 2 = _____   2 × 6 = _____   2 × 10 = _____

2 × 3 = _____   2 × 7 = _____   2 × 11 = _____

b) Multiplicação por 3 (tabuada do 3)

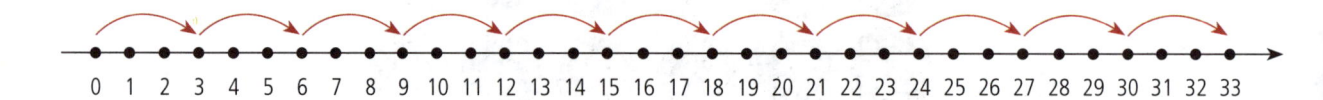

3 × 0 = _____   3 × 4 = _____   3 × 8 = _____

3 × 1 = _____   3 × 5 = _____   3 × 9 = _____

3 × 2 = _____   3 × 6 = _____   3 × 10 = _____

3 × 3 = _____   3 × 7 = _____   3 × 11 = _____

6 Na lanchonete de Francisca são feitos diversos sucos especiais em copos de tamanhos médio e grande. Observe o cardápio abaixo.

Cardápio de Sucos

300 ml	500 ml
limão	pera
laranja	abacaxi
banana	pêssego
manga	maçã

a) Escreva todas as possibilidades para a escolha de uma fruta e um tamanho de copo no quadro a seguir.

b) Complete as frases.

- Há _____ tipos de frutas para fazer suco.

- Há _____ tamanhos de copos para colocar o suco.

- No total são _____ possibilidades de escolha de um suco e um tamanho de copo.

- Esse total pode ser encontrado usando uma multiplicação:

_____ × _____ = _____.

O restaurante do Luiz

Multiplicação por 4, por 5 e por 6

Na semana passada, Luiz abriu um restaurante com comidas especiais. Observe na imagem abaixo como ele fez a disposição das mesas e cadeiras.

- Quantas são as mesas? _____

- Quantas cadeiras há em cada mesa? _____
- Se todas as cadeiras estiverem ocupadas, quantas pessoas estarão sentadas? _____
- Para responder a essa última pergunta, você poderia utilizar uma multiplicação, isto é: _____ × _____ = _____.
- Se o restaurante tivesse 4 mesas com 6 cadeiras em cada mesa, qual seria o número total de cadeiras? Use uma multiplicação e uma adição para responder.

    _____ × _____ = _____

    ou

    _____ + _____ + _____ + _____ = _____

    Portanto, seriam _____ cadeiras.

Na situação anterior você fez multiplicações por 4 e por 6. Vamos observar agora alguns resultados de multiplicações por esses números.

- Complete a sequência e a **tabuada do 4**.

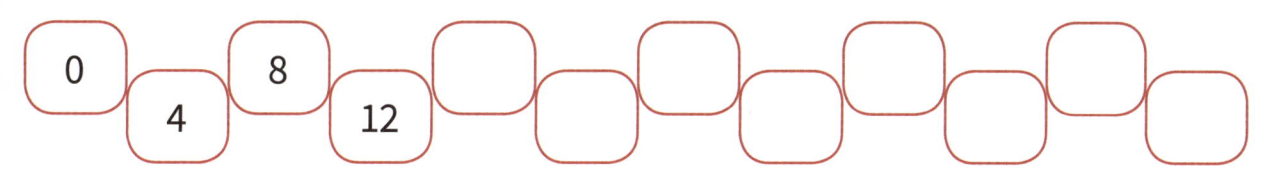

| 0 | 4 | 8 | 12 | | | | | | |

4 × 0 = _____   4 × 3 = _____   4 × 6 = _____   4 × 9 = _____

4 × 1 = _____   4 × 4 = _____   4 × 7 = _____   4 × 10 = _____

4 × 2 = _____   4 × 5 = _____   4 × 8 = _____   4 × 11 = _____

- Complete a sequência e a **tabuada do 6**.

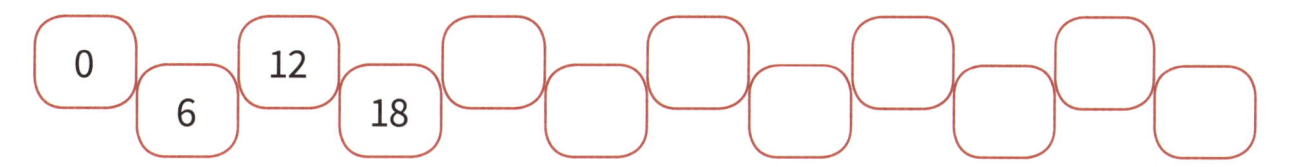

| 0 | 6 | 12 | 18 | | | | | | |

6 × 0 = _____   6 × 3 = _____   6 × 6 = _____   6 × 9 = _____

6 × 1 = _____   6 × 4 = _____   6 × 7 = _____   6 × 10 = _____

6 × 2 = _____   6 × 5 = _____   6 × 8 = _____   6 × 11 = _____

1 Veja o desenho que Joaquim fez utilizando duas cores apenas. Escreva uma multiplicação para calcular a quantidade de vezes que as linhas coloridas se encontram.

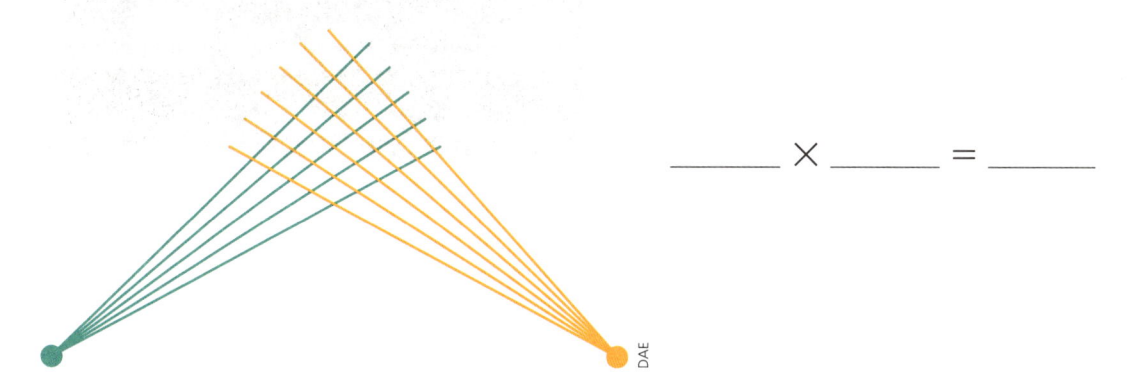

_____ × _____ = _____

2 Assim como Joaquim fez, utilize um desenho para representar a multiplicação a seguir e complete-a com o resultado.

$$5 \times 9 = \_\_\_\_\_$$

3 Complete a sequência e a **tabuada do 5**.

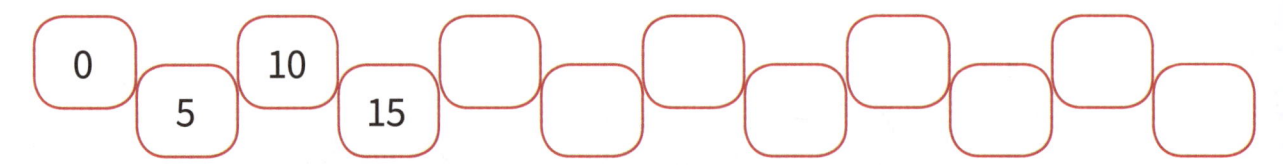

0, 5, 10, 15, ___, ___, ___, ___, ___, ___, ___, ___

5 × 0 = _____   5 × 3 = _____   5 × 6 = _____   5 × 9 = _____

5 × 1 = _____   5 × 4 = _____   5 × 7 = _____   5 × 10 = _____

5 × 2 = _____   5 × 5 = _____   5 × 8 = _____   5 × 11 = _____

4 Veja a coleção de carrinhos que Sérgio tem guardada na estante de casa.

a) Quantos carrinhos Sérgio tem?

_____

b) Represente esse número por meio de uma multiplicação:

_____ × _____ = _____.

5 Calcule a quantia que cada amigo tem fazendo uma multiplicação.

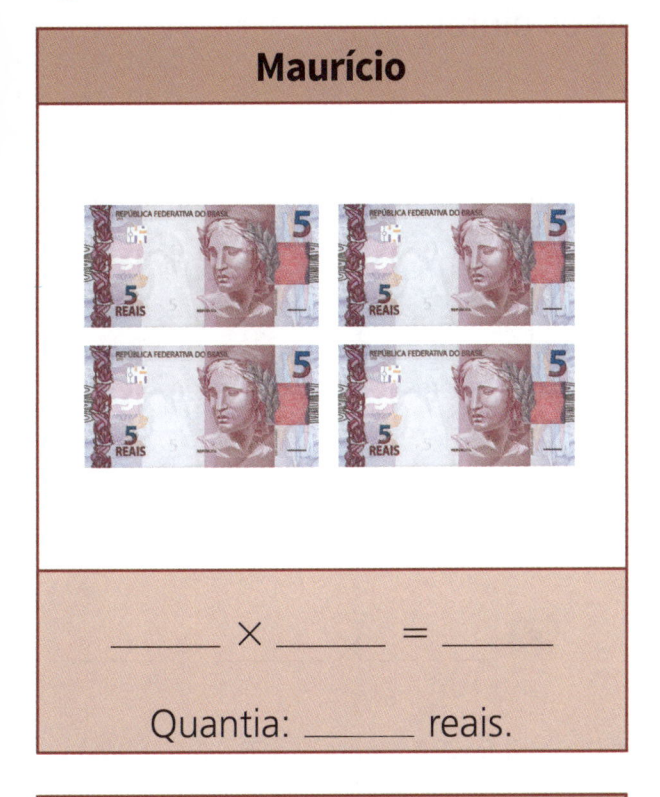

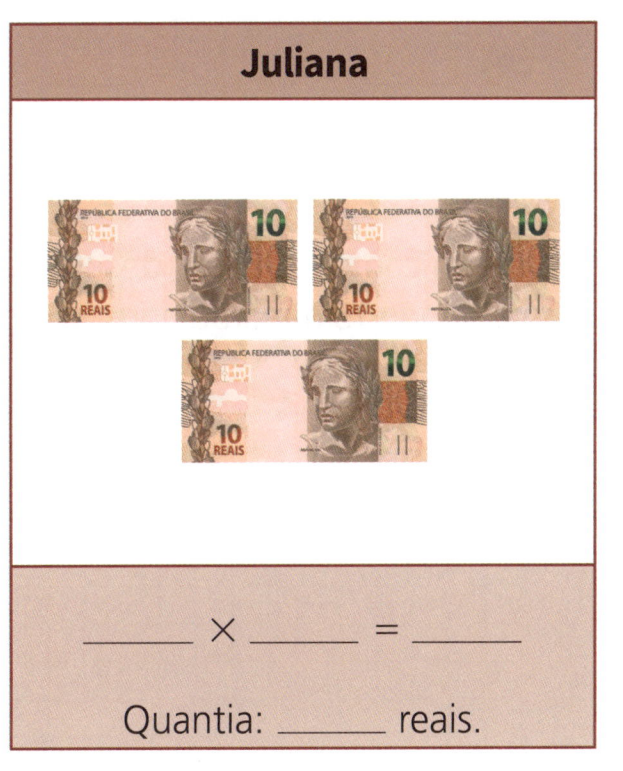

Maurício

_____ × _____ = _____

Quantia: _____ reais.

Osmar

_____ × _____ = _____

Quantia: _____ reais.

Fernanda

_____ × _____ = _____

Quantia: _____ reais.

Juliana

_____ × _____ = _____

Quantia: _____ reais.

a) Qual dos amigos tem mais dinheiro? _____

b) E quem tem menos? _____

6 Ester tem um caderno de folhas quadriculadas. Com uma régua, ela desenhou cinco retângulos e depois os pintou.

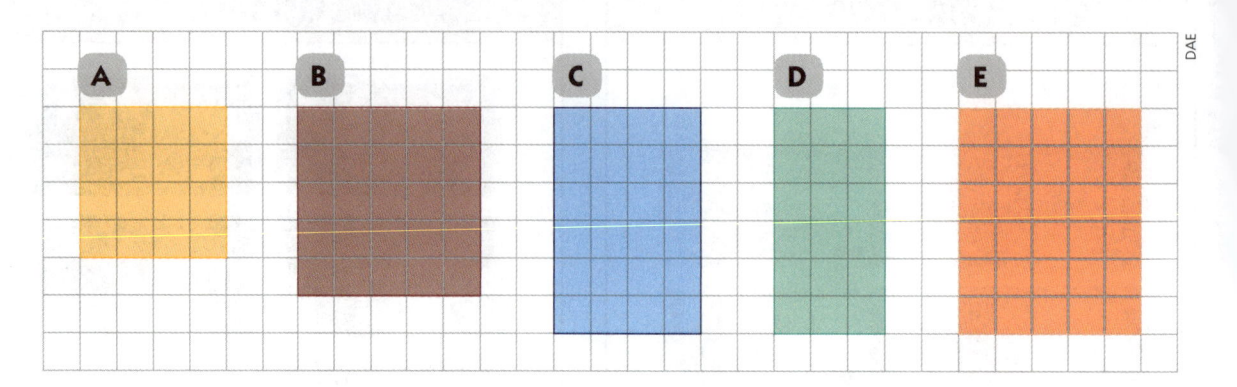

Escreva as multiplicações que indicam a quantidade de quadradinhos coloridos em cada figura.

A _____ × _____ = _____   **B** _____ × _____ = _____

C _____ × _____ = _____ ou _____ × _____ = _____

D _____ × _____ = _____ ou _____ × _____ = _____

E _____ × _____ = _____ ou _____ × _____ = _____

7 Assim como fez Ester, desenhe no quadriculado abaixo um retângulo colorindo 15 quadradinhos.

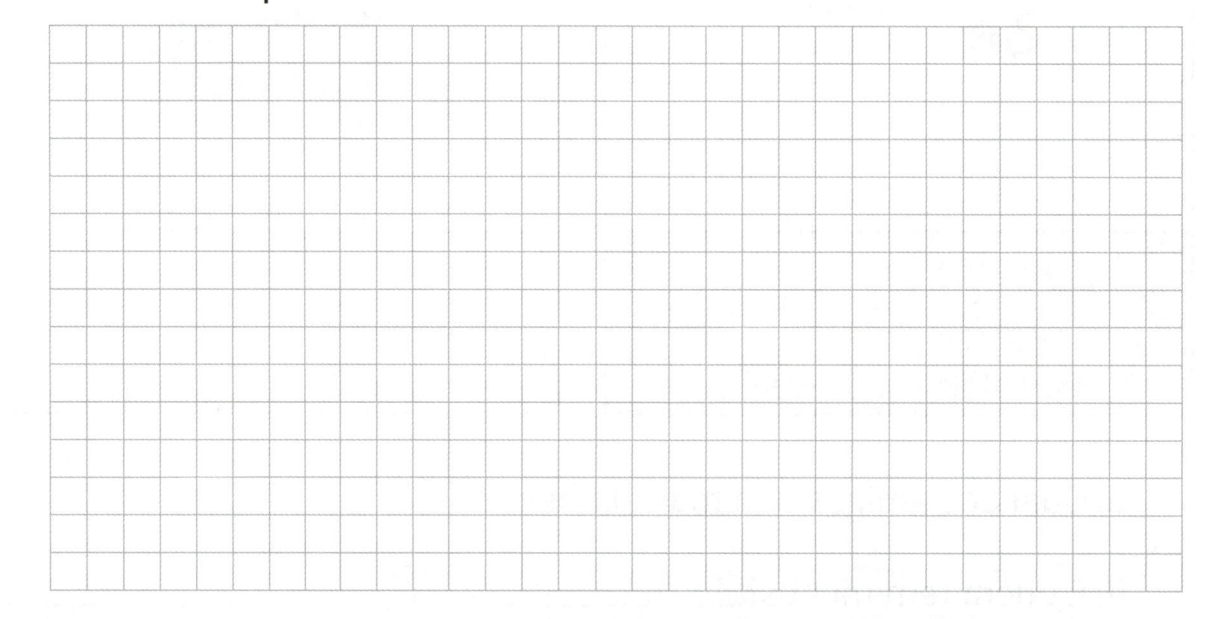

Aprendendo xadrez
Multiplicação por 7, por 8, por 9 e por 10

Você conhece o **jogo de xadrez**?

Patrícia e Henrique estão aprendendo a jogar xadrez. Na primeira aula, eles conheceram as peças e o tabuleiro.

Cada jogador fica com 16 peças: 8 peões, 2 torres, 2 cavalos, 2 bispos, 1 rainha e 1 rei.

O tabuleiro é este:

Para calcular o número de casas do tabuleiro, Henrique fez:

_____ + _____ + _____ + _____ + _____ +

+ _____ + _____ + _____ = _____.

Daí Patrícia disse que podia utilizar uma multiplicação:

_____ × _____ = _____.

◆ Complete a **tabuada do 8**.

8 × 0 = _____   8 × 3 = _____   8 × 6 = _____   8 × 9 = _____

8 × 1 = _____   8 × 4 = _____   8 × 7 = _____   8 × 10 = _____

8 × 2 = _____   8 × 5 = _____   8 × 8 = _____   8 × 11 = _____

◆ Agora você descobrirá outras duas tabuadas. Primeiro complete as duas sequências numéricas e depois as tabuadas.

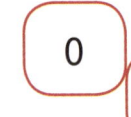

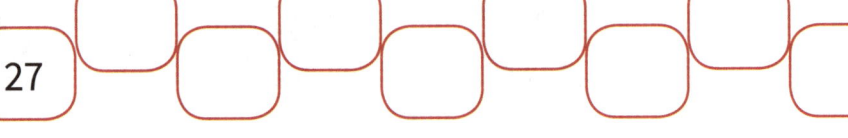

0 — 9 — 18 — 27 — ☐ — ☐ — ☐ — ☐ — ☐ — ☐ — ☐ — ☐

◆ Complete a **tabuada do 9**.

9 × 0 = _____   9 × 3 = _____   9 × 6 = _____   9 × 9 = _____

9 × 1 = _____   9 × 4 = _____   9 × 7 = _____   9 × 10 = _____

9 × 2 = _____   9 × 5 = _____   9 × 8 = _____   9 × 11 = _____

0 — 7 — 14 — 21 — ☐ — ☐ — ☐ — ☐ — ☐ — ☐ — ☐ — ☐

◆ Complete a **Tabuada do 7**.

7 × 0 = _____   7 × 3 = _____   7 × 6 = _____   7 × 9 = _____

7 × 1 = _____   7 × 4 = _____   7 × 7 = _____   7 × 10 = _____

7 × 2 = _____   7 × 5 = _____   7 × 8 = _____   7 × 11 = _____

1 Veja o pessoal andando de bicicleta num fim de semana.

a) Quantas são as bicicletas? _____

b) Quantos são os pneus das bicicletas? Represente esse número por meio de uma multiplicação.

_____

2 Complete o quadro abaixo com o número de pneus.

Número de carros	1	3	6	7	8	9
Número de pneus	4	12				

- Represente com uma multiplicação o número de pneus de 9 carros.

_____

3 Observe o estoque de água do restaurante de Mateus.

a) Quantas garrafas de água há em cada embalagem? _____

b) Quantas embalagens há no estoque? _____

c) Ao todo, quantas garrafas de água há no restaurante?

Escreva uma multiplicação para encontrar a resposta:

_____ × _____ = _____.

4 Observe a sequência de números, descubra qual é o segredo e complete-a.

| 0 | 10 | 20 | 30 | | | | | | |

- Qual é o segredo dessa sequência?

_____

5 Desenhe em cada quadro 4 bolinhas coloridas.

a) Quantas bolinhas você desenhou? _____

b) Indique a multiplicação que representa a situação:

_____ × _____ = _____.

6 O desenho abaixo representa a garagem da casa de Bruna, onde foi colocada uma mesa de pingue-pongue. Cada quadrado desenhado representa uma lajota do piso.

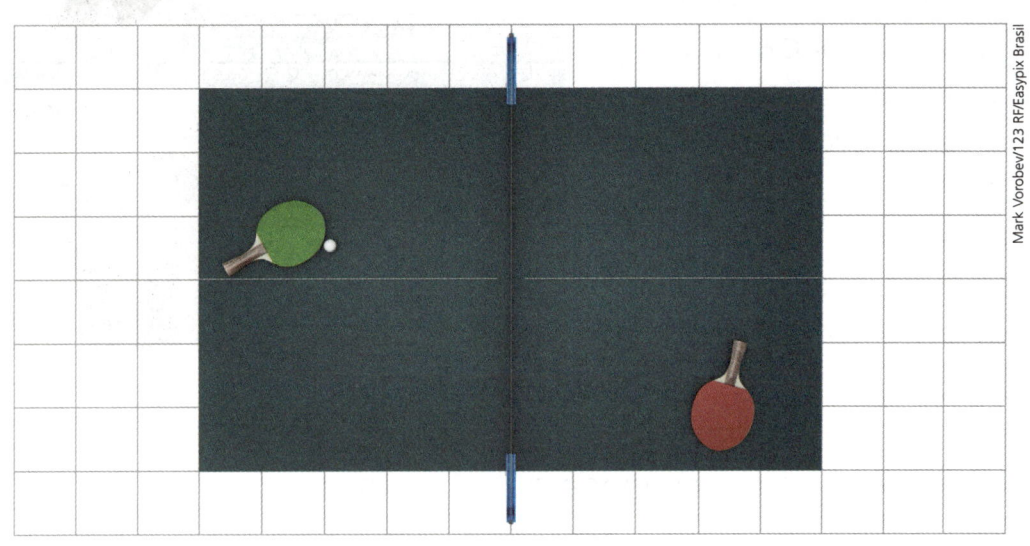

a) A mesa está cobrindo quantas lajotas no desenho? _____

b) Explique como você calculou.

_____

7 Observando o exemplo, complete o quadro abaixo com as tabuadas.

- Os números da primeira coluna devem ser multiplicados pelos números da primeira linha.

Exemplo: 8 × 7 = 56.

×	0	1	2	3	4	5	6	7	8	9	10	11
7												
8								56				
9												
10												

Cento e cinquenta e três

Dúzias de ovos

Multiplicação sem reagrupamento

A mãe de Priscila queria fazer um bolo especial, mas ao abrir a geladeira observou que não havia ovos para preparar a receita. Priscila foi ao supermercado e comprou duas caixas de ovos. Em cada caixa havia 1 dúzia de ovos.

- Complete:

    1 dúzia de ovos corresponde a _____ ovos;

    2 dúzias de ovos correspondem a _____ ovos.

- Para calcular quantos ovos há em 2 dúzias, podemos fazer uma adição: _____ + _____ = _____.

- Também podemos fazer uma multiplicação utilizando a decomposição:

    12 = 10 + 2
    × 2   × 2   × 2

    10 × 2   2 × 2
    20 + 4 = 24

- Podemos ainda utilizar o quadro de valores.

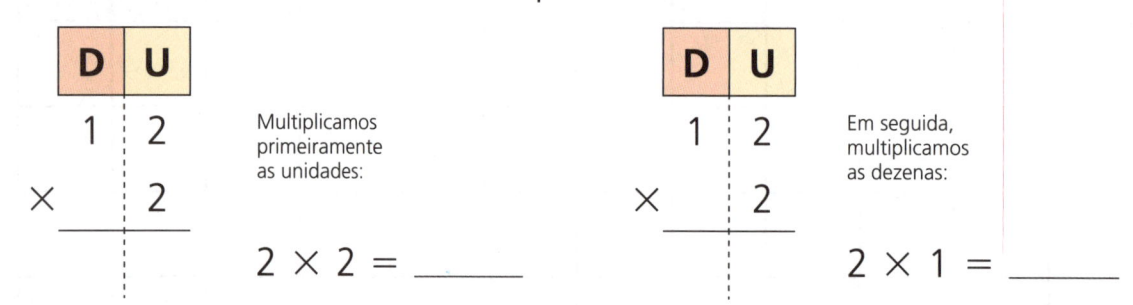

D	U
1	2
×	2

Multiplicamos primeiramente as unidades:

2 × 2 = _____

D	U
1	2
×	2

Em seguida, multiplicamos as dezenas:

2 × 1 = _____

Cada número em uma multiplicação recebe uma denominação. Os números que serão multiplicados são os **fatores**, e o resultado da multiplicação é chamado de **produto**.

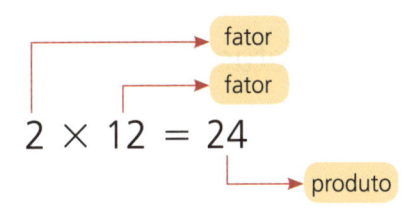

$2 \times 12 = 24$

fator
fator
produto

1 Efetue mentalmente as multiplicações e escreva os produtos.

a) $2 \times 1 =$ _____

$2 \times 10 =$ _____

$2 \times 100 =$ _____

$2 \times 1000 =$ _____

b) $3 \times 1 =$ _____

$3 \times 10 =$ _____

$3 \times 100 =$ _____

$3 \times 1000 =$ _____

c) $4 \times 1 =$ _____

$4 \times 10 =$ _____

$4 \times 100 =$ _____

$4 \times 1000 =$ _____

d) $5 \times 1 =$ _____

$5 \times 10 =$ _____

$5 \times 100 =$ _____

$5 \times 1000 =$ _____

2 Matias comprou 4 cartuchos de tinta para uma impressora. Cada um custou 62 reais. Vamos calcular quanto ele pagou.

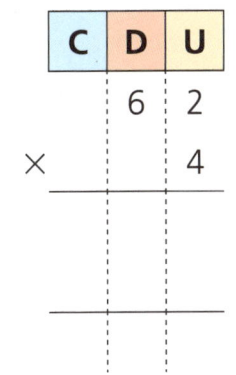

C	D	U
	6	2
×		4

Decompondo o número 62, tem-se 60 mais 2 (60 + 2).
Para calcular 4 vezes 62 (4×62) fazemos:

$4 \times 2 =$ _____

$4 \times 60 =$ _____

Portanto, ele pagou _____ reais pelos quatro cartuchos de tinta.

3 Efetue as multiplicações.

a)
D	U
3	1
×	3

c)
D	U
2	2
×	4

e)
D	U
1	3
×	3

b)
C	D	U
1	2	1
×		4

d)
C	D	U
1	1	3
×		3

f)
C	D	U
3	1	2
×		3

4 Efetue as multiplicações com o auxílio do algoritmo.

a) 5 × 110 = _____

b) 3 × 212 = _____

c) 2 × 414 = _____

d) 4 × 121 = _____

e) 2 × 324 = _____

f) 6 × 110 = _____

5 Junte-se a um colega para completar o quadro.

- Os números da primeira coluna devem ser multiplicados pelos números da primeira linha.

Exemplo: 8 × 70 = 560.

×	10	20	30	40	50	60	70	80	90	100
2										
3										
4										
5										
6										
7										
8							560			
9										

6 Complete as multiplicações dos números que foram decompostos.

a) 100 + 20 + 2
   × 4
   _____

   _____ = _____

b) 300 + 40 + 3
   × 2
   _____

   _____ = _____

7 Com base na ilustração ao lado, elabore e resolva um problema que envolva a caixa de pilhas e uma multiplicação.

R$ 13,00

_____

_____

8 Utilizando o quadro de valores, complete as multiplicações a seguir.

a)
UM	C	D	U
2	1	1	2
×			2

b)
UM	C	D	U
1	2	2	1
×			4

c)
UM	C	D	U
3	3	3	2
×			3

9 O gráfico a seguir representa o número de cestas que Lúcio e Sílvio fizeram durante as partidas de basquete que jogaram.

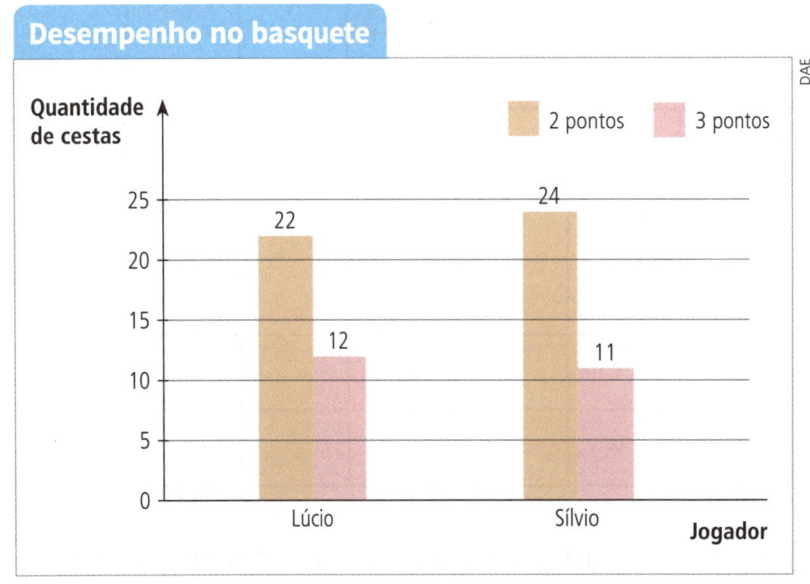

Desempenho no basquete

Quantidade de cestas

- Lúcio: 2 pontos = 22; 3 pontos = 12
- Sílvio: 2 pontos = 24; 3 pontos = 11

Fonte: Partidas de basquete disputadas.

◆ Com base nas informações do gráfico, complete a tabela para saber quantos pontos cada um dos jogadores fez.

PONTOS EM CESTAS	JOGADOR	
	Lúcio	Sílvio
de 2 pontos		
de 3 pontos		
Total de pontos		

A compra da bicicleta
Multiplicação com reagrupamento

Nílson queria comprar a bicicleta de seus sonhos à vista. Para isso, a cada mês conseguiu guardar 24 reais de sua mesada. Juntou essa quantia durante 6 meses, até conseguir comprar a bicicleta. Vamos descobrir quanto ele pagou pela bicicleta?

- Temos de multiplicar 6 por 24. Uma maneira é calcular com o Material Dourado:

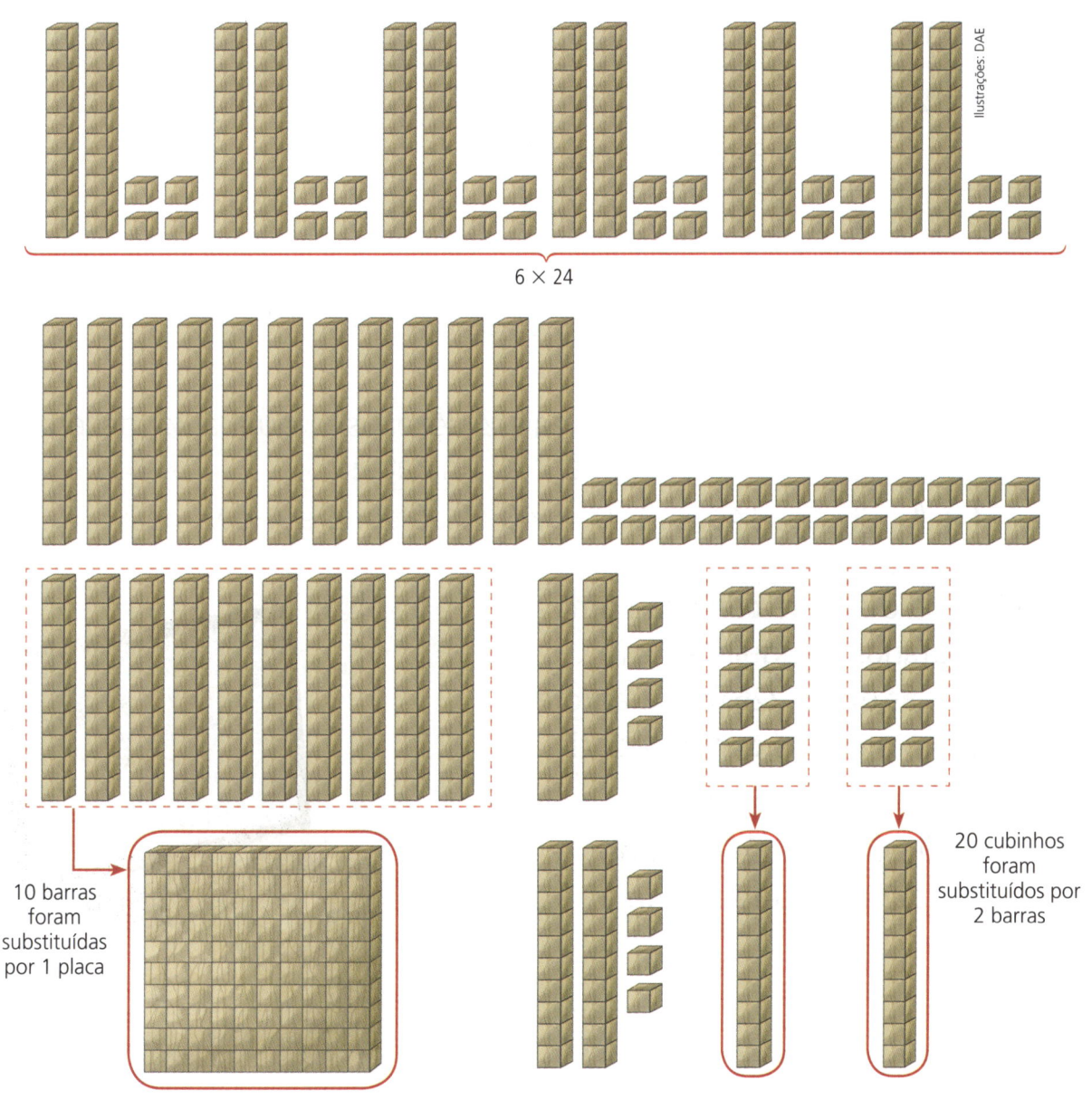

6 × 24

10 barras foram substituídas por 1 placa

20 cubinhos foram substituídos por 2 barras

Portanto: _____ + _____ + _____ = _____.

- Podemos também utilizar a decomposição para multiplicar:

$$24 \times 6 = \underbrace{20 \times 6}_{20 \times 6} + \underbrace{4 \times 6}_{4 \times 6}$$

$$120 + 24 =$$
$$100 + 20 + 20 + 4 = 144$$

- Veja agora como fazemos com o quadro de valores:

C	D	U
	²2	4
×		6
		4

Multiplicamos pelas unidades:
$6 \times 4 = 24$.
Reagrupamos:
$24 = 20 + 4$ (**2** dezenas e **4** unidades).

C	D	U
	²2	4
×		6
1	4	4

Multiplicamos pelas dezenas:
$6 \times 2 = 12$.
12 dezenas mais 2 dezenas é igual a 14 dezenas, que é igual a 140 unidades
$140 = 100 + 40$ (**1** centena e **4** dezenas)

1 A família de Laura comprou um computador e adquiriu-o em 4 parcelas de R$ 226,00. Quanto eles pagaram por esse computador?

Para responder, precisamos multiplicar 4 por 226. Vamos decompor o segundo fator:

$$200 + 20 + 6$$
$$\times 4$$

$$\underline{} = \underline{}$$

2 Efetue as multiplicações no quadro valor de lugar, conforme o exemplo.

	C	D	U
	²1	¹4	3
×			6
	8	5	8

a)

C	D	U
1	4	2
		× 5

b)

C	D	U
2	8	3
		× 3

c)

C	D	U
1	2	3
		× 6

d)

C	D	U
4	5	3
		× 2

e)

C	D	U
3	4	5
		× 2

f)

C	D	U
2	1	4
		× 4

g)

C	D	U
1	9	9
		× 3

h)

C	D	U
2	6	4
		× 3

3 Efetue cada multiplicação a seguir com o auxílio do algoritmo.

a) 5 × 43 = _____

b) 4 × 94 = _____

c) 6 × 86 = _____

d) 3 × 87 = _____

e) 7 × 84 = _____

f) 2 × 78 = _____

4 Observe como Lucas fez para multiplicar 6 por 18:

$$6 \times 18 \longrightarrow \begin{cases} 6 \times 10 = 60 \\ 6 \times 8 = 48 \end{cases} \longrightarrow 60 + 48 = 108$$

Faça as multiplicações a seguir utilizando o procedimento de Lucas.

a) $7 \times 19 =$ _____

b) $9 \times 16 =$ _____

5 Juvenal quer fazer uma doação de cobertores para instituições beneficentes. Sozinho, ele conseguiu arrecadar 164 cobertores. Entretanto, decidiu fazer uma campanha para arrecadar uma quantidade maior, chegando a triplicar a quantidade inicial. Quantos cobertores foram arrecadados no total?

Faça os cálculos e depois escreva a resposta.

6 Efetue as multiplicações no quadro de valores.

a) 6 × 124 = _____

C	D	U
1	2	4
		6 |×

c) 3 × 299 = _____

C	D	U
2	9	9
		3 |×

b) 4 × 1214 = _____

UM	C	D	U
1	2	1	4
			4 |×

d) 2 × 4345 = _____

UM	C	D	U
4	3	4	5
			2 |×

7 Carla comprou um aparelho de som e o pagará em 4 prestações iguais. A quantia que deve ser paga em cada prestação está representada abaixo.

a) Qual é o valor de cada parcela? _____

b) Quanto ela pagará ao todo na compra?

Revendo o que aprendi

1 Veja uma maneira diferente de escrever os resultados das multiplicações. É só você completar as figuras.

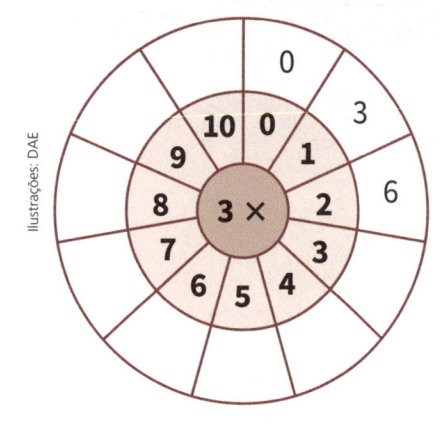

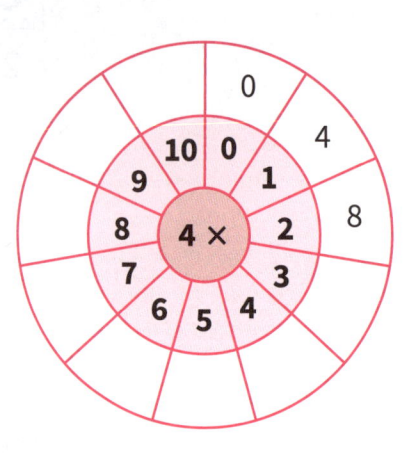

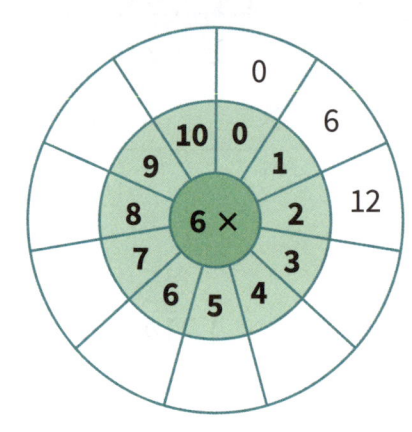

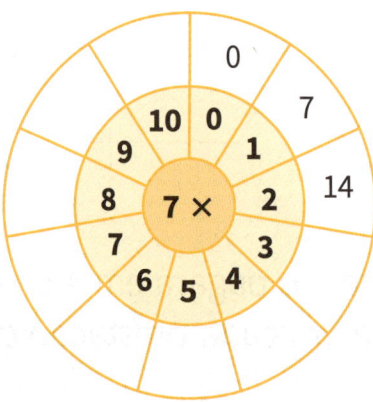

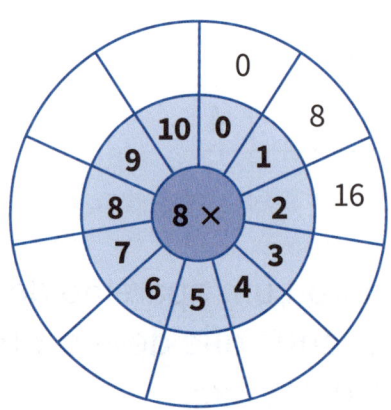

Ilustrações: DAE

(3 ×) ... 0, 3, 6, ...
(4 ×) ... 0, 4, 8, ...
(6 ×) ... 0, 6, 12, ...
(7 ×) ... 0, 7, 14, ...
(8 ×) ... 0, 8, 16, ...

◆ Agora, invente e resolva um problema com as multiplicações acima. Desafie seu colega a resolvê-lo.

_____
_____
_____
_____
_____

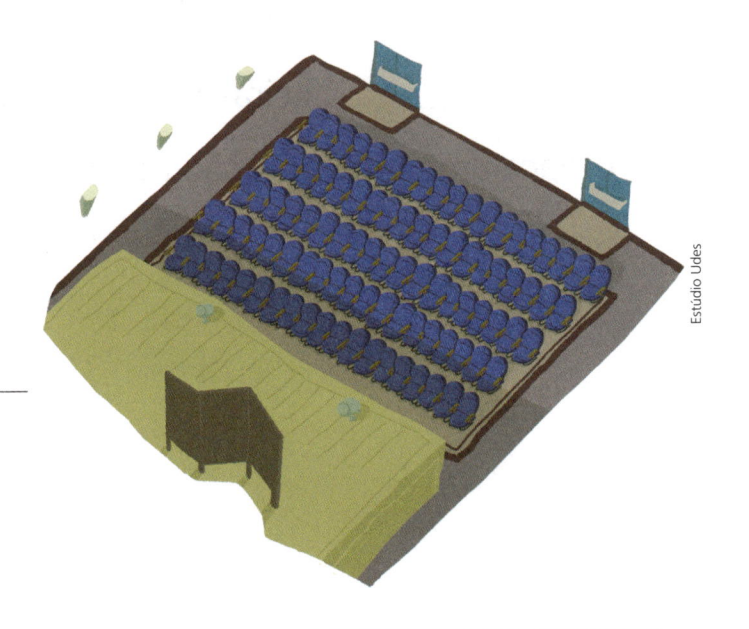

2 Calcule mentalmente cada multiplicação e complete-a com o produto.

a) 9 × 1 = _____

   9 × 10 = _____

   9 × 100 = _____

   9 × 1 000 = _____

b) 6 × 1 = _____

   6 × 10 = _____

   6 × 100 = _____

   6 × 1 000 = _____

c) 2 × 3 = _____

   2 × 30 = _____

   2 × 300 = _____

   2 × 3 000 = _____

d) 2 × 4 = _____

   2 × 40 = _____

   2 × 400 = _____

   2 × 4 000 = _____

3 No anfiteatro da escola há 5 filas com o mesmo número de poltronas.

a) Quantas poltronas há em cada fila?

_____

b) Calcule o total de poltronas por meio de uma multiplicação.

4 Márcio desenhou uma malha quadriculada no paralelepípedo de papelão.

a) Para descobrir quantos quadradinhos tem essa malha, complete:

são _____ fileiras de quadradinhos na horizontal (linhas) e

outras _____ fileiras na vertical (colunas).

b) Faça uma multiplicação no quadro a seguir para determinar o número de quadradinhos.

Portanto, essa malha tem _____ quadradinhos.

5 Algumas embalagens de ovos contêm mais do que 1 dúzia. Observe a embalagem ao lado e complete o que se pede.

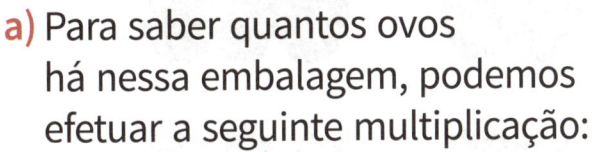

a) Para saber quantos ovos há nessa embalagem, podemos efetuar a seguinte multiplicação:

_____ × _____ = _____ .

b) Empilhando 8 embalagens, todas cheias de ovos, quantos ovos haverá ao todo? Para responder, podemos efetuar a multiplicação:

_____ × _____ = _____ .

6 Complete os quadros.

Os elementos não estão representados em proporção.

NÚMERO DE MESAS	NÚMERO DE CADEIRAS
1	6
10	
20	
30	

NÚMERO DE CAIXAS	NÚMERO DE LÁPIS
1	12
2	
3	
4	

7 Para fazer uma receita de torta de maçã, o cozinheiro de um restaurante separou as frutas, sendo 3 unidades para cada receita. Observe a organização das maçãs.

a) Quantas maçãs o cozinheiro utiliza em cada receita?

_____

b) Quantas tortas de maçã ele pretende fazer?

_____

c) Quantas maçãs ele utilizará para fazer todas essas tortas?

_____

d) Escreva a multiplicação para calcular o total de maçãs que o cozinheiro utilizará:

_____

8 Lúcio é responsável por um depósito. Ontem ele recebeu 83 caixas contendo 6 potes de iogurte em cada uma. Ao verificar a nota fiscal, viu que deveria receber 500 potes de iogurte. Ele recebeu a quantidade de potes correta? Justifique.

_____

Desafio

1 Você resolveu o desafio do começo da unidade? Agora você enfrentará um desafio que não é de multiplicação, mas tem tudo a ver com "vezes". Para solucioná-lo, acompanhe as dicas a seguir.

◆ A partir da segunda linha, de cima para baixo, os números descrevem a sequência da linha anterior: os vermelhos indicam a quantidade de ocorrências, e os azuis indicam os números que apareceram.

◆ Na primeira linha, apareceu **uma vez** o **número 3**; portanto, escrevemos **1** e **3** na segunda linha.

◆ Na segunda linha, apareceu **uma vez** o **número 1** e **uma vez** o **número 3**; então escrevemos na terceira linha **1**, **1**, **1** e **3**.

3									
1	3								
1	1	1	3						
3	1	1	3						
1	3	2	1	1	3				
1	1	1	3	?	?	?	?	?	?

Estúdio Udes

Para ir mais longe

Livros

▶ **Onde estão as multiplicações?**, de Luzia Faraco Ramos Faifi. São Paulo: Ática, 2012 (Coleção Turma da Matemática).

Os personagens Adelaide e Caio descobrem que a multiplicação não é apenas um conteúdo que se estuda na aula de Matemática, mas está presente no dia a dia. Eles mostram a multiplicação usada em situações corriqueiras. Esse livro ajuda o leitor a compreender a multiplicação, aguçando sua curiosidade para utilizá-la.

Editora Ática

▶ **A tabuada na ponta dos dedos**, de Denise Weinreb. Porto Alegre: Age, 2012.

O livro conta a história de um menino chamado Marcelo, que está começando a estudar as tabuadas e quer aprender. Ele sonha que está em uma caverna macia, onde uma idosa muito amável lhe ensina o método da "Tabuada na Ponta dos Dedos". A partir daí, o personagem descobre uma maneira muito interessante de efetuar as multiplicações.

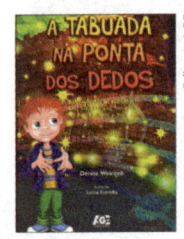

Editora AGE

UNIDADE 5
Geometria, localização e simetria

A turma estava observando um peixinho feito com réguas que nadava para a direita.

▸ Movimentando-se apenas 3 dessas réguas, o peixinho passará a nadar para a esquerda. Quais réguas você deve movimentar?

Onde você mora?

- Explique oralmente, após a leitura da tirinha, por que o Cascão sabe que a casa do Cebolinha é aquela que ele está indicando.
- Observe a maquete de parte de uma cidade e indique, por meio de um traço, o caminho que você deve fazer para ir mais rápido da casa azul até a quadra de futebol.

- Explique oralmente para um colega como ele pode ir da sala de aula até a diretoria da escola.

Reproduzindo desenhos

Formas planas em malhas quadriculadas

Luan adora fazer desenhos de barquinhos. Para fazer este desenho, ele usou uma malha quadriculada. Veja só como ficou!

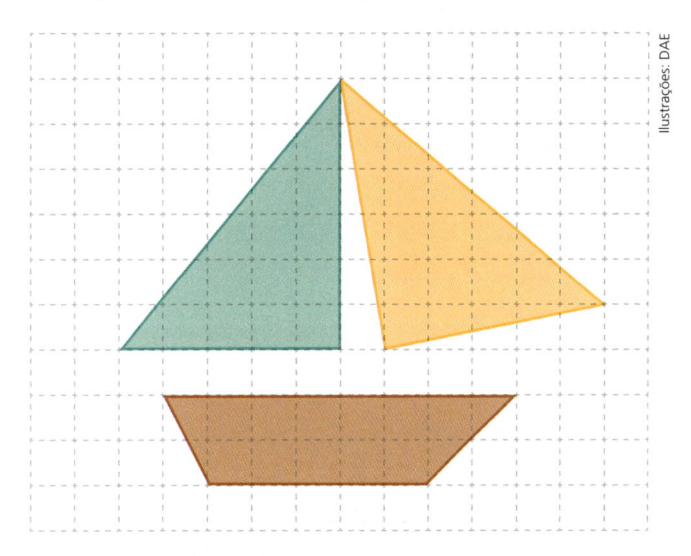

- Agora é sua vez! Copie o desenho de Luan na malha quadriculada abaixo e pinte da cor que você achar mais legal. Use uma régua para fazer as linhas retas.

- Quais figuras geométricas aparecem no desenho do barquinho?

_____

_____

Cento e setenta e três **173**

1 Copie o triângulo, o retângulo e o quadrado na malha quadriculada da direita. Pinte-os das mesmas cores que as figuras da malha quadriculada da esquerda.

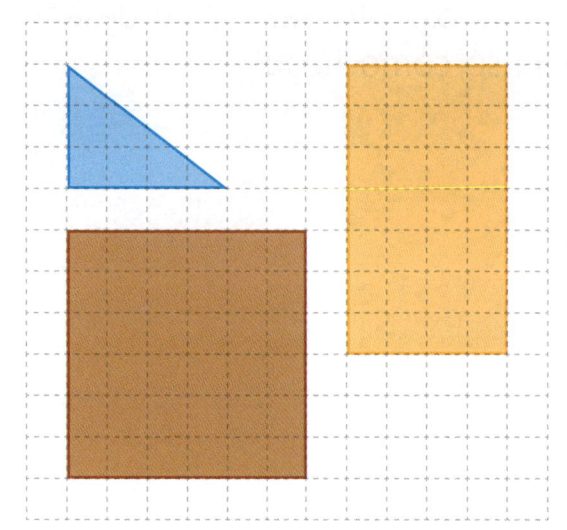

2 Veja o que Mariana descobriu que dava para fazer na malha quadriculada. Continue a sequência iniciada por ela.

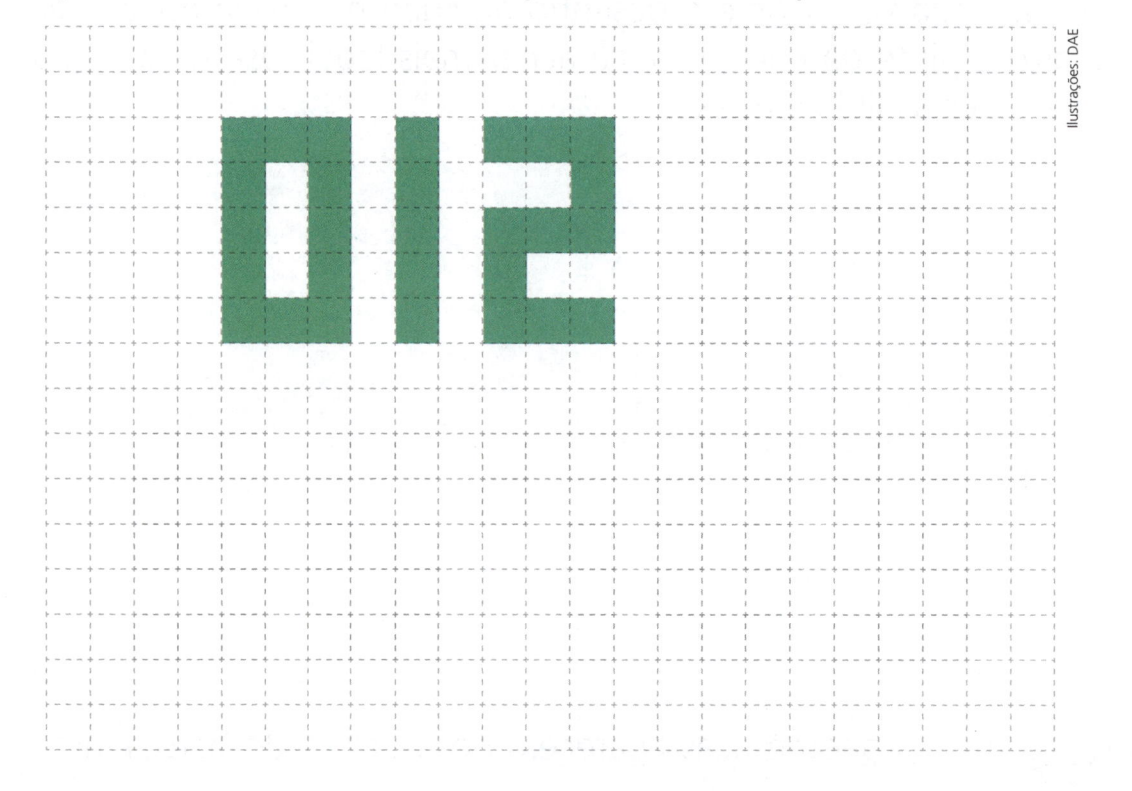

- Esses símbolos são utilizados para escrever os números. Qual denominação é dada a cada um deles? _____

3 Na malha quadriculada abaixo, suponha que cada quadradinho mede 1 cm. Para sair do ponto A e chegar ao ponto B, foram desenhados dois caminhos: um em vermelho e outro em verde.

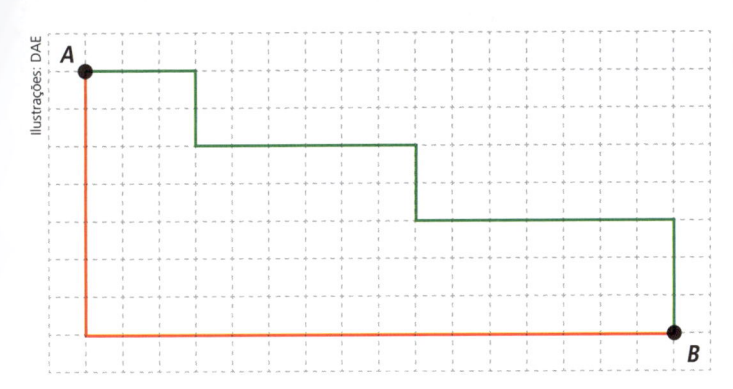

a) Qual dos dois caminhos é o mais longo?

_____

_____

b) Se você sair de A, for até B pelo caminho vermelho e depois voltar ao ponto A pelo caminho verde, quantos centímetros terá percorrido? _____

c) Desenhe em azul outro caminho com o mesmo comprimento do caminho em verde.

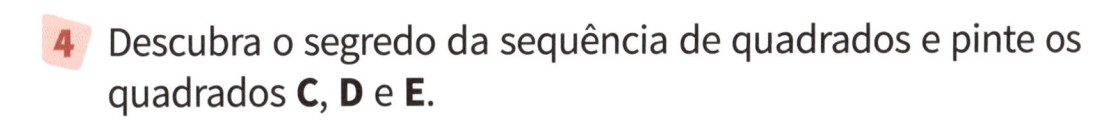

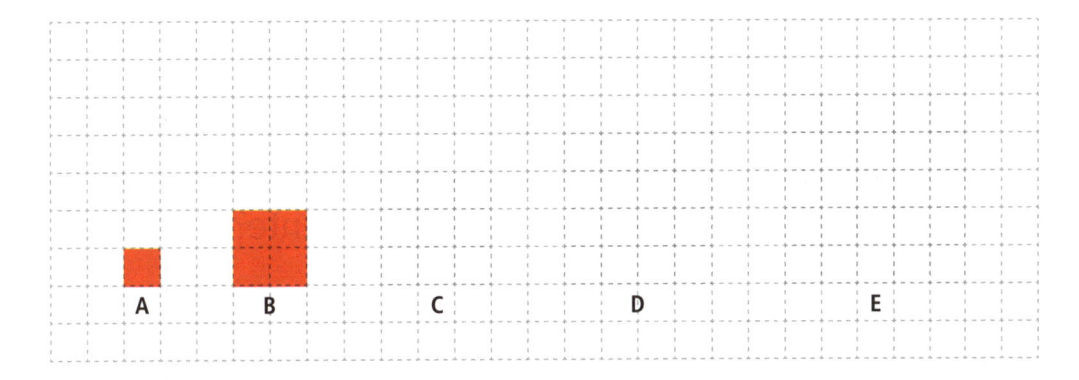

4 Descubra o segredo da sequência de quadrados e pinte os quadrados **C**, **D** e **E**.

- Agora, complete a tabela com a quantidade de quadradinhos que foram coloridos em cada figura.

Figura	A	B	C	D	E
Quantidade de quadradinhos					

Cento e setenta e cinco **175**

5 Numa malha quadriculada foram desenhadas as figuras geométricas planas A, B e C.

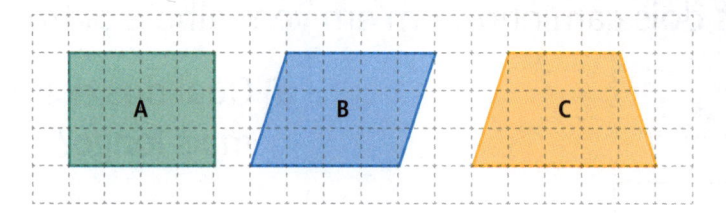

a) Escreva o nome dessas figuras geométricas.

A: _____

B: _____

C: _____

b) Faça os mesmos desenhos na malha quadriculada abaixo.

c) O que as figuras que você desenhou têm em comum com as figuras já desenhadas? E o que têm de diferente? Responda oralmente.

6 Você pode inventar desenhos bem interessantes na malha quadriculada. Pinte o desenho abaixo utilizando apenas duas cores. Depois, mostre-o para os colegas.

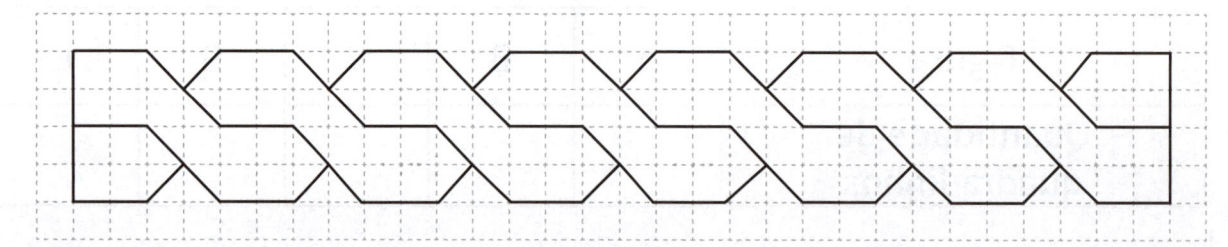

O labirinto

Vista superior, representação e localização

Você sabe o que é um labirinto?

- Abaixo está o desenho de um labirinto. Trace um caminho começando pela entrada do labirinto até chegar ao centro. Boa sorte!

Entrada

- Quando fazemos um mapa de uma cidade é como se olhássemos essa cidade de cima. Assim, por exemplo, a figura a seguir representa o local em que Luciana mora. Desenhe o caminho que o carro deverá fazer para chegar à casa de Luciana, circulada em vermelho na figura.

1 O desenho abaixo representa a sala de aula da turma de Maurício. A linha vermelha mostra o caminho que ele faz até chegar à sua carteira.

a) Explique oralmente como alguém localiza a carteira de Maurício a partir da porta.

b) Agora localize no desenho alguns objetos.

- A mesa da professora. Pinte-a de amarelo.
- A carteira de Martinha, que está na fila perto da porta e é, da porta para o fundo da sala, a 3ª carteira. Pinte-a de azul.
- A carteira de Paula, que está na fila do meio e é a 3ª carteira do fundo da sala para a frente. Pinte-a de verde.

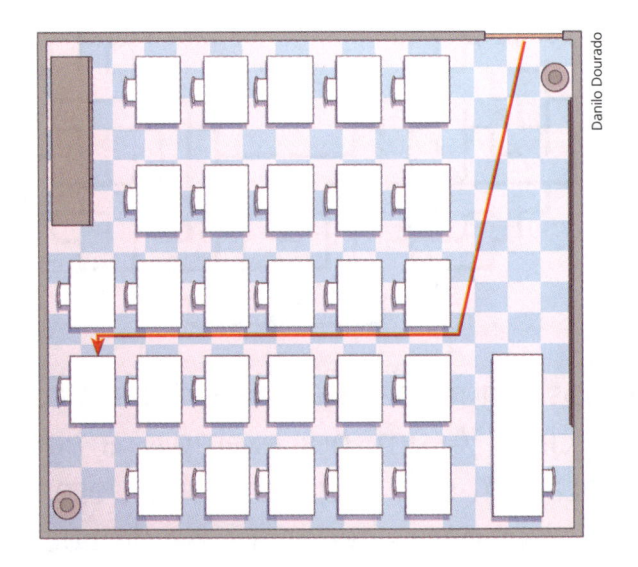

2 O professor pediu a Marquinhos que buscasse um livro no armário dele na sala dos professores. Deu-lhe a chave e disse:

— Quando você estiver de frente para os armários, o meu é aquele que está na penúltima fila de baixo para cima e é o 5º armário da esquerda para a direita.

- Marque um **X** no armário do professor.

3 Veja a brincadeira que a turma inventou para brincar em duplas. Leia as instruções.

1. Faça uma malha quadriculada de 10 cm × 10 cm, como na figura abaixo.

2. Numere as linhas de **1** a **10** e faça uma carta para cada número; embaralhe-as e coloque todas viradas para baixo num montinho.

3. Coloque letras de **A** a **J** nas colunas e faça uma carta para cada letra; embaralhe-as e coloque todas viradas num montinho, sem que se vejam as letras.

4. Cada um, na sua vez, tira uma carta do montinho com números e uma carta do montinho com letras. De acordo com o número e a letra, o jogador faz sua marca no quadradinho adequado. Um jogador pode usar um **X** e o outro uma ●.

5. Ganha o jogo quem conseguir primeiro marcar 5 quadradinhos na mesma linha ou na mesma coluna.

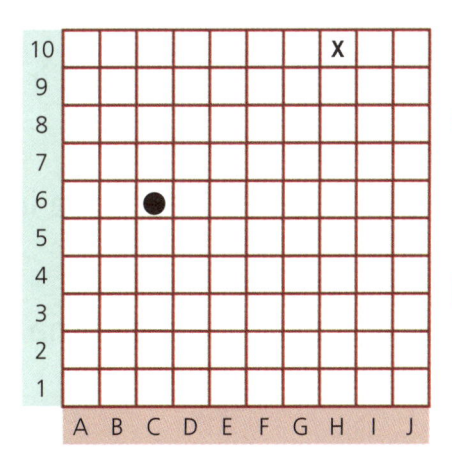

Vamos ver se você entendeu!

a) Marque com uma bolinha o quadradinho correspondente às cartas ao lado. **E 7**

b) Marque com um **X** o quadradinho correspondente às cartas: **H 4**

c) Complete as cartas que fornecem a localização da bolinha representada na malha quadriculada.

d) Complete as cartas que fornecem a localização do **X** representado na malha quadriculada:

4 No mapa a seguir aparece parte das ruas do bairro onde Airton e Bruna moram. No ponto **A**, está a casa de Airton e, no ponto **B**, a casa de Bruna. Observe os endereços a seguir:

- Endereço de Bruna: Rua Rio Grande do Sul, nº 245.
- Endereço de Airton: Rua Ceará, nº 14.

a) Desenhe no mapa um caminho que Airton pode fazer para ir da casa dele até a casa de Bruna.

b) No mapa, desenhe um caminho que Bruna pode fazer para ir da casa dela até a casa de Airton.

c) Descreva um roteiro para Airton ir da casa dele até o cinema utilizando as ruas que aparecem no mapa.

_____

_____

d) Descreva um roteiro para Bruna ir da casa dela até o cinema utilizando as ruas que aparecem no mapa.

_____

_____

5 O professor inventou o mapa de uma cidade. Na página 317, na seção **Encartes**, você deverá recortar os símbolos que indicam alguns locais importantes e colar no mapa abaixo, conforme as instruções.

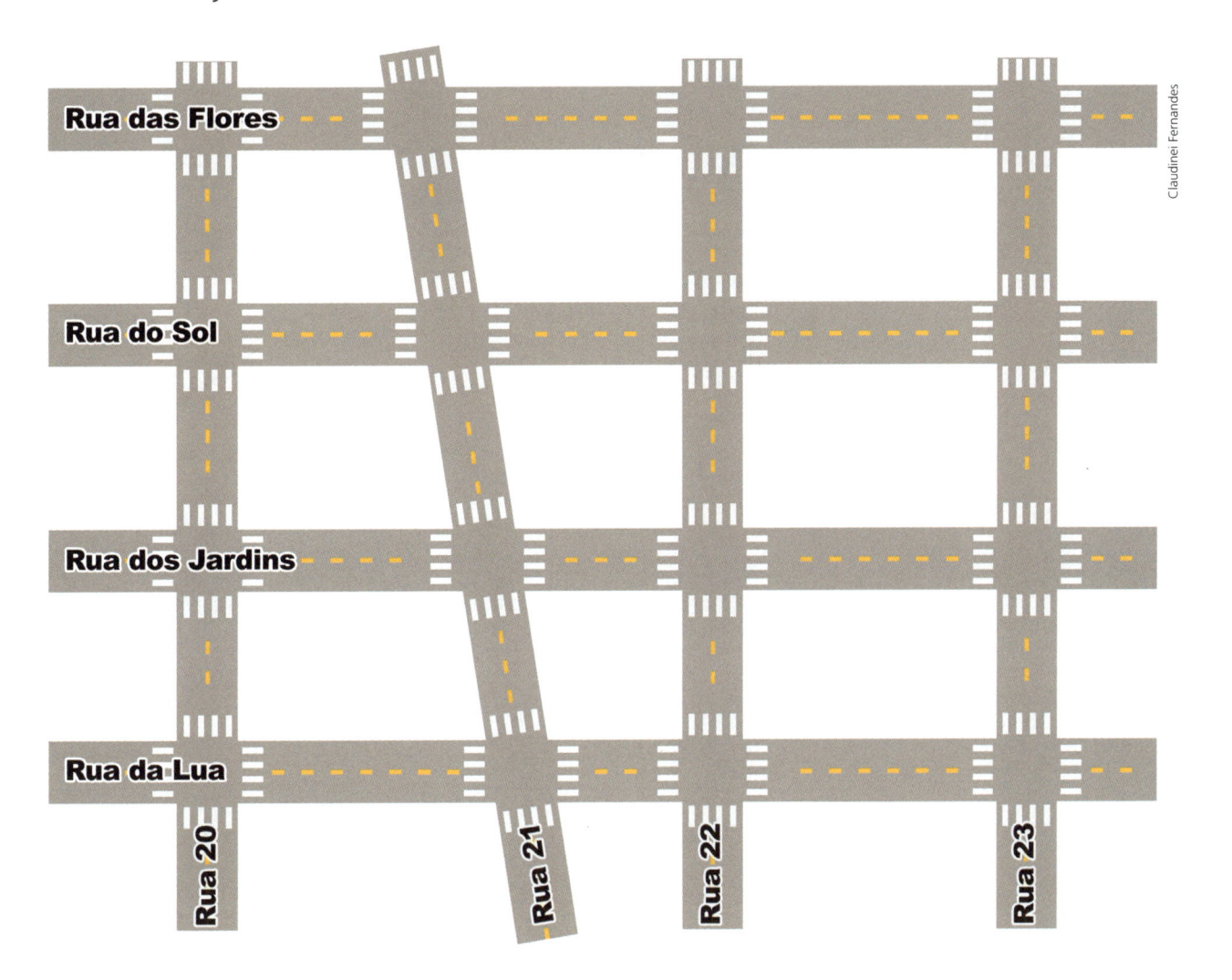

Instruções

- Hospital: está na Rua do Sol, entre a Rua 21 e a Rua 22.
- Posto de gasolina: está na Rua 20, entre a Rua dos Jardins e a Rua da Lua.
- Aeroporto: está na esquina da Rua da Lua com a Rua 23.
- Escola: está na Rua da Lua, entre a Rua 21 e a Rua 22.
- Tribunal de Justiça: está na Rua das Flores, entre a Rua 20 e a Rua 21.
- Igreja: está na Rua do Sol, entre a Rua 22 e a Rua 23.

Dobras e recortes

Simetrias em figuras planas

Descubra o que é simetria!

Pegue uma folha de papel, um lápis e uma tesoura. Siga as instruções.

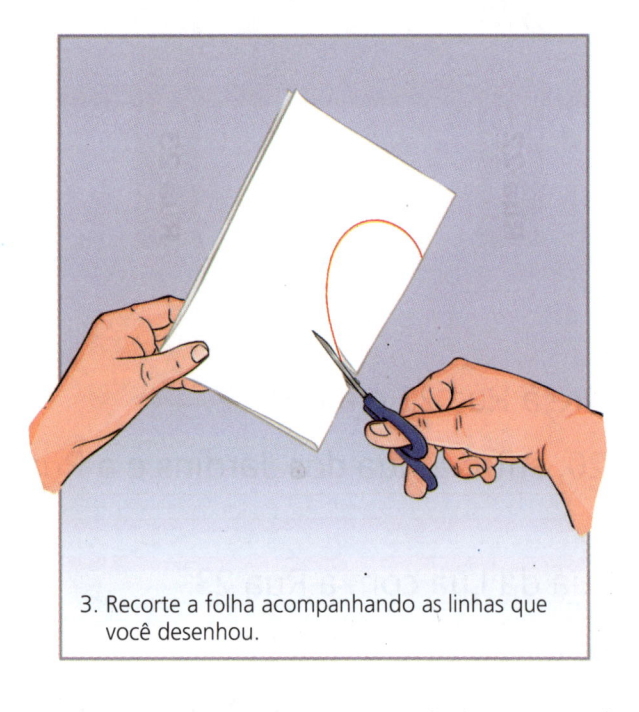

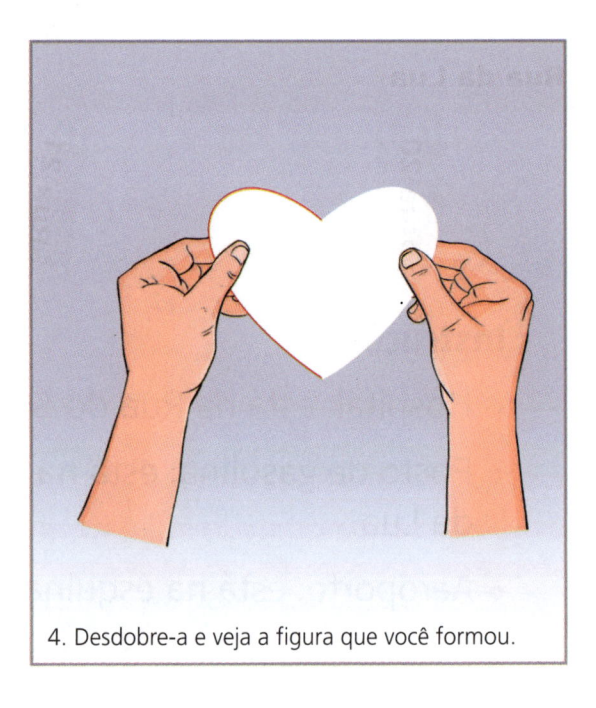

1. Dobre uma folha de papel bem no meio.

2. Faça um desenho com algumas curvas partindo da dobra.

3. Recorte a folha acompanhando as linhas que você desenhou.

4. Desdobre-a e veja a figura que você formou.

- Então, o que você observa na figura? Responda oralmente para os colegas.

A professora mostrou para a turma o desenho de uma borboleta numa folha de papel. Ela fez uma linha vermelha para representar uma dobra. Veja:

Depois, a professora dobrou o papel na linha para mostrar aos alunos que a parte esquerda do desenho coincide com a parte direita.

> Quando isso acontece, dizemos que a figura é **simétrica** e que a linha é o **eixo de simetria** da figura.

1 Agora, observe o desenho da tartaruga. Pinte a parte que falta para que o desenho seja simétrico.

Cento e oitenta e três

2 Complete na malha quadriculada o desenho de uma casa simétrica. A linha vermelha indica o eixo de simetria.

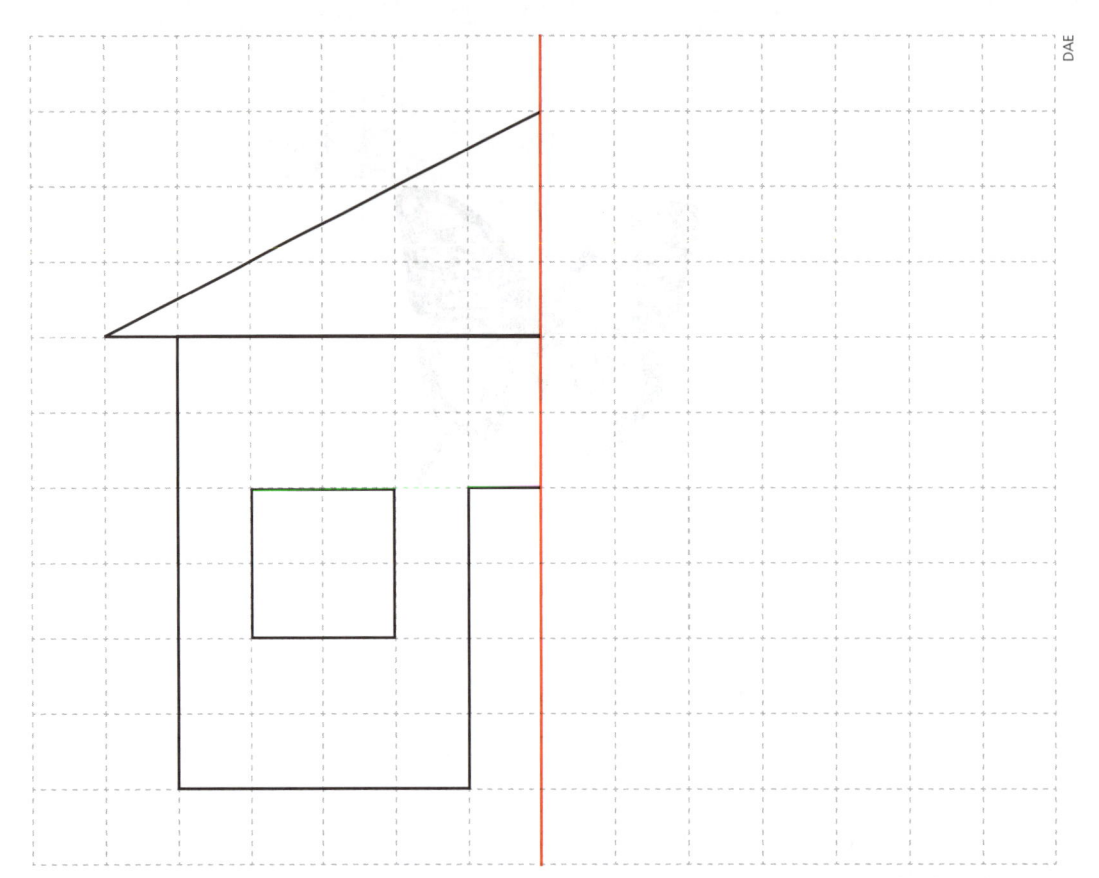

3 O professor apresentou os desenhos a seguir para a turma. Somente um deles não é simétrico. Marque-o com **X** e justifique sua resposta oralmente.

4 Observe as simetrias de um quadrado.

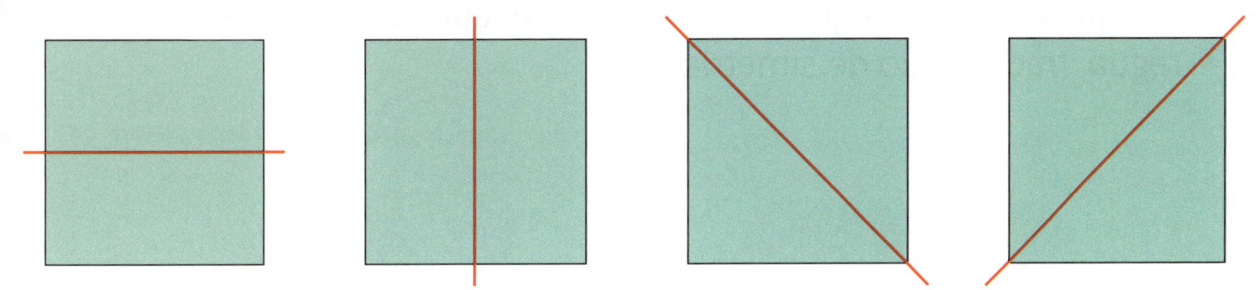

Vamos descobrir essas simetrias por meio de dobraduras? Na página 335, na seção **Encartes**, há um quadrado colorido. Para descobrir as simetrias, recorte-o e faça as dobras conforme as linhas vermelhas acima.

- Se a folha tivesse a forma de um retângulo, quantas simetrias ela teria?

---

5 No quadriculado abaixo foram traçados eixos de simetria em vermelho e a letra **F** em verde. Utilize uma régua e faça mais três desenhos de acordo com os eixos de simetria.

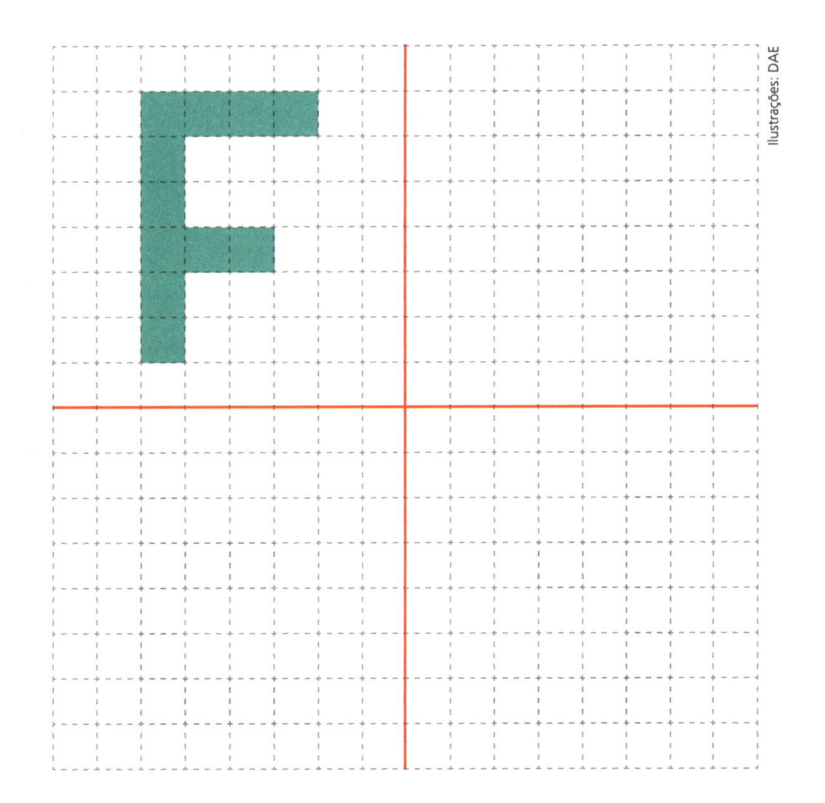

6 Observe as figuras geométricas desenhadas na malha quadriculada. Marque **X** naquelas que são simétricas e, com o auxílio de uma régua, trace o eixo de simetria.

7 Recorte o círculo da página 335, na seção **Encartes**. Dobre-o para verificar se ele representa uma figura geométrica que admite eixo de simetria.

- Um círculo é uma figura geométrica simétrica? Explique.

_____

_____

_____

_____

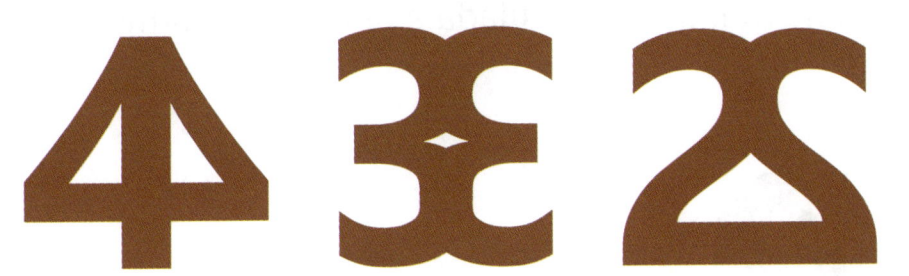

8 Um pequeno desafio para você: Qual é a próxima figura da sequência? Desenhe-a.

9 Em uma malha quadriculada, Patrícia fez a faixa a seguir, formada apenas por triângulos de mesmo tamanho, usando apenas duas cores.

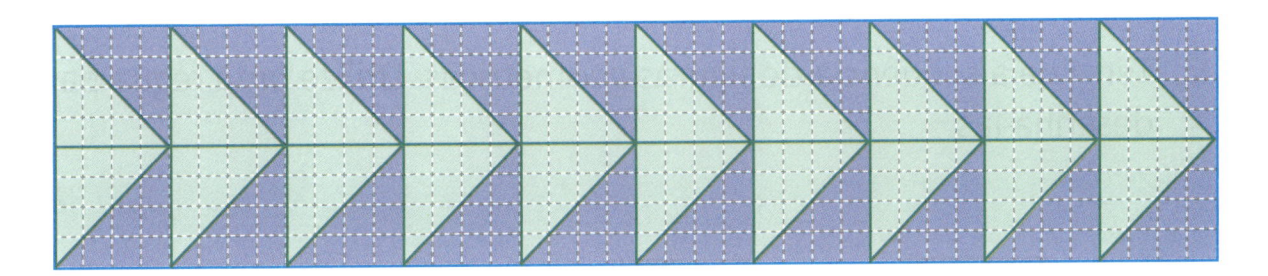

a) Quantos triângulos verdes Patrícia desenhou? E quantos triângulos azuis?

_____

b) No quadriculado a seguir, elabore uma faixa formada apenas por triângulos de mesmo tamanho. Use somente duas cores.

_____

Revendo o que aprendi

1 Copie o desenho na malha quadriculada e pinte-o conforme as cores indicadas.

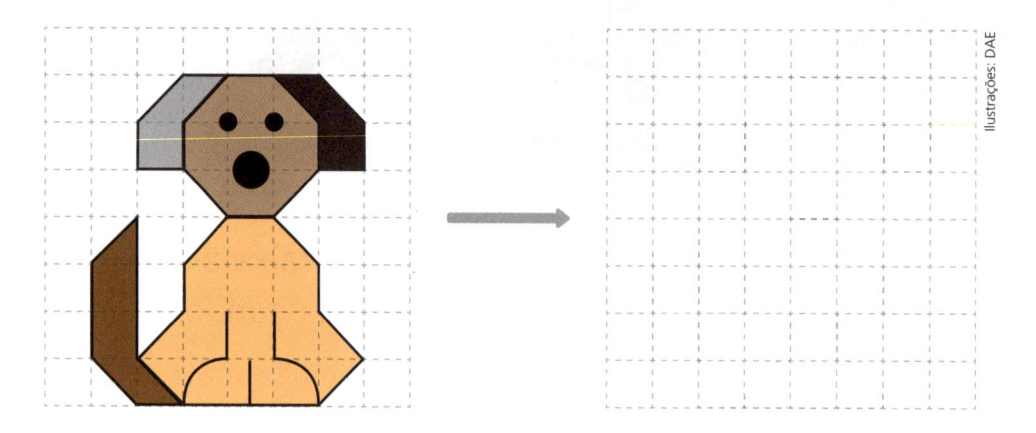

2 Termine a sequência de figuras geométricas. Utilize uma régua para desenhá-las.

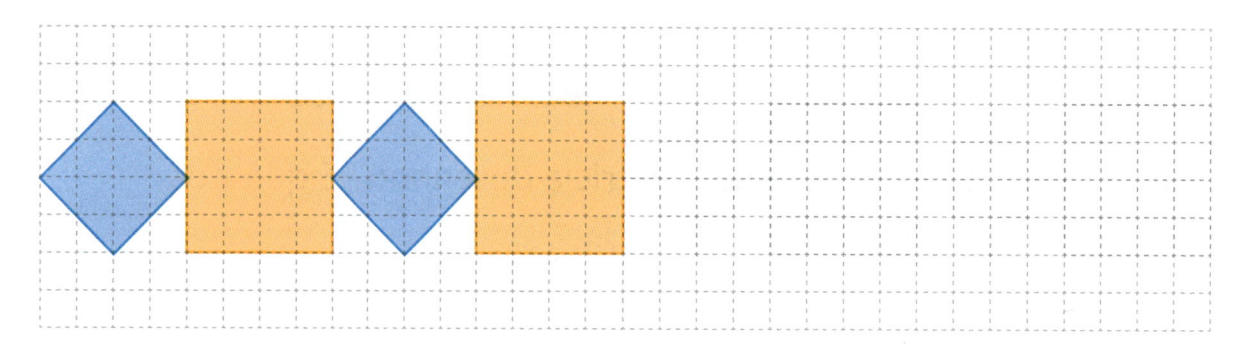

a) Qual forma geométrica está em azul? E em amarelo?

_____

b) Agora invente uma sequência de figuras com retângulos de tamanhos diferentes.

3 Observe o local em que a nuvem está desenhada. Explique como localizá-la escrevendo a coluna e depois a linha onde ela está.

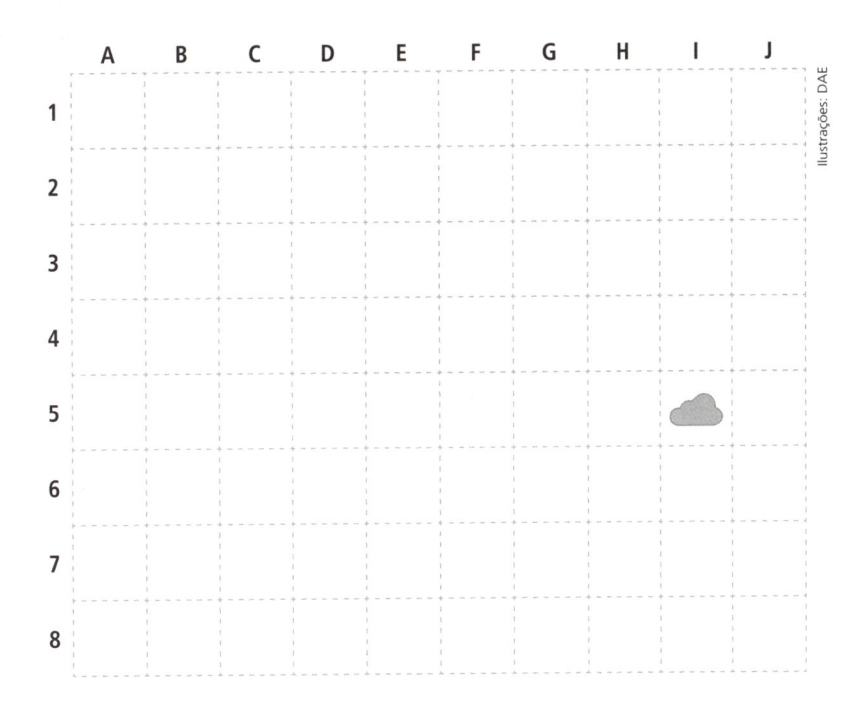

_____

◆ Agora faça os seguintes desenhos na malha de acordo com as posições indicadas:

😊 posição B2   🌙 posição C7   ⭐ posição F4   ❤️ posição J1

4 Ache o caminho que leva o cachorrinho até a casa dele.

5 Complete o desenho observando que a linha em vermelho indica o eixo de simetria.

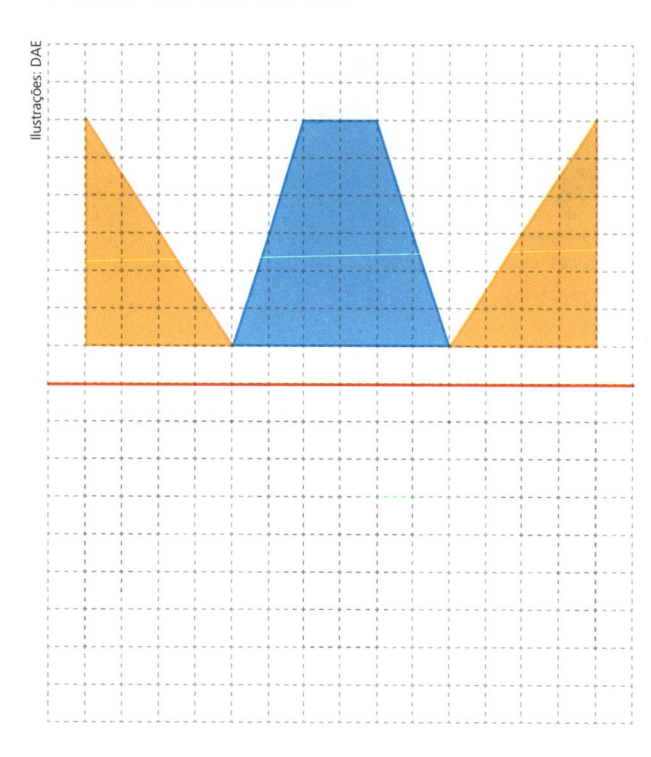

◆ Além do eixo de simetria representado, essa figura teria outro eixo de simetria?

_____

_____

_____

_____

6 Você conhece as ruas ao redor de sua escola? Escreva no desenho o nome da rua que fica em frente à sua escola e o nome da que fica atrás dela.

Desafio

1 Você viu, no começo da unidade, que movimentando apenas 3 réguas o peixinho mudava de sentido. Descobriu quais réguas tinham de ser movimentadas? Agora apresentamos para você um desafio que envolve números e posições. Leia e resolva-o.

◆ Este é um desafio bem legal. Você tem de descobrir os números que estão embaixo dos carros estacionados. Pense bem!

🚗 | 06 | 68 | 88 | 🚗 | 98

Para ir mais longe

Livros

▶ **Brincando com o espelho**, de Nilson José Machado. São Paulo: Scipione, 2004. (Coleção Histórias de Contar).

A Coleção Histórias de Contar foi elaborada para crianças que estão tendo seus primeiros contatos com os números e com as letras. Esse livro é muito divertido e possibilita a compreensão do conceito de simetria.

▶ **Turma da Mônica e as formas**, de Mauricio de Sousa e Yara Maura Silva. São Paulo: Melhoramentos, 2008.

Com rimas e muita cor, o livro mostra, de modo divertido, as formas geométricas por meio de exemplos de fácil compreensão.

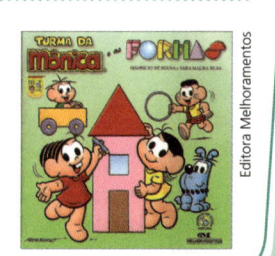

UNIDADE 6
Divisão

Traçando 5 riscos no relógio, a soma dos números é a mesma nas 6 partes formadas.

- Agora o desafio é traçar apenas 2 riscos no relógio, de tal maneira que a soma dos números em cada parte formada seja a mesma. Você consegue?

O passeio de trem

Uma empresa promove passeios em um trem bem antigo que percorre vários lugares turísticos. Um grupo de amigos planejou fazer esse passeio. Para as despesas diárias, o grupo tinha separado 980 reais.

- Imagine que você seja o responsável pelo dinheiro. Utilizando os modelos de cédulas que estão na seção **Encartes**, página 337 a 341, divida 980 reais igualmente em 4 dias. Cole as cédulas que representam o resultado da divisão de 980 por 4 no seu caderno, em 4 espaços. E registre, nos quadros abaixo, como você as distribuiu.

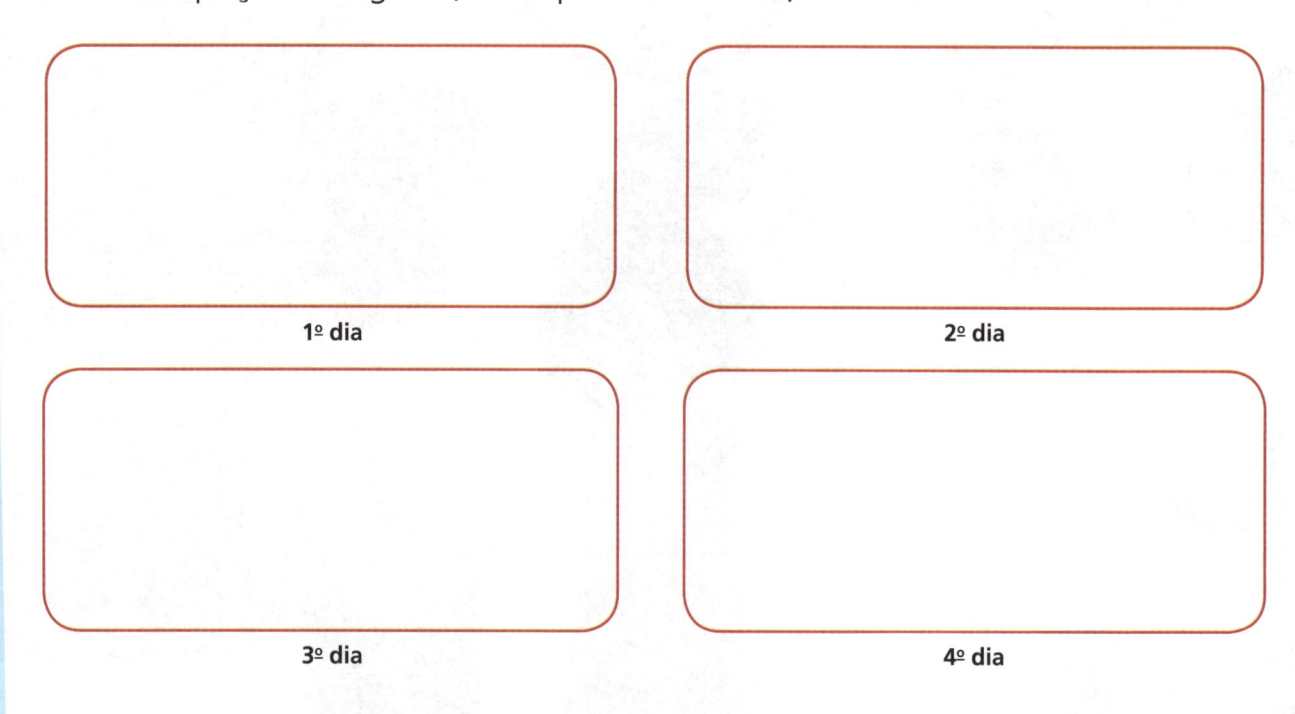

1º dia

2º dia

3º dia

4º dia

- Quantos reais ficaram reservados para cada dia? _____

Embalagens de lápis

Divisão: significados e procedimentos

Uma papelaria compra lápis coloridos em grande quantidade. Para vendê-los, separa esses lápis em embalagens com 6 lápis em cada uma.

- Quantas embalagens seriam necessárias para colocar 48 desses lápis?

Formamos grupos com 6 lápis em cada um:

Dessa forma, 48 lápis divididos em grupos com 6 lápis formam 8 grupos.

$$48 \div 6 = \underline{\qquad}$$

Podemos também fazer subtrações de 6 em 6 para irmos colocando os lápis nas embalagens.

48 – 6 = _____	_____ – 6 = _____	_____ – 6 = _____
_____ – 6 = _____	_____ – 6 = _____	_____ – 6 = _____
_____ – 6 = _____	_____ – 6 = _____	

- Quantas vezes você subtraiu 6 unidades? _____

- Sobrou quanto no final? _____

- Quantas embalagens serão utilizadas? _____

Como o resultado da divisão é um número que multiplicado por 6 resulta em 48, podemos consultar a tabuada do 6.

$6 \times 6 = 36$ $6 \times 7 = 42$ $\boxed{6 \times 8 = 48}$ $6 \times 9 = 54$

Veja abaixo duas ideias associadas à divisão.

- **Divisão para repartir igualmente** — você usa a divisão nesse sentido quando quer repartir uma quantidade conhecida em um número de partes iguais. Note que cada uma das 3 crianças, apesar de receber a mesma quantidade de frutas (6), não receberá as mesmas frutas.

Vamos distribuir as 18 frutas para as 3 crianças de modo que todas recebam a mesma quantidade de frutas.

$$18 \div 3 = \underline{\qquad}$$

Portanto, são _____ frutas para cada criança.

Explique oralmente como completou essa divisão.

- **Divisão como medida** — você usa a divisão nesse sentido quando quer saber quantos grupos podem ser formados com determinada quantidade de objetos e conhece a quantidade que cada grupo deve ter.

Olívia colocará os 20 copos de suco para servir seus convidados, mas quer que cada bandeja tenha 5 copos. Quantas bandejas serão necessárias? Complete a divisão para responder.

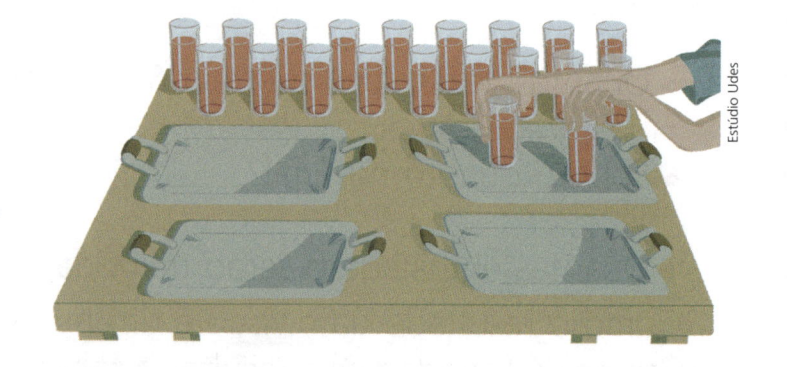

$$\underline{\qquad} \div \underline{\qquad} = 4$$

Portanto, serão _____ bandejas com 5 copos em cada uma.

1 A turma foi separada em grupos para uma aula de Arte. Observe a cena:

a) Em quantos grupos a turma foi separada?

_____

b) A divisão foi em grupos com o mesmo número de alunos? _____

2 Marcos separou seus 15 chaveiros em **quantidades iguais** e colocou em caixas. Observe a ilustração e complete as frases.

a) Os chaveiros foram separados em _____ caixas, e cada caixa ficou com _____ chaveiros.

b) A situação pode ser representada pela divisão: 15 ÷ _____ = _____.

3 Contorne as estrelas para formar grupos com 4 estrelas em cada um.

a) Agora represente a situação por meio de uma divisão.

24 ÷ _____ = _____

b) Quantos grupos foram formados? _____

4 Complete as divisões de acordo com as figuras.

a) $20 \div 5 =$ _____

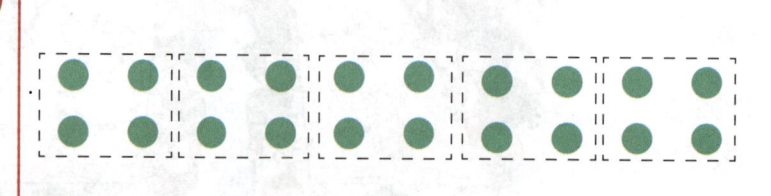

b) $18 \div 6 =$ _____

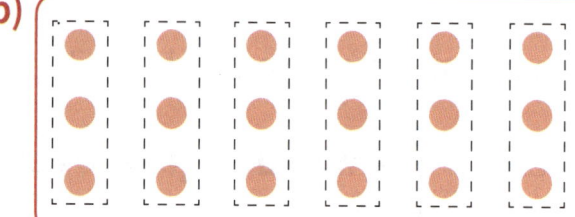

c) $21 \div 3 =$ _____

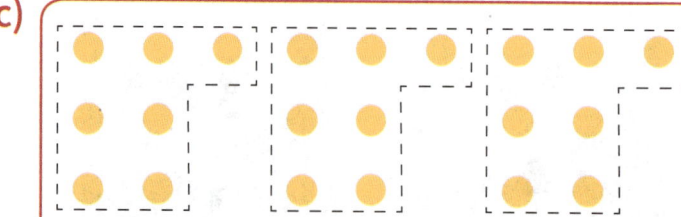

d) $20 \div 4 =$ _____

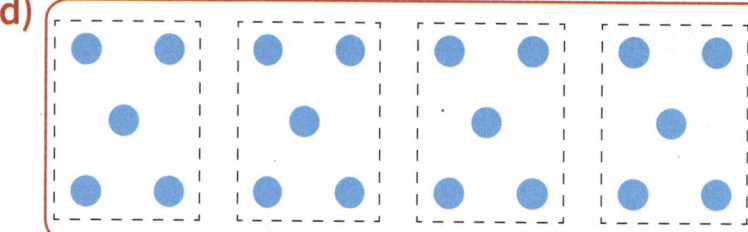

e) $30 \div 3 =$ _____

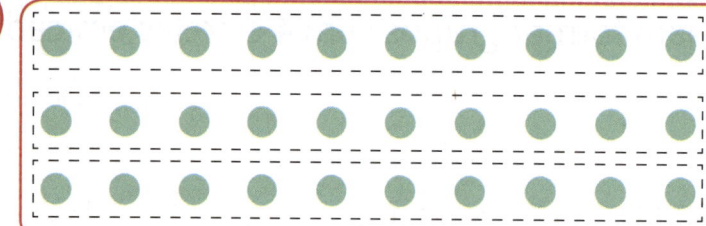

f) $24 \div 4 =$ _____

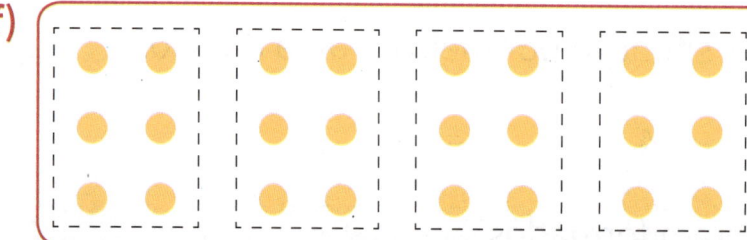

5 Uma fita amarela tem 20 centímetros de comprimento. Vitória utilizará uma tesoura para cortá-la em pedaços com 5 centímetros cada um. Observe na fita a linha tracejada onde ela fará o primeiro corte:

Pinte o quadro abaixo que indica corretamente a divisão que Vitória deve fazer para descobrir a quantidade de pedaços que conseguirá obter:

- 20 ÷ 4
- 20 ÷ 5
- 25 ÷ 5
- 16 ÷ 4

6 Veja como André utilizou a reta numérica para dividir o número 30 em partes iguais. Ele começou no 30 e, de 3 em 3, fez indicações com setas até chegar ao zero.

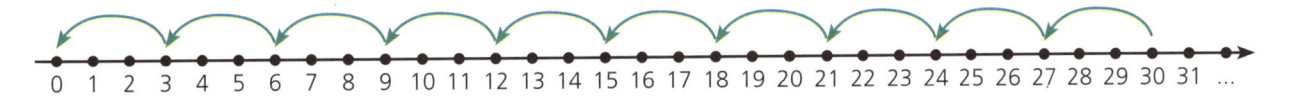

a) Qual divisão André representou na reta numérica? _____

b) Qual é o resultado dessa divisão? _____

7 Represente na reta numérica abaixo a divisão 28 ÷ 7 começando no 28 e terminando no zero, mas sempre "pulando" 7.

a) Em quantas partes iguais 28 foi dividido? _____

b) Complete: 28 ÷ 7 = _____.

c) Escreva uma multiplicação para verificar se a divisão está correta.

_____ × _____ = _____

Cento e noventa e nove

8 No depósito do supermercado, Marcos tinha de distribuir as 72 garrafas de água em embalagens com 8 garrafas em cada uma.

Para saber quantas embalagens seriam necessárias, Marcos foi subtraindo de 8 em 8 até não sobrar mais garrafas.

a) Represente no quadro a seguir essas subtrações.

b) Agora complete a divisão e a frase.

$$72 \div 8 = \underline{\qquad}$$

Portanto, serão _____ embalagens com _____ garrafas de água em cada uma.

9 Reúna-se com um colega. Utilizando tampinhas de garrafas, façam juntos as divisões indicadas e completem os espaços.

a) $22 \div 2 = $ _____ e $2 \times$ _____ $= 22$

b) $36 \div 4 = $ _____ e $4 \times$ _____ $= 36$

c) $35 \div 5 = $ _____ e $5 \times$ _____ $= 35$

d) $28 \div 7 = $ _____ e $7 \times$ _____ $= 28$

Formando grupos
Divisão por 2 e por 3

Observe atentamente as duas cenas de uma aula de Educação Física:

- Quantas crianças havia na 1ª cena? _____

- Elas foram divididas em quantos grupos? _____

- Quantas crianças havia em cada grupo? _____

- Sobraram crianças fora do grupo? _____

Agora complete:

Dizemos que _____ crianças divididas igualmente em grupos com _____ crianças em cada grupo formam _____ grupos. Em símbolos:

$$\_\_\_\_\_ \div 3 = \_\_\_\_\_.$$

Já que a divisão foi por 3, para conferir o resultado você pode observar a tabuada do 3.

...
3 × 6 = 18
3 × 7 = 21
3 × 8 = 24 ⟶ 24 ÷ 3 = 8
3 × 9 = 27
...

Duzentos e um **201**

Quando dividimos uma quantidade por 3, isto é, em três partes iguais, estamos calculando a **terça parte** dessa quantidade.

100 reais é a terça parte de _____ reais

Assim, temos: _____ ÷ 3 = 100.

Quando **dividimos** uma quantidade por 2, isto é, em duas partes iguais, estamos calculando a **metade** dessa quantidade.

A metade de _____ canetas é _____ canetas, ou:

_____ ÷ 2 = _____.

1 Calcule mentalmente as seguintes divisões e escreva o resultado.

a) 3 ÷ 3 = _____

30 ÷ 3 = _____

300 ÷ 3 = _____

3 000 ÷ 3 = _____

b) 2 ÷ 2 = _____

20 ÷ 2 = _____

200 ÷ 2 = _____

2 000 ÷ 2 = _____

c) 6 ÷ 3 = _____

60 ÷ 3 = _____

600 ÷ 3 = _____

6 000 ÷ 3 = _____

d) 8 ÷ 2 = _____

80 ÷ 2 = _____

800 ÷ 2 = _____

8 000 ÷ 2 = _____

2 Complete as frases indicando um terço de cada quantidade.

a) Um terço de 9 é _____.

b) Um terço de 6 é _____.

c) Um terço de 30 é _____.

d) Um terço de 15 é _____.

e) Um terço de 21 é _____.

f) Um terço de 18 é _____.

3 Efetue as divisões com o auxílio do algoritmo e escreva o resultado no espaço indicado.

a) 18 ÷ 2 = _____

b) 12 ÷ 3 = _____

c) 16 ÷ 2 = _____

d) 24 ÷ 3 = _____

e) 14 ÷ 2 = _____

f) 27 ÷ 3 = _____

4 Ligue as fichas correspondentes uma à outra.

a) A metade de 20 reais.

b) Um terço de 18 metros.

c) A metade de 14 anos.

d) A metade de 18 litros.

e) Um terço de 12 quilos.

f) Um terço de 24 horas.

7 anos

4 quilos

8 horas

9 litros

10 reais

6 metros

5 Descubra o segredo da sequência e complete-a.

800 → 400 → 200 → ☐ → ☐ → ☐

6 Para esta atividade você precisará de 13 lápis coloridos!

a) Divida os 13 lápis igualmente em 3 grupos. Depois complete:

- Você colocou em cada grupo _____ lápis e sobrou _____ lápis.

b) Divida agora 12 lápis igualmente em 3 grupos. Depois complete:

- Você colocou em cada grupo _____ lápis.

- Sobrou algum lápis? _____

7 Observando o quadriculado, pinte cada linha com uma cor diferente.

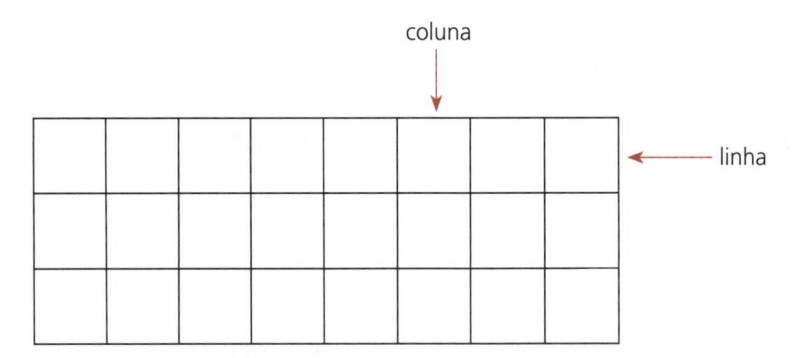

coluna ↓

←— linha

Agora complete:

a) Os 24 quadradinhos estão igualmente distribuídos em 3 linhas, e cada linha tem _____ quadradinhos. Representando a situação numa divisão, temos 24 ÷ _____ = _____.

b) Os 24 quadradinhos estão igualmente distribuídos em 8 colunas, e cada coluna tem _____ quadradinhos. Representando a situação numa divisão, temos 24 ÷ _____ = _____.

8 Patrícia tinha de dividir 693 reais em 3 partes iguais. Observe a seguir que ela utilizou o Material Dourado para fazer essa divisão.

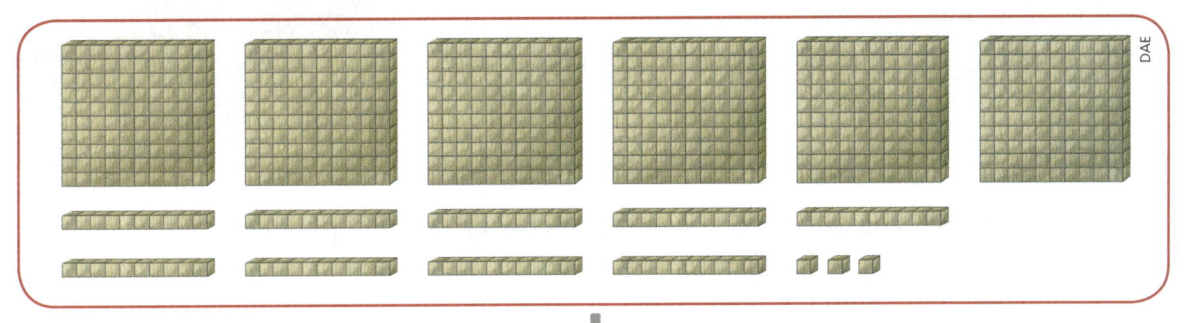

Dividiu em 3 partes iguais.

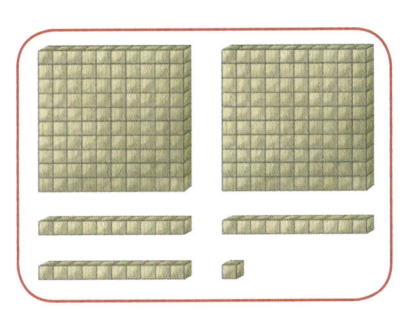

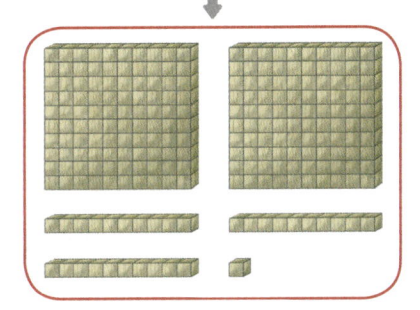

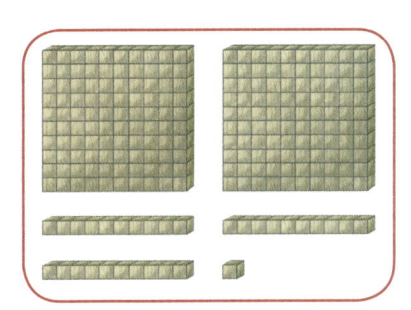

Agora complete:

a) 6 centenas divididas por _____ resulta em _____ centenas;

b) 9 dezenas divididas por _____ resulta em _____ dezenas;

c) 3 unidades divididas por _____ resulta em _____ unidade.

- Para fazermos a divisão 693 por 3, podemos primeiro decompor 693 e depois fazer a divisão.

$$693 \div 3 = ?$$

$600 \div 3 =$ _____

$90 \div 3 =$ _____

$3 \div 3 =$ _____

Portanto, 693 ÷ 3 = _____.

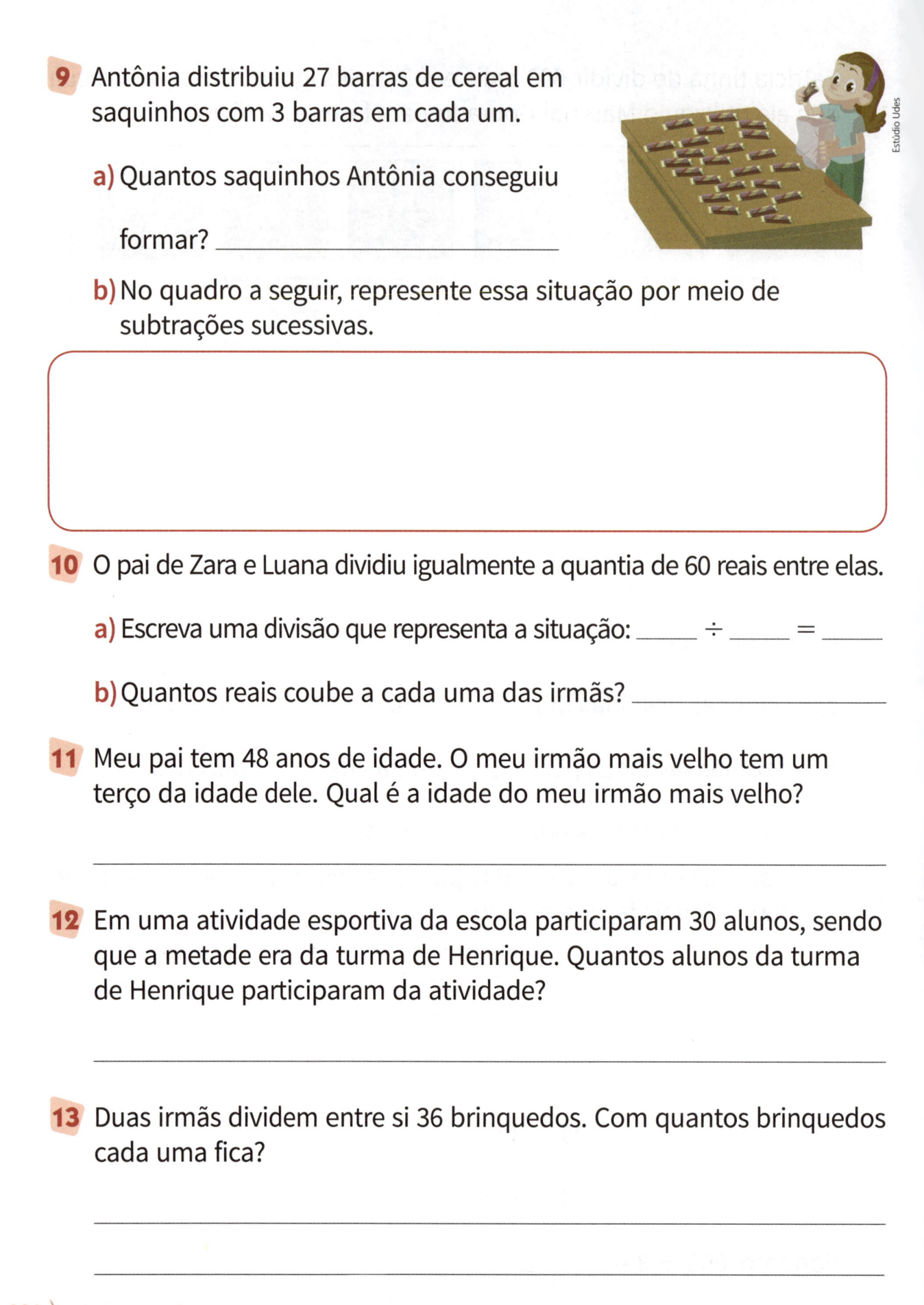

9 Antônia distribuiu 27 barras de cereal em saquinhos com 3 barras em cada um.

a) Quantos saquinhos Antônia conseguiu formar? _____

b) No quadro a seguir, represente essa situação por meio de subtrações sucessivas.

```
┌─────────────────────────────────────────────────┐
│                                                 │
│                                                 │
│                                                 │
└─────────────────────────────────────────────────┘
```

10 O pai de Zara e Luana dividiu igualmente a quantia de 60 reais entre elas.

a) Escreva uma divisão que representa a situação: _____ ÷ _____ = _____

b) Quantos reais coube a cada uma das irmãs? _____

11 Meu pai tem 48 anos de idade. O meu irmão mais velho tem um terço da idade dele. Qual é a idade do meu irmão mais velho?

_____

12 Em uma atividade esportiva da escola participaram 30 alunos, sendo que a metade era da turma de Henrique. Quantos alunos da turma de Henrique participaram da atividade?

_____

13 Duas irmãs dividem entre si 36 brinquedos. Com quantos brinquedos cada uma fica?

_____

_____

Pagamento em parcelas

Divisão por 4, por 5 e por 10

Na semana passada Marlene e seu pai foram a uma loja de eletrodomésticos usados. Eles queriam comprar uma geladeira e um fogão. Depois de negociar com o dono da loja, conseguiram a seguinte condição: o valor à vista de R$ 848,00 dividido em 4 vezes iguais.

O valor de cada parcela corresponde à **quarta parte** do valor à vista. Assim, temos de efetuar: 848 ÷ 4.

◆ Usando o Material Dourado, podemos descobrir o valor de cada parcela:

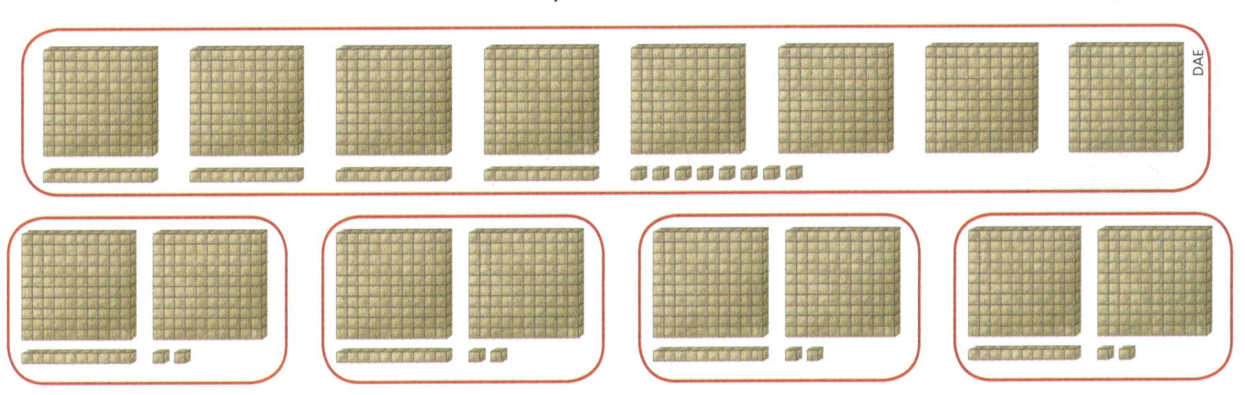

Isto é: 2 centenas, 1 dezena e 2 unidades. Assim, 848 ÷ 4 = _____.

O valor de cada parcela é _____ reais.

◆ Observe pela decomposição como fica essa mesma divisão:

848 = 800 + 40 + 8

8 ÷ 4 = _____

40 ÷ 4 = _____

800 ÷ 4 = _____

Compondo esses resultados:

_____ + _____ + _____ = _____

◆ Podemos representar uma divisão por meio do diagrama da chave.

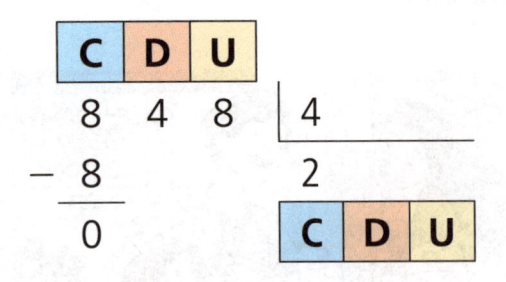

C	D	U
8	4	8

```
  8 4 8 | 4
- 8     | 2
  ---
  0
```
|C|D|U|

Centenas

8 dividido por 4 dá 2 e sobra zero

2 × 4 = 8

(multiplicamos 2 por 4 e subtraímos o resultado de 8)

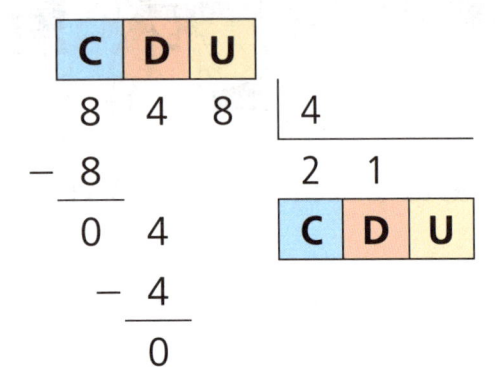

C	D	U
8	4	8

```
  8 4 8 | 4
- 8     | 2 1
  ---
  0 4
-   4
  ---
  0
```
|C|D|U|

Dezenas

4 dividido por 4 dá 1 e sobra zero

1 × 4 = 4

(multiplicamos 1 por 4 e subtraímos o resultado de 4)

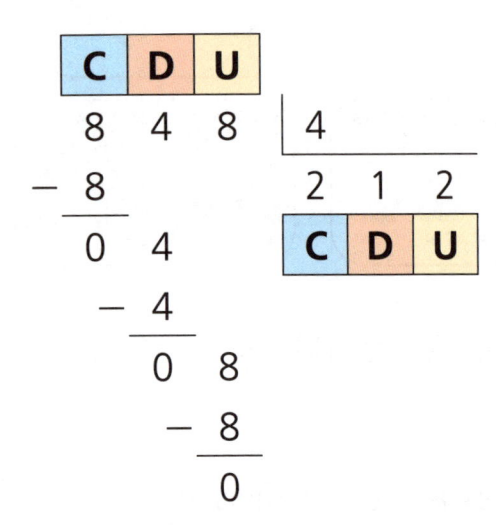

C	D	U
8	4	8

```
  8 4 8 | 4
- 8     | 2 1 2
  ---
  0 4
-   4
  ---
    0 8
  -   8
    ---
      0
```
|C|D|U|

Unidades

8 dividido por 4 dá 2 e sobra zero

2 × 4 = 8

(multiplicamos 2 por 4 e subtraímos o resultado de 8)

Como o **resto** é igual a zero, a divisão é exata. Temos que:

$$4 \times 212 = 848$$

◆ Numa divisão, cada um dos termos tem uma denominação:

```
dividendo ←── 848 | 4 ──→ divisor
            - 848  212 ──→ quociente
resto ←──       0
```

Note que o resto da divisão é zero. Dizemos que a **divisão é exata**.

1 Lucas pegou 50 reais em moedas de 1 real e separou essa quantia em 5 pilhas com a mesma quantia cada uma. Observe a imagem e responda:

a) Qual divisão representa a quantia de cada pilha de moedas? _____

b) Qual multiplicação representa a situação? _____

c) Qual quantia corresponde à **quinta parte** de 50 reais? _____

2 Complete as divisões a seguir.

a) 30 | 10

  300 | 10

b) 61 | 10

  601 | 10

c) 82 | 10

  802 | 10

d) 75 | 10

  705 | 10

3 Complete a sequência de acordo com as operações. Em seguida, utilize uma calculadora para conferir os resultados.

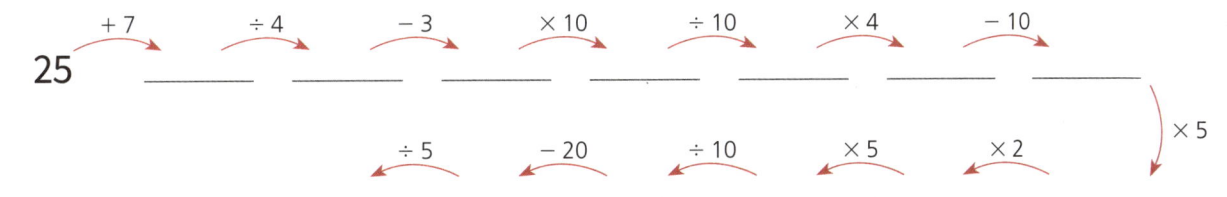

25 →(+7) ___ →(÷4) ___ →(−3) ___ →(×10) ___ →(÷10) ___ →(×4) ___ →(−10) ___

___ ←(÷5) ___ ←(−20) ___ ←(÷10) ___ ←(×5) ___ ←(×2) ___ ←(×5)

4 Laurinha usou uma calculadora para verificar os resultados de algumas divisões que havia feito. Observe as teclas que ela apertou e, depois, escreva os resultados.

a) [3] [5] [0] [0] [÷] [5] = _____

b) [4] [4] [0] [0] [÷] [4] = _____

c) [5] [5] [0] [0] [÷] [5] = _____

d) [2] [4] [0] [0] [÷] [4] = _____

5 Observe o anúncio:

R$ 743,00
R$ 157,00
TUDO EM 10 PARCELAS!!!

a) Uma pessoa que levar a geladeira e os copos pagará que quantia ao todo? Faça os cálculos no quadro.

b) E qual será o valor de cada uma das parcelas? Faça os cálculos no quadro.

6 Observe como a professora fez a divisão de 48 por 4 utilizando o diagrama da chave e depois faça as divisões.

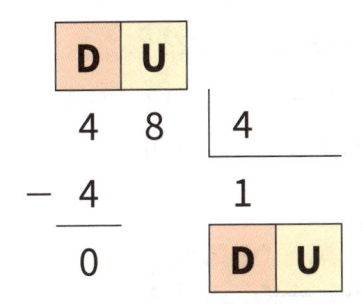

D	U
4	8

  4 8 | 4
− 4 | 1
  ─── | D U
  0

  4 8 | 4
− 4 | 1 2
  ─── | D U
  0 8
  − 8
  ───
    0

Dezenas

4 dividido por 4 dá 1 e sobra zero

$1 \times 4 = 4$

Unidades

8 dividido por 4 dá 2 e sobra zero

$2 \times 4 = 8$

Portanto, dizemos que 48 dividido por 4 dá 12.

a) 7 2 | 4

c) 8 7 | 3

b) 9 5 | 5

d) 9 6 | 4

Azeitona na *pizza*

Divisão não exata

Você gosta de *pizza*? Conhece alguém que sabe fazer *pizza*?

Pois é, Eduardo é um *pizzaiolo*. Pediram que ele fizesse uma *pizza* especial com azeitonas. Ele observou que tinha ainda 37 azeitonas guardadas.

Veja ao lado como ele fez para distribuir as 37 azeitonas entre os 4 pedaços de sabores diferentes.

Note que, se formos dividir 37 azeitonas em 4 partes, a divisão não será exata, pois:

$$4 \times 8 = 32$$
$$4 \times 9 = 36$$
$$4 \times 10 = 40$$

Utilizando o diagrama da chave para representar a divisão, temos:

```
 37 | 4
-36   9
----
 01
```

Você já fez divisões em que o resto é diferente de zero. Em tais situações dizemos que a divisão é **não exata**.

Com 23 bolinhas, vamos formar grupos com 4 bolinhas em cada grupo.

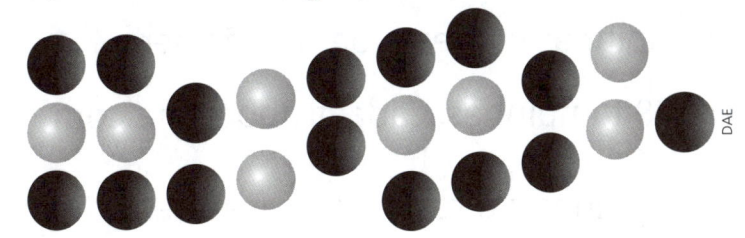

- Quantos grupos foram formados? _____
- Sobraram bolinhas? Caso sim, quantas? _____
- Representando a situação numa divisão, temos:

$$\begin{array}{r|l} 23 & 4 \\ -20 & \\ \hline & \end{array}$$

1 Você sabe o que é um **número par**? Para responder a essa pergunta, faça as divisões a seguir.

a) $18 \mid 2$

b) $24 \mid 2$

c) $16 \mid 2$

d) $50 \mid 2$

O que você notou no resto das divisões? _____

Quando a divisão de um número natural por 2 for exata, isto é, resto igual a zero, o número será **par**.

2 Marcos fez uma experiência dividindo algumas quantidades de tampinhas igualmente em dois grupos. Complete as frases.

a) Se forem 20 tampinhas, cada grupo ficará com

_____ tampinhas e o resto da divisão será _____.

b) Se forem 29 tampinhas, cada grupo ficará com

_____ tampinhas e o resto da divisão será _____.

c) Se forem 32 tampinhas, cada grupo ficará com

_____ tampinhas e o resto da divisão será _____.

d) Se forem 17 tampinhas, cada grupo ficará com _____ tampinhas e

o resto da divisão será _____.

◆ Responda oralmente para os colegas: Quando dividimos um número por 2, quais são os restos possíveis?

> Quando o resto da divisão de um número por 2 for igual a 1, então o número será **ímpar**.

3 Observando a quantidade de alunos em sua sala de aula, responda:

a) Quantas duplas dá para formar? Sobra algum aluno?

_____

b) Na turma o número total de alunos é par ou ímpar? _____

4 Efetue as divisões utilizando o diagrama da chave.

a) 87 | 4   b) 99 | 5   c) 74 | 3

5 Observe como Paulo fez a divisão abaixo. Em seguida, faça as outras divisões da mesma forma.

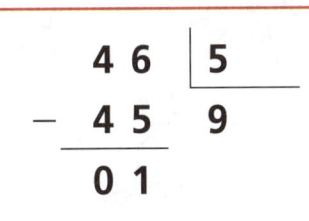

```
  4 6 | 5
- 4 5   9
  0 1
```

46 = 5 × 9 + 1

> Nessa atividade, faça primeiro a divisão, depois a multiplicação e, por último, a adição.

a) 30 | 4

30 = 4 × ___ + ___

b) 25 | 3

25 = 3 × ___ + ___

c) 17 | 3

17 = 3 × ___ + ___

d) 26 | 5

26 = 5 × ___ + ___

6 Observe atentamente o desenho.

Agora, responda às questões.

a) Qual é o número de grupos de amoras? _____

b) A divisão feita é exata? Justifique sua resposta.

_____

Duzentos e quinze **215**

7 Na feira em que trabalha, Armando separou 140 ovos em caixas com 1 dúzia em cada uma. Para saber quantas caixas completas com 12 ovos ele teria, fez subtrações sucessivas. Observe o cálculo e complete as lacunas e a divisão a seguir.

- Cálculo.

140 − 12 = 128	92 − 12 = 80	44 − 12 = 32
128 − 12 = 116	80 − 12 = 68	32 − 12 = 20
116 − 12 = 104	68 − 12 = 56	20 − 12 = 8
104 − 12 = 92	56 − 12 = 44	

a) Então os 140 ovos podem ser distribuídos em _____ caixas com 12 ovos em cada caixa e ainda sobram _____ ovos.

b) Fazendo a divisão, temos: 140 | 12

8 Faça cada uma das divisões a seguir utilizando subtrações sucessivas. Depois, complete os espaços escrevendo o quociente e o resto.

a) 88 ÷ 16

Quociente: _____.

Resto: _____.

b) 76 ÷ 15

Quociente: _____.

Resto: _____.

9 O gráfico a seguir representa a quantidade de livros da biblioteca da escola que foram emprestados para os alunos ao longo de 4 meses.

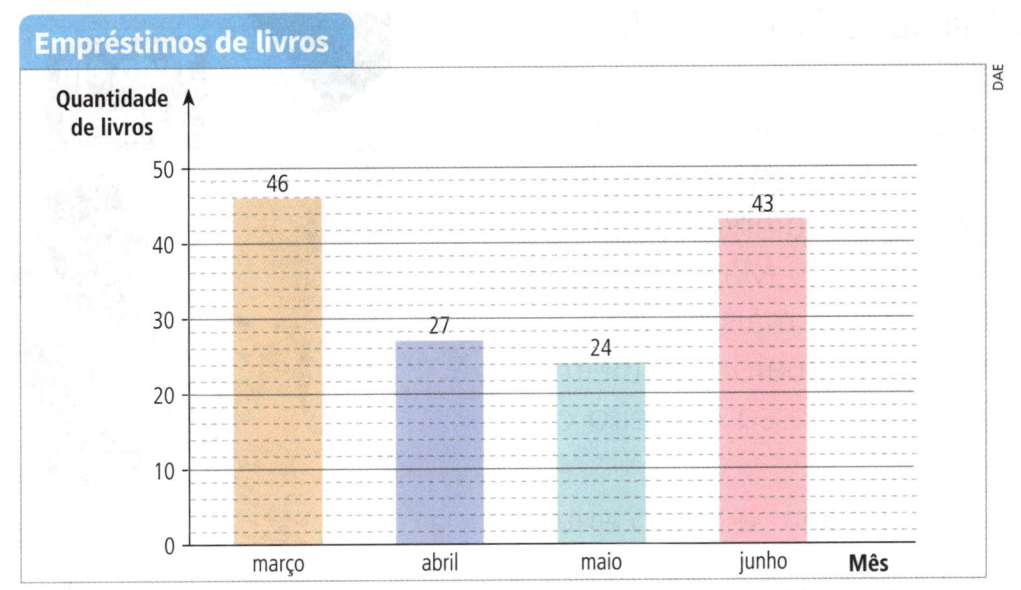

Empréstimos de livros

Quantidade de livros:
- março: 46
- abril: 27
- maio: 24
- junho: 43

Fonte: Biblioteca da escola.

a) Em quais meses foram emprestados mais de 40 livros?

_____

b) Quantos livros ao todo foram emprestados nesses 4 meses? Faça o cálculo no quadro.

_____

c) Se você dividir o total de livros emprestados pelo número de meses, saberá quantos livros em **média** são emprestados por mês. Faça a divisão para descobrir essa quantidade.

Podemos dizer que nesses 4 meses foram emprestados _____ livros em média por mês.

MATEMÁTICA em ação

Você já ouviu falar em **Educação Financeira**?

Pois é, quando ouvimos falar desse assunto podemos pensar que devemos economizar nosso dinheiro, que devemos guardá-lo. Mas a Educação Financeira é muito mais do que a preocupação em guardar dinheiro. Devemos utilizar nosso dinheiro com **sabedoria**.

A loja da imagem ao lado anuncia que você pode comprar um produto em 3 vezes, isto é um exemplo de compra a prazo. Observe outro exemplo:

À VISTA: 795 reais.
A PRAZO: 5 vezes de 185 reais.

Discuta com os colegas e responda: Você compraria essa geladeira à vista ou a prazo?

- Vamos calcular o valor total da compra em 5 vezes. Utilize uma calculadora e complete a multiplicação.

$$5 \times 185 = \underline{}$$

Portanto, as 5 parcelas de 185 reais correspondem ao total de _____ reais.

- Calculando a diferença entre o preço a prazo e o à vista, temos a seguir a quantia que pagaremos a mais.

$$\underline{} - 795 = \underline{}$$

Logo, a diferença entre as duas formas de pagamento é de _____ reais.

- Recorte de jornal ou revista algum anúncio da venda de um mesmo produto à vista e a prazo. Cole-o no quadro abaixo e, depois, apresente para os colegas a diferença entre os valores da compra à vista e da compra a prazo.

Podemos encontrar diferenças de valores quando compramos determinado objeto à vista ou a prazo. Além disso, mesmo quando compramos à vista, podemos ainda negociar com o vendedor um desconto. Você não acha?

Revendo o que aprendi

1 Complete as multiplicações indicadas a seguir.

×	0	1	2	3	4	5	6	7	8	9	10	11
2												
3												
4												
5												
10												

a) Observando essas multiplicações, escreva o resultado das seguintes divisões.

22 ÷ 2 = _____   36 ÷ 4 = _____   60 ÷ 10 = _____

b) Utilizando ainda as multiplicações, responda qual é o resto da divisão:

- de 25 por 4? _____
- de 26 por 3? _____
- de 38 por 5? _____
- de 79 por 10? _____

2 Num caixa de banco, Márcia solicitou que trocassem o dinheiro que tinha por cédulas de 2 reais. Observe o dinheiro que ela tinha e descubra quantas cédulas de 2 reais ela recebeu na troca.

Faça o cálculo aqui!

3 Observe os prendedores que Sérgio comprou:

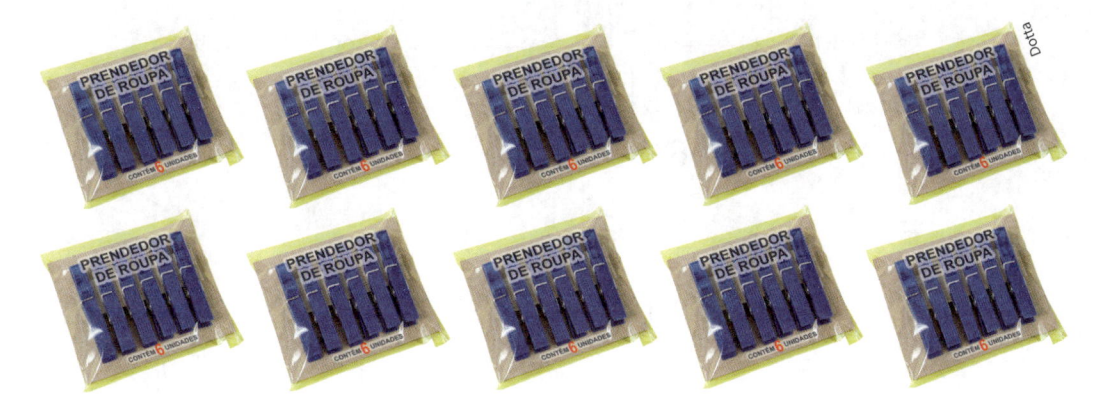

a) Qual multiplicação indica corretamente a quantidade de prendedores que Sérgio comprou? _____

b) Escreva uma divisão que indica o total de grupos de prendedores que Sérgio comprou. _____

c) Agora escreva uma divisão que indica o número de prendedores de cada grupo. _____

4 Maurício resolveu fazer uma promoção para vender as 97 maçãs que tinha em sua barraca de feira. Ele separou as maçãs em bacias colocando 4 frutas em cada uma.

Quantas bacias ao todo ele conseguiu montar? Sobrou alguma maçã?

Faça o cálculo no quadro ao lado!

_____

_____

Duzentos e vinte e um **221**

5 Efetue as divisões e depois faça a verificação, como no exemplo.

```
dividendo → 7 9 | 3 ← divisor
           − 6  | 26
             1 9
           − 1 8        → quociente
             0 1
resto ↗
```

Verificação:

divisor → 3 × 26 + 1 = 79 ← dividendo
quociente ↗   resto ↗

a) 6 5 | 4

b) 7 4 | 5

c) 9 7 6 | 6

d) 3 6 8 | 2

6 Resolva mentalmente as divisões e escreva os resultados.

a) 6 ÷ 2 = _____

60 ÷ 2 = _____

600 ÷ 2 = _____

b) 9 ÷ 3 = _____

90 ÷ 3 = _____

900 ÷ 3 = _____

c) 8 ÷ 4 = _____

80 ÷ 4 = _____

800 ÷ 4 = _____

d) 5 ÷ 5 = _____

50 ÷ 5 = _____

500 ÷ 5 = _____

7 Observe como Maurício fez para dividir 639 por 3.

639 = 600 + 30 + 9

Ele dividiu após decompor

$\begin{cases} 600 \div 3 = 200 \\ 30 \div 3 = 10 \\ 9 \div 3 = 3+ \end{cases}$

213

639 ÷ 3 = 213

Agora, faça as divisões como Maurício fez.

a) 963 ÷ 3 = _____

b) 486 ÷ 2 = _____

8 Yanka encomendou ímãs de geladeira para dar de lembrancinha a cada amigo dela no final de sua festa de aniversário. Eram 87 ímãs, e ela os dividiu em pacotinhos com 5 ímãs em cada um.

a) Quantos pacotinhos ao todo Yanka conseguiu fazer com 5 ímãs em cada um? Faça o cálculo no quadro.

b) Sobraram ímãs? Quantos? _____

9 Separe as fichas coloridas em grupos com 4 fichas em cada um.

a) Quantos grupos você formou com 4 fichas? _____

b) Quantas fichas sobraram? _____

c) Qual é o número total de fichas?

_____

10 A quantia de 720 reais será paga em prestações de 120 reais cada uma. Quantas serão as prestações? Utilize subtrações sucessivas para calcular.

Desafio

1 Você conseguiu resolver sozinho o desafio do relógio no início da unidade? Observou que a soma dos números em cada parte do relógio tinha de ser 26? Pois bem, resolva agora este desafio.

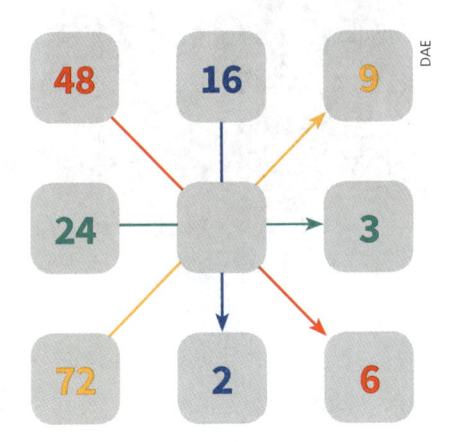

48	16	9
24		3
72	2	6

- Você deve descobrir como os números estão relacionados na figura e, então, obter o número que deve ser colocado no centro dela.

UNIDADE 7
Noções de estatística e probabilidade

Rodrigo propôs um desafio a seus amigos.

- O desafio é descobrir quantos pontos há na parte escondida do dominó, sabendo que existe uma lógica na quantidade de pontos das peças. Então, já descobriu?

Veículos de informação

Os meios de comunicação são diversificados. As informações chegam às pessoas de várias maneiras. Veja alguns exemplos de como as informações são divulgadas:

Mesmo que você leia um jornal, assista ao noticiário ou receba uma informação pelo celular, terá de saber interpretá-la. Precisamos estar atentos a todas as informações que chegam até nós e devemos refletir sobre elas.

Observe a tirinha:

◆ Compartilhe oralmente com os colegas sua interpretação a respeito do que é proibido "caçar" de acordo com a tirinha.

O que as pesquisas nos dizem
Analisando tabelas e gráficos com base em pesquisas

Qual é o seu esporte preferido?

Quando essa pergunta é feita a um grupo de pessoas, é possível conhecê-las melhor, você não acha?

O professor de Educação Física gostaria de saber, entre os esportes oferecidos no colégio, qual é o preferido dos alunos. Para isso, ele elaborou a ficha abaixo, e cada aluno assinalou apenas uma das opções.

PESQUISA

Se você tivesse de escolher um esporte para praticar na escola, qual destes seria?

☐ Voleibol.   ☐ Handebol.   ☐ Futebol.

☐ Basquetebol.   ☐ Tênis de mesa.

Duzentos e vinte e nove 229

Depois que todos escolheram, ele construiu um **gráfico de barras** horizontais com as frequências das escolhas e apresentou os resultados às turmas.

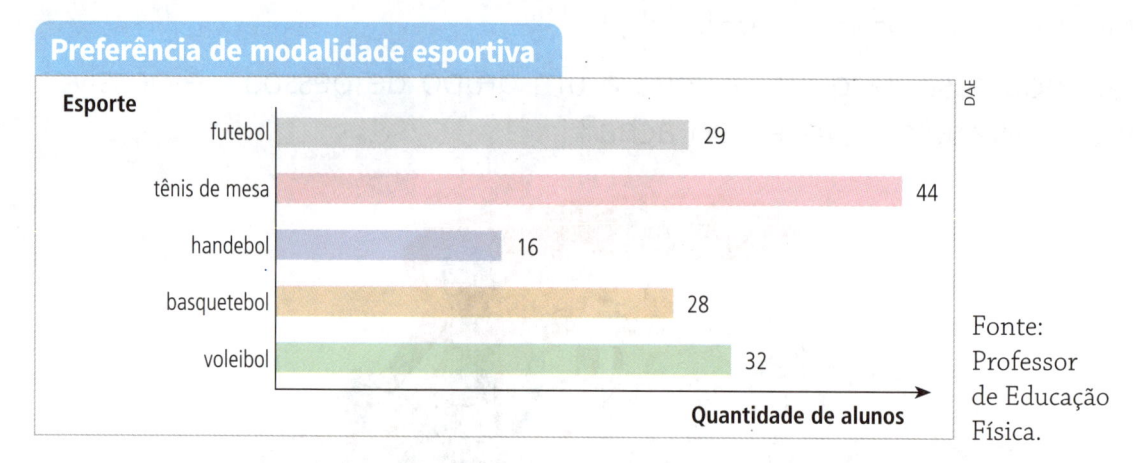

Preferência de modalidade esportiva

Esporte
- futebol: 29
- tênis de mesa: 44
- handebol: 16
- basquetebol: 28
- voleibol: 32

Quantidade de alunos

Fonte: Professor de Educação Física.

Agora, conforme informações do gráfico e da pesquisa, responda:

◆ Se todos os alunos responderam à pesquisa, como você determinaria o número de alunos nessa escola?

_____

◆ O que chama sua atenção nessa pesquisa?

_____

◆ Com base na pesquisa e no gráfico, qual foi o esporte citado com maior frequência pelos alunos? E o esporte citado com menor frequência?

_____

1 Observe no **gráfico de setores** o número de alunos que usam óculos na turma de Sueli.

Mesmo que o gráfico não informe o número de alunos que usam ou não óculos, o que você pode concluir?

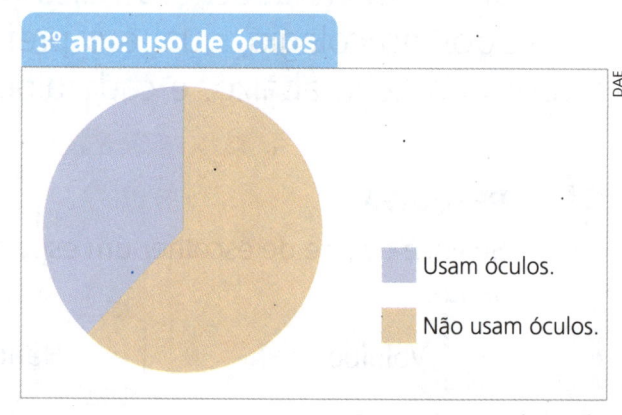

3º ano: uso de óculos

- Usam óculos.
- Não usam óculos.

Fonte: Turma de Sueli.

_____

2 Qual dos gráficos abaixo melhor representa sua turma?

3º ano: uso de óculos

☐ ☐ ☐

Usam óculos.
Não usam óculos.

Fonte: Sua turma.

3 Foi realizada uma pesquisa com os alunos da escola sobre o lanche servido. Complete a tabela de acordo com o gráfico.

Lanche da escola

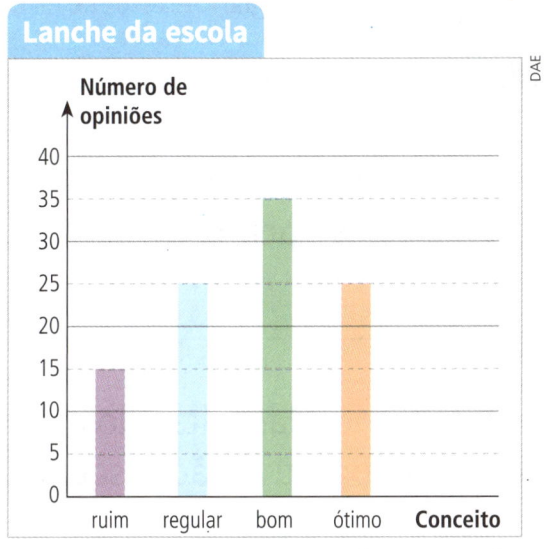

Número de opiniões (ruim: 15, regular: 25, bom: 35, ótimo: 25)

Fonte: Pesquisa feita na escola.

CONCEITO	NÚMERO DE OPINIÕES
ruim	
regular	
bom	
ótimo	
total	

a) É verdade que mais da metade dos alunos considera o lanche bom ou ótimo?

_____

b) Para divulgar o resultado da pesquisa, foi elaborado um gráfico de setores. Preencha a legenda com os conceitos correspondentes.

Lanche da escola

A _____   C _____

B _____   D _____

Fonte: Pesquisa feita na escola.

Duzentos e trinta e um **231**

4 Observe o **gráfico de colunas** a seguir e responda às questões.

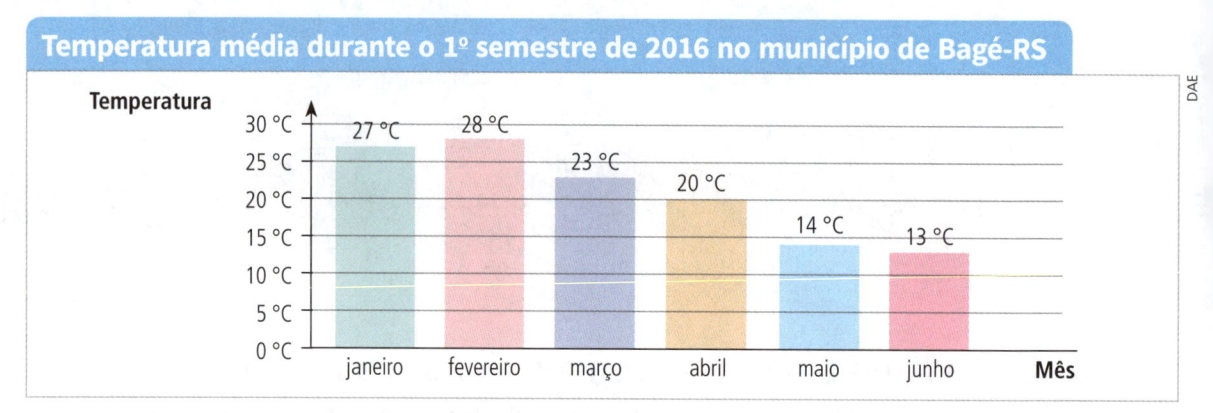

Temperatura média durante o 1º semestre de 2016 no município de Bagé-RS

janeiro: 27 °C; fevereiro: 28 °C; março: 23 °C; abril: 20 °C; maio: 14 °C; junho: 13 °C

Fonte: Instituto Nacional de Meteorologia. Disponível em: <www.inmet.gov.br/portal/index.php?r=home/page&page=rede_estacoes_auto_graf>. Acesso em: mar. 2019.

a) Em que mês a temperatura média foi a mais baixa? _____

b) Qual foi a temperatura média em Bagé no mês de abril? _____

c) Em quais meses a temperatura média esteve acima de 20 °C?

_____

5 A diretora de uma escola fez um levantamento das faltas dos alunos ao longo dos últimos meses do ano. Ela elaborou então o seguinte **gráfico de linhas**:

Faltas nos últimos meses do ano

agosto: 15; setembro: 25; outubro: 15; novembro: 5; dezembro: 0

Fonte: Diretoria de escola.

Explique, com suas palavras, o que aconteceu com o número de faltas ao longo do 2º semestre.

Qual é sua opinião?

Noções de uma pesquisa

Antes de construir uma casa, é apresentado um projeto de como ela ficará quando estiver pronta. Quem faz esse projeto é um arquiteto.

• Imagine que você deve escolher uma das seguintes casas para morar. Qual delas escolheria? Marque-a com **X**.

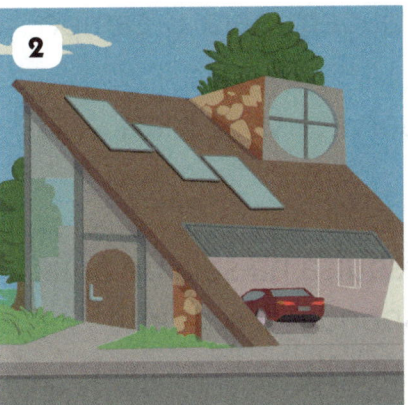

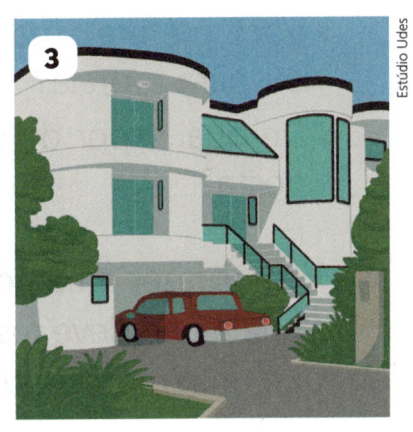

• Agora observe a casa que os colegas escolheram e responda: A opinião deles é a mesma que a sua?

_____

• Qual das casas foi citada com maior frequência pela turma? Para responder, cada um diz a casa que escolheu e todos fazem um tracinho na coluna ESCOLHAS.

CASA	ESCOLHAS	TOTAL DE ESCOLHAS
1		
2		
3		

Portanto, na opinião da turma, a casa citada com maior frequência é a de número:

_____

Duzentos e trinta e três **233**

Para descobrir qual das casas foi citada com maior frequência pela turma, você fez uma pesquisa. Neste caso, cada aluno disse qual casa escolheria para morar.

Fazemos pesquisas para, dentre outras coisas, obter a opinião das pessoas sobre determinados assuntos, como:

- Qual é seu esporte preferido?
- Qual é o filme de que você mais gostou?
- Você prefere uma viagem para o campo ou para a praia?
- De qual sabor de sorvete você mais gosta?

1 Vamos fazer uma pesquisa na sala de aula. Cada aluno deve responder à seguinte pergunta marcando um **X**.

PESQUISA

Se a turma fosse fazer um passeio, qual deles você escolheria?

▶ Visita ao zoológico.

▶ Passeio na cachoeira.

▶ Parque de diversões.

▶ Passeio de trem.

2 De acordo com sua turma, preencha a tabela a seguir com as frequências das respostas obtidas.

PASSEIO	ESCOLHAS	TOTAL DE ESCOLHAS
visita ao zoológico		
passeio na cachoeira		
parque de diversões		
passeio de trem		

a) Agora, com o resultado da pesquisa, faça um gráfico de colunas. Para cada escolha, pinte um retângulo.

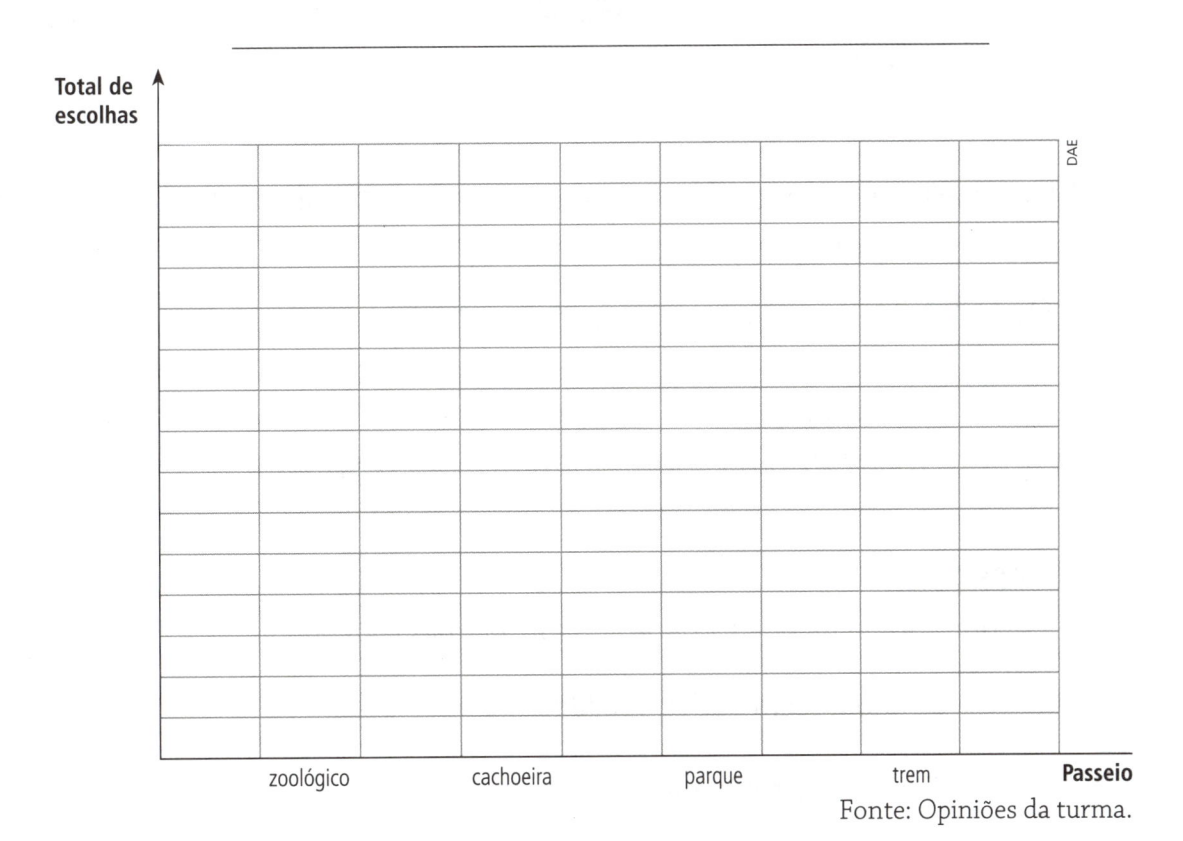

Total de escolhas

zoológico   cachoeira   parque   trem   **Passeio**

Fonte: Opiniões da turma.

b) Escolha para o gráfico um nome que represente a pesquisa feita na sala de aula. Escreva o nome no espaço acima do gráfico.

c) Qual passeio foi citado com menor frequência? _____

d) Qual passeio foi citado com maior frequência? _____

3 Vamos conhecer um pouco melhor a turma. Cada um deve responder à seguinte pergunta:

> **PESQUISA**
> Além de você, quantas pessoas moram em sua casa?
> ☐ 1
> ☐ 2
> ☐ 3
> ☐ 4
> ☐ 5
> ☐ Mais de 5.

Agora cada um deve dizer qual resposta assinalou para que alguém anote as respostas na lousa.

◆ Qual foi a resposta que teve maior frequência? _____

4 Vamos fazer mais uma pesquisa com a turma. Leia atentamente a pergunta a seguir e assinale apenas uma resposta.

> **PESQUISA**
> O que você acha que tornaria sua turma mais legal ainda?
> ☐ Se não fossem dados apelidos.
> ☐ Se os colegas não mentissem para você.
> ☐ Se houvesse mais atividades em grupo.
> ☐ Se houvesse menos conversa na hora da explicação do professor.

◆ Qual foi a opção que teve maior frequência? _____

5 Este mês haverá uma festa para comemorar o aniversário da escola. Dê sua opinião sobre qual decoração deve ser feita escolhendo apenas uma das que estão abaixo:

▶ Balões.

▶ Bandeirinhas.

▶ Cartazes.

▶ Faixas decorativas.

a) Qual decoração você escolheu? _____

b) Pergunte a todos os colegas da turma qual decoração cada um escolheu e registre as respostas.

TIPO DE DECORAÇÃO	ESCOLHAS	TOTAL DE ESCOLHAS
balões		
bandeirinhas		
cartazes		
faixas decorativas		

c) Agora responda:

- Qual foi a decoração citada com maior frequência pela turma?
_____

- Quantas escolhas essa decoração teve, ou seja, qual foi a sua frequência? _____

- Se a decoração for feita pelas outras turmas também, você acha que a pesquisa está completa? Responda oralmente.

6 Você e um colega farão uma pequena pesquisa na escola. Recortem da página 343, na seção **Encartes**, as fichas que utilizarão para entrevistar 8 pessoas que trabalham na escola ou colegas de outras turmas. As pessoas entrevistadas deverão responder à pergunta da ficha marcando um **X** em apenas uma opção.

PESQUISA
Em sua opinião, qual área da escola necessita de melhorias? Escolha somente uma opção.
☐ Biblioteca.   ☐ Refeitório.
☐ Quadra.   ☐ Salas de aula.

a) Terminada a pesquisa, digam em voz alta cada uma das escolhas, conforme assinalado na ficha. Seus colegas farão o mesmo. Preencha a tabela com as respostas obtidas por vocês e pelas demais duplas.

ÁREA DA ESCOLA	ESCOLHAS	TOTAL DE ESCOLHAS
biblioteca		
quadra		
refeitório		
salas de aula		

b) Depois de registrar todas as escolhas, faça o gráfico de barras abaixo pintando um retângulo para cada escolha.

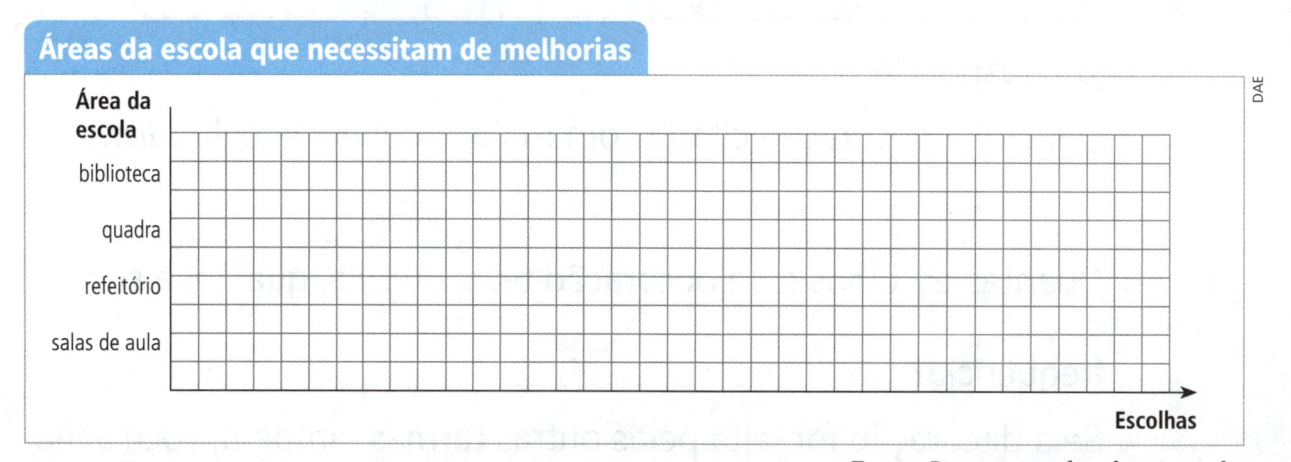

Áreas da escola que necessitam de melhorias

Área da escola: biblioteca, quadra, refeitório, salas de aula — Escolhas

Fonte: Pesquisa realizada na escola.

Quantas são as sílabas?
Noções do cálculo do número de possibilidades

Veja a brincadeira que Laura e Juliana inventaram.

Cada uma delas, em sua vez, escolhia duas vogais diferentes e formava uma sílaba. A outra, sem ver as vogais utilizadas, tinha de adivinhar. Quem acertasse primeiro ganhava a brincadeira.

A E I O U

- Você saberia dizer quantas sílabas diferentes dá para formar com as vogais, sem repeti-las? Escreva no quadro abaixo todas as sílabas que podem ser formadas.

Uma maneira de você perceber melhor quais são as possibilidades é observando o esquema a seguir, que é elaborado assim: escolhe-se a primeira letra e verificam-se as possibilidades para a segunda letra.

◆ Observe como foi feito com a letra **A** e complete as demais combinações.

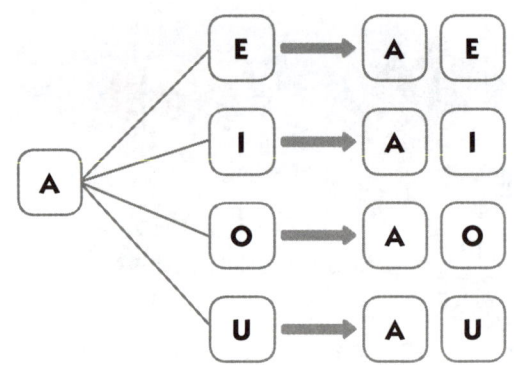

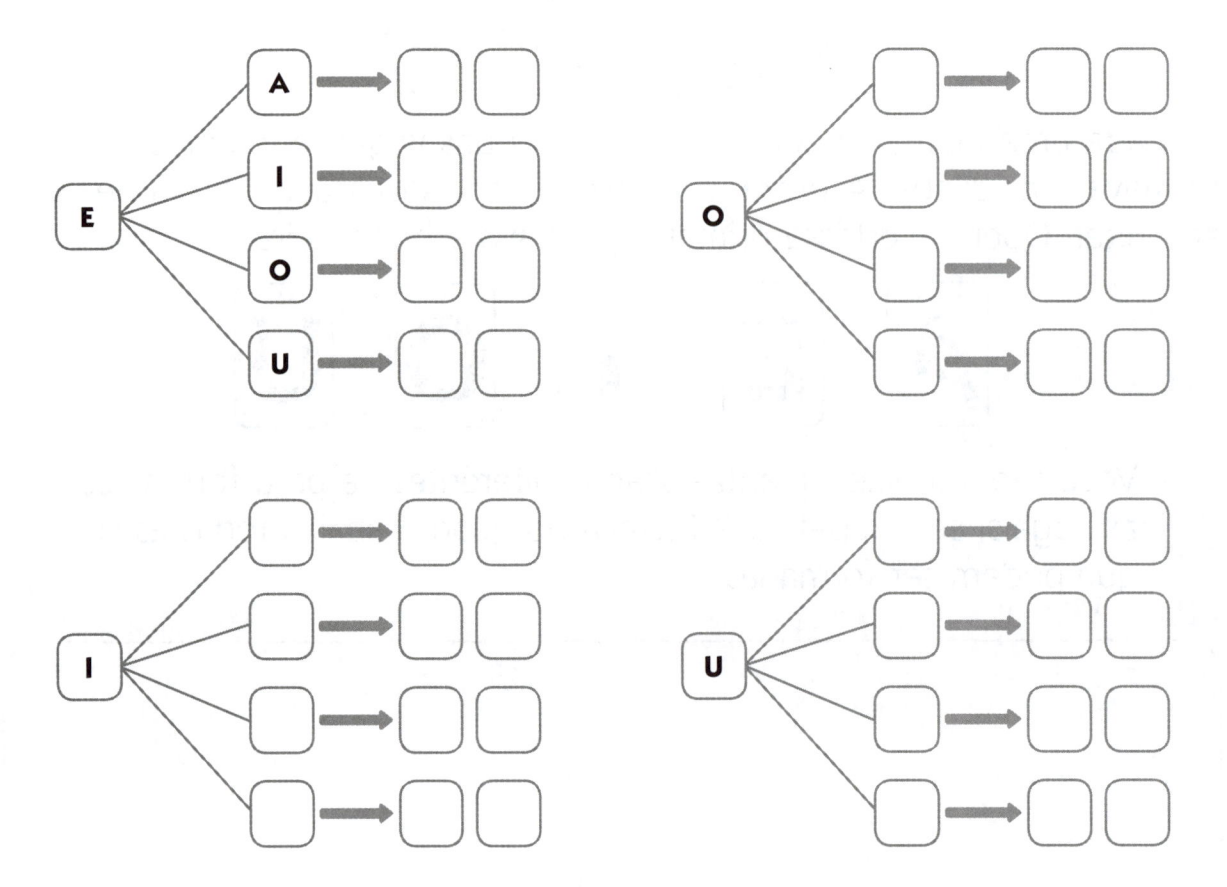

O esquema é conhecido como **árvore das possibilidades**. Note que, escolhendo a primeira letra, temos 4 possibilidades para a segunda letra. Como são 5 letras que podem iniciar as sílabas, calculamos o número de possibilidades pela multiplicação:

☐ × ☐ = ☐

1 Veja o cardápio da lanchonete de Verônica:

Tortas:
- Brócolis (B)
- Espinafre (E)
- Palmito (P)

Sucos:
- Laranja (L)
- Abacaxi (A)
- Morango (M)
- Pêssego (P)

a) A pessoa que escolheu uma torta de brócolis tem quantas possibilidades de escolha de suco para acompanhar?

_____

b) Se você escolhesse suco de laranja, qual seria o número de possibilidades quanto à torta?

_____

c) Um cliente dessa lanchonete que deseje comer uma torta e tomar um suco tem, ao todo, quantas possibilidades de escolha?

_____

d) Complete o quadro a seguir com todas as possibilidades de acordo com a indicação das letras iniciais dos sabores de torta e de suco. Note que, se escolhermos torta de palmito (**P**) e suco de abacaxi (**A**), devemos escrever **P-A**.

	L	A	M	P
B				
E				
P		P-A		

2 Pedro foi comprar uma bermuda e uma camiseta. Todas as camisetas tinham o mesmo valor, e as bermudas também. Na página 345, na seção **Encartes**, você encontra as 5 possibilidades de camiseta e as 3 possibilidades de bermuda. Recorte-as e faça o que se pede a seguir.

a) Escolha uma camiseta e uma bermuda para Pedro, cole-as no quadro a seguir e depois desenhe Pedro.

b) Como você faz para calcular o número total de possibilidades para escolher uma camiseta e uma bermuda? Qual é esse número?

_____

_____

3 Os amigos estavam brincando de **cara ou coroa**. Cada um tinha de lançar a moeda 3 vezes seguidas e anotar o resultado.

a) Junte-se a um colega. Cada um de vocês deve lançar a mesma moeda 3 vezes seguidas e anotar os resultados.

	1º LANÇAMENTO	2º LANÇAMENTO	3º LANÇAMENTO
Você			
Seu colega			

b) Abaixo está representada a árvore das possibilidades para a sequência de resultados possíveis no lançamento de 3 moedas.

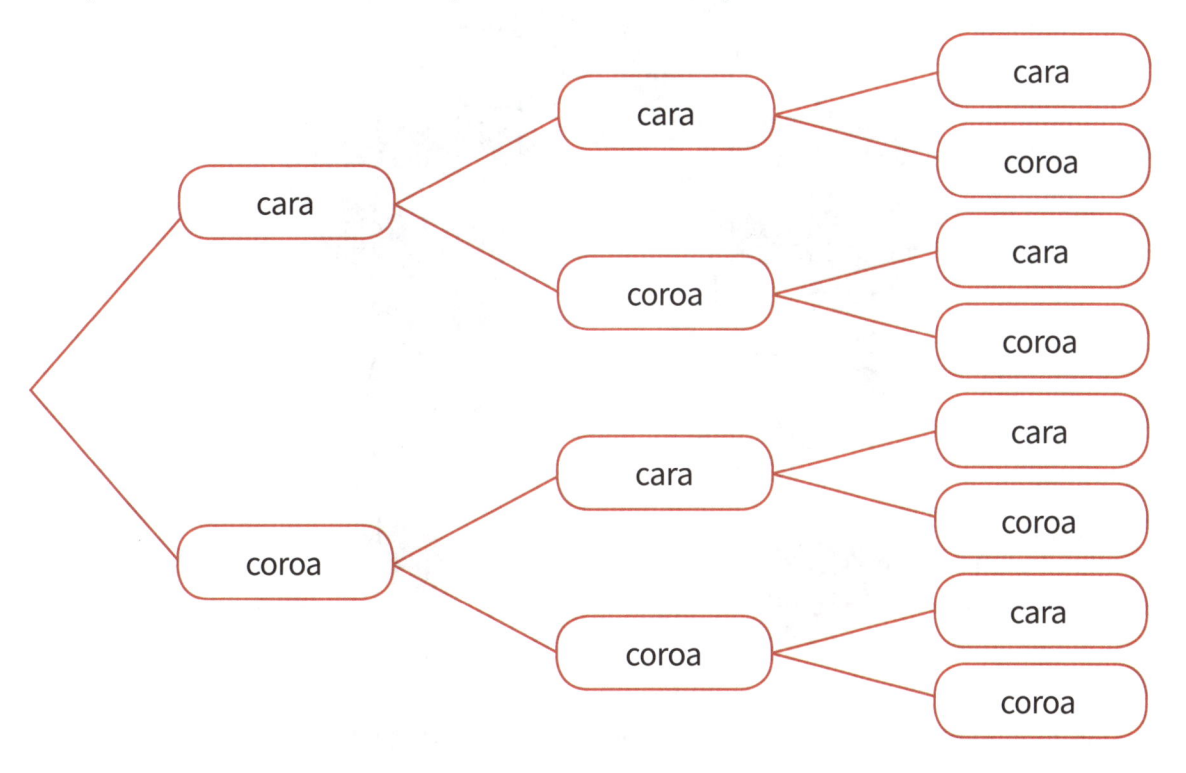

- Qual é o número de resultados possíveis no 1º lançamento? _____

- E no 2º lançamento? E no 3º lançamento? _____
- Quantos resultados (diferentes) podem ser obtidos nos

    3 lançamentos? _____
- Como você calculou? Explique oralmente.

Duzentos e quarenta e três **243**

A mesma chance!

Noções de probabilidades

Havia uma roleta na sala de aula com os números de 1 a 12. Ela foi feita dividindo-se um círculo de papelão em 12 partes iguais, com cores diferentes. Cada parte colorida recebeu um número. Esse círculo foi preso, com uma tachinha, na parede. Nela também foi colocada uma seta preta, como mostra a imagem. Cada aluno tinha de girar a roleta e observar o número para o qual a seta apontaria. No exemplo, ela aponta para o número 4.

Acho que agora vai dar um número par.

Então eu acho que vai dar um número ímpar.

- Dá para saber quem vai acertar antes de girar a roleta? _____

- Em sua opinião, quem tem mais chance de acertar? _____

Na roleta há 6 números pares e 6 números ímpares. Não sabemos, antes de girar a roleta, se o resultado será par ou ímpar. Entretanto, podemos dizer que eles têm iguais condições de ocorrer, ou seja, as mesmas chances de acontecer.

Assim, sair resultado par é tão **provável** quanto sair resultado ímpar.

1 Olívia e Pietro estão brincando de **maior número**. Cada um tem 10 cartas da mesma cor. As cartas são viradas, sem que se vejam os números, e embaralhadas num montinho. Cada um, em sua vez, pega a carta de cima do montinho e a vira na mesa. Aquele que tiver a carta com o maior número ganha e fica com as duas cartas. Em caso de empate, eles devem virar outra carta para saber quem tem a maior.

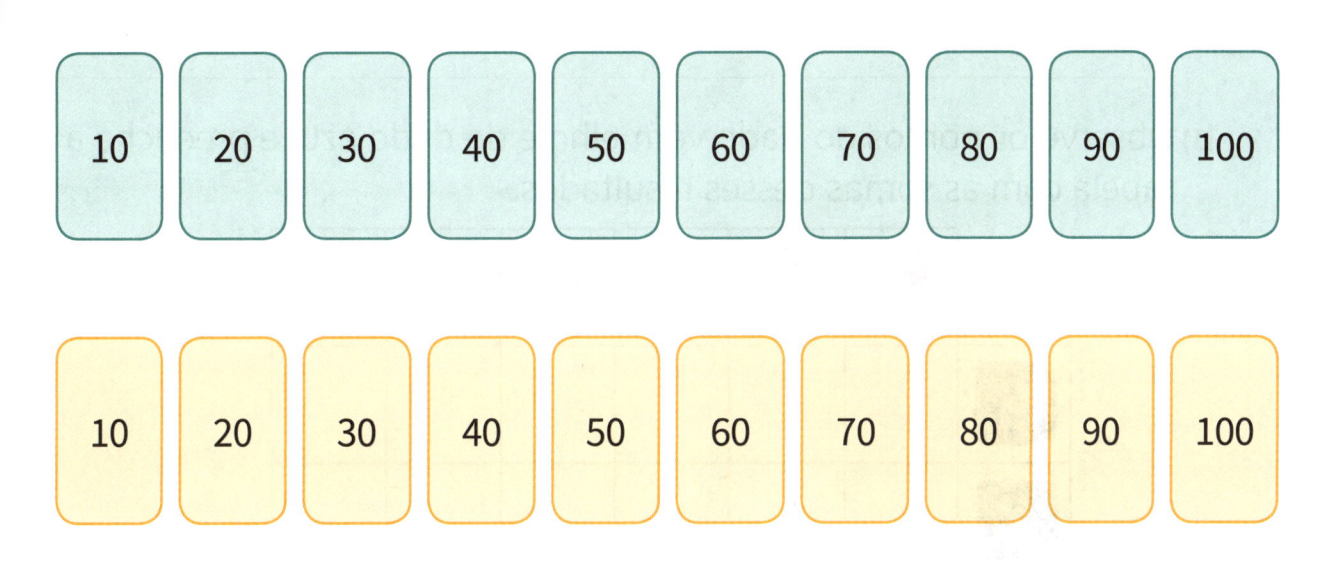

| 10 | 20 | 30 | 40 | 50 | 60 | 70 | 80 | 90 | 100 |

| 10 | 20 | 30 | 40 | 50 | 60 | 70 | 80 | 90 | 100 |

a) A primeira carta que Olívia virou tinha o número 30. Antes que Pietro vire sua carta, responda: É mais provável que Olívia ou que Pietro ganhe a rodada?

_____

b) Vamos considerar que Pietro também tenha tirado a carta de número 30 na primeira rodada. Então, de acordo com a regra do jogo, houve empate e os dois devem virar mais uma carta. Qual deles tem mais chance de vencer?

_____

c) Olívia então virou a carta 80. Antes que Pietro vire sua carta, responda: É mais provável que Olívia ou que Pietro ganhe essa rodada?

_____

2 Nesta brincadeira, cada participante tinha de lançar dois dados: um azul e um vermelho. Depois deveria somar os pontos obtidos.

a) Na soma dos pontos, é mais provável que ocorra o resultado 2 ou 12?

_____

_____

b) Observe os pontos do dado vermelho e do dado azul e preencha a tabela com as somas desses resultados.

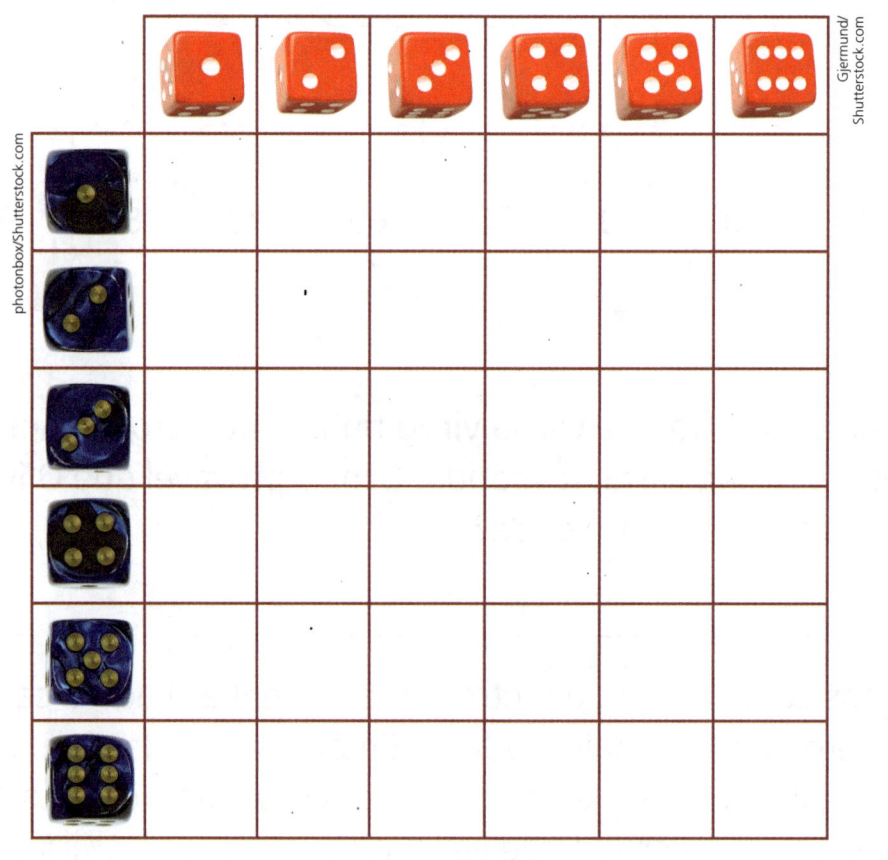

	1	2	3	4	5	6
1						
2						
3						
4						
5						
6						

c) Com base na tabela, responda às questões.

- Qual é o resultado mais provável? _____

- E o menos provável? _____

- É mais provável que ocorra soma 9 ou soma 10? _____

3 Agora imagine que, ao lançar os dados, o dado vermelho caiu em cima da mesa e o resultado foi 6 pontos. Já o dado azul caiu embaixo da mesa e você não sabe ainda qual é o resultado.

a) Há alguma chance de a soma dos dois resultados ser igual a 5?

_____

_____

b) Qual é a menor soma de pontos possível nessa situação?

_____

_____

4 A professora colocou 10 fichas coloridas de mesmo tamanho dentro de um saquinho preto para que ninguém veja as cores: 4 fichas vermelhas e 6 fichas azuis.

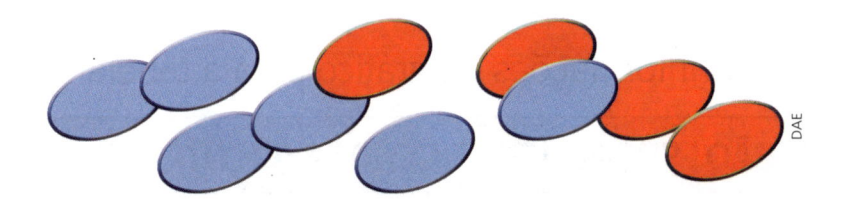

a) Sem olhar dentro do saquinho, você retirará uma ficha dele. De que cor será essa ficha?

_____

_____

b) É mais provável que ocorra que resultado?

_____

_____

Revendo o que aprendi

1 Numa pesquisa, cada aluno tinha de escolher apenas um dos seguintes gêneros de filme:

- animação;
- ficção;
- comédia.
- suspense;
- aventura;

Com base no resultado da pesquisa, alguns filmes seriam selecionados para ser exibidos às turmas do 3º e do 4º ano. O resultado foi apresentado neste gráfico de colunas.

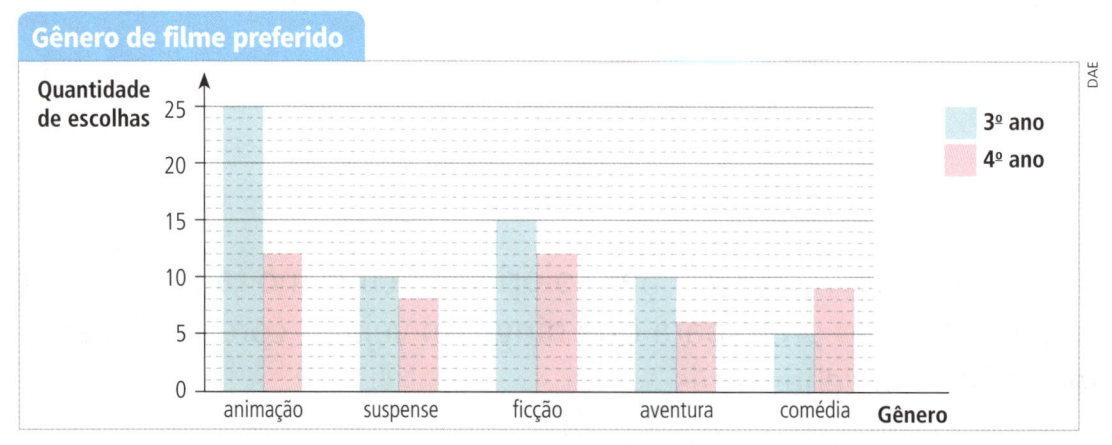

Gênero de filme preferido

(Quantidade de escolhas)
- animação: 3º ano = 25; 4º ano = 12
- suspense: 3º ano = 10; 4º ano = 8
- ficção: 3º ano = 15; 4º ano = 12
- aventura: 3º ano = 10; 4º ano = 6
- comédia: 3º ano = 5; 4º ano = 9

Fonte: Pesquisa realizada entre os alunos.

a) Transcreva as informações do gráfico para a tabela a seguir:

	ANIMAÇÃO	SUSPENSE	FICÇÃO	AVENTURA	COMÉDIA	TOTAIS
3º ANO						
4º ANO						
Total						

b) Analise o gráfico e a tabela antes de responder:

- Participaram dessa pesquisa mais alunos do 3º ou do 4º ano?

_____

- Em qual gênero a diferença entre o que o 3º ano prefere e o que o 4º ano prefere é maior? _____.

2 Vamos fazer uma pesquisa para descobrir o dia da semana em que mais alunos farão aniversário neste ano. Então, comece respondendo:

PESQUISA

Consultando o calendário deste ano, verifique em qual dia da semana foi ou será seu aniversário. Marque-o com **X**.

☐ domingo ☐ quarta-feira ☐ sexta-feira

☐ segunda-feira ☐ quinta-feira ☐ sábado

☐ terça-feira

a) Um aluno por vez informa aos demais em qual dia da semana faz aniversário e todos registram a informação com um traço na coluna **Aniversários**. Depois que todos responderem, escreva o número correspondente a cada dia da semana na coluna **Quantidade**.

DIA DA SEMANA	ANIVERSÁRIOS	QUANTIDADE
domingo		
segunda-feira		
terça-feira		
quarta-feira		
quinta-feira		
sexta-feira		
sábado		

b) Em qual dia da semana haverá mais aniversário na turma?

Duzentos e quarenta e nove

3 Atualmente nosso dinheiro tem 6 cédulas, representadas abaixo.

a) Se você escolher 2 dessas cédulas, qual é a maior quantia em reais que poderá formar?

_____

b) Se você escolher 2 dessas cédulas, qual é a menor quantia em reais que poderá ter?

_____

c) Escolhendo 2 dessas cédulas, quais valores em reais podem ser formados?

4 Wanderlei falou para Zélia que tinha 3 cédulas de real no bolso, todas com o mesmo valor. Escreva no quadro a seguir todas as quantias que Wanderlei pode ter no bolso.

5 Responda:

a) A professora sorteará um aluno (menina ou menino) na sua turma para responder a uma pergunta. É mais provável que ela sorteie uma menina ou um menino?

_____

b) Lançando-se uma mesma moeda duas vezes, quais são os resultados possíveis? Faça uma árvore de possibilidades no quadro abaixo para responder.

Desafio

1 O que você achou do desafio das peças do dominó do início da unidade? Resolveu-o com facilidade? Agora temos um novo desafio.

- Alberto resolveu inventar um dominó em que os pontos das peças poderiam ser apenas 0, 1, 2 e 3. Quantas serão as peças do jogo dele? Desenhe todas elas para responder.

UNIDADE 8
Grandezas e medidas

Você conhece o relógio de areia?

A professora disse que toda a areia leva 3 minutos para trocar de lado no menor relógio e 5 minutos no maior.

- Com esses dois relógios como podemos marcar um tempo de 2 minutos?

Uma medida diferente

A turma estava empolgada com o passeio no bosque! A professora havia dito para os alunos que aquela árvore tinha mais de 100 anos de vida. Era uma árvore enorme, com o tronco bem grosso. Era tão grosso que 3 crianças não conseguiram contorná-lo com os braços abertos.

Foi então que a professora disse que para medir o tronco da árvore poderia utilizar uma corda ou um barbante. Mas não somente o tronco de uma árvore poderia ser medido assim. Uma lata ou mesmo um poste também poderiam ser medidos dessa forma.

- Utilizando barbante ou fita métrica, descubra a medida da circunferência de uma lata de suco.

Então, que medida você obteve?

_____

Vai demorar!

Medidas de tempo: hora, meia hora, um quarto de hora

- Escreva duas palavras da tirinha que se referem à medida do tempo.

  _____

- Pinte os quadros com palavras relacionadas à medida de tempo.

  (dia)   (quilômetro)   (hora)

  (mês)   (fita métrica)   (semana)

  (metro)   (bimestre)   (balança)

  (semestre)   (relógio)   (litro)   (ano)

- Em relação às medidas do tempo, responda:

  Quantos dias tem uma semana? _____

  Quantas horas tem um dia? _____

  Quantos meses tem um ano? _____

  Quantos dias tem um mês? _____

  Quantos dias tem um ano? _____

Você já sabe que o dia é dividido em 24 horas. No relógio essas horas estão indicadas pelos números de 1 a 12, que servem para representar as 12 horas antes do meio-dia e as 12 horas depois do meio-dia.

O relógio analógico tem dois ponteiros: o maior e o menor.

As horas exatas são indicadas quando o ponteiro maior está no 12. Assim, o número indicado pelo ponteiro menor nesse momento representa a hora exata.

◆ Qual hora está indicada no relógio ao lado? _____

Você já notou que no relógio, além das 12 horas, existem outros tracinhos que dividem a circunferência do mostrador? Olhe o relógio abaixo e observe que existem 60 partes que dividem a circunferência completa.

◆ O relógio ainda está indicando exatamente 5 horas? _____

A cada marquinha que o ponteiro maior avança no relógio passa **1 minuto**.

Se você começou a brincar às 9 horas em ponto e brincou 1 hora inteira, os dois ponteiros se deslocaram no relógio. Observe estes dois horários nos relógios e responda:

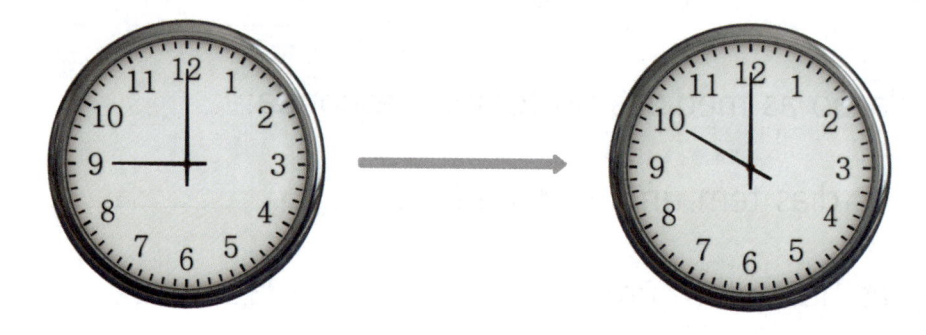

◆ Qual ponteiro deu uma volta na circunferência? _____

◆ Por quantas marquinhas no relógio o ponteiro maior passou? _____

◆ Quantos minutos tem 1 hora inteira? _____

Para representar que são 7 horas e 15 minutos podemos escrever 7 h 15 min. É uma forma abreviada. Assim, representamos:

1 hora por **1 h** e **1 minuto** por **1 min**.

Observe que o ponteiro menor não está exatamente no 7, pois o ponteiro maior deslocou-se 15 tracinhos, a partir da posição da hora exata (ponteiro no 12), para indicar que se passaram 15 minutos das 7 horas.

1 Ligue os relógios analógicos aos relógios digitais conforme os horários indicados.

8:30   8:10   8:50   8:20

2 De acordo com o período em que você estuda, represente nos relógios abaixo os horários que estão indicados e escreva-os nas linhas.

O horário em que inicia o intervalo: _____.

O horário em que termina o intervalo: _____.

3 Observe os horários de uma atividade de Educação Física dividida em 4 partes e complete os quadros.

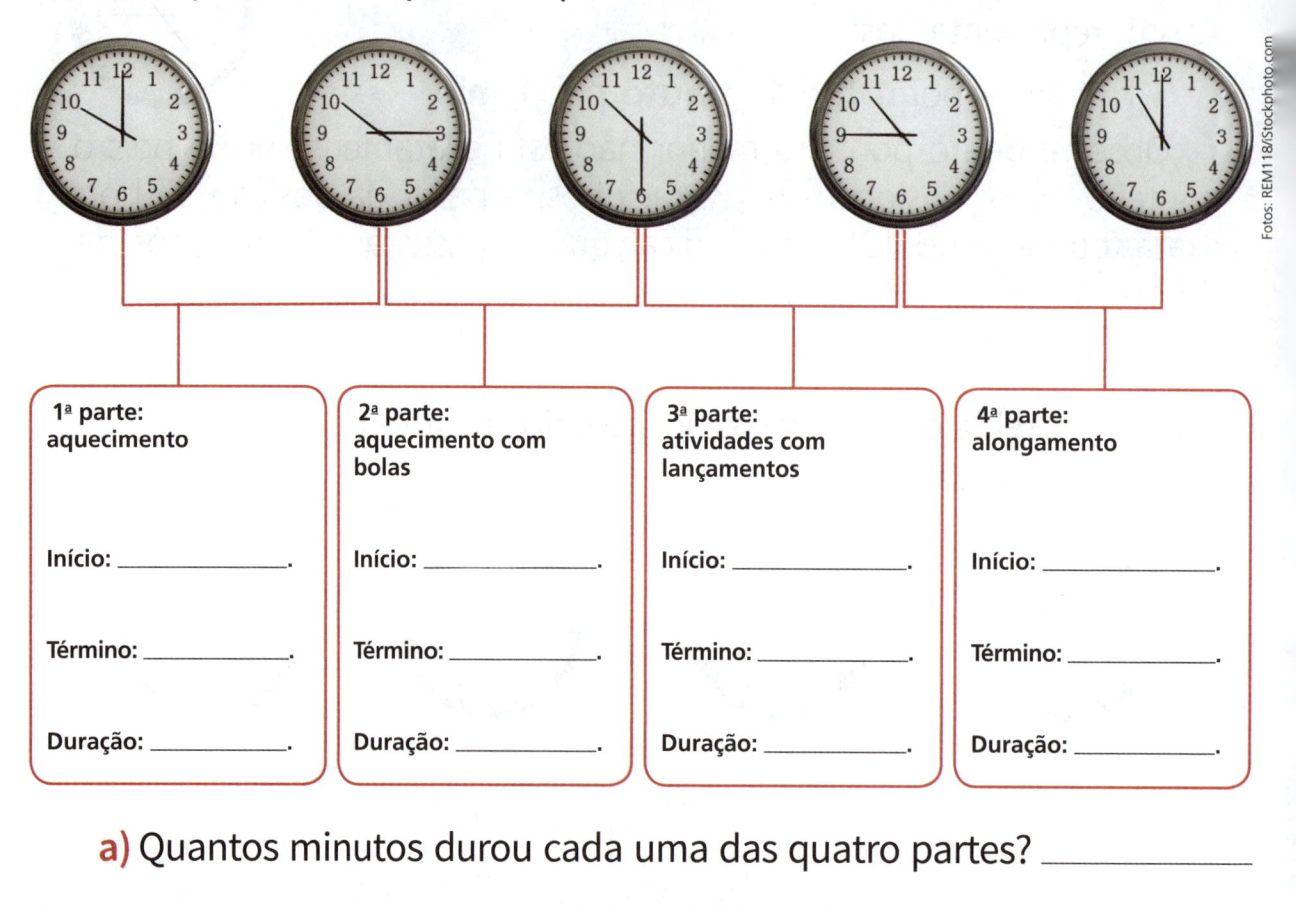

1ª parte: aquecimento	2ª parte: aquecimento com bolas	3ª parte: atividades com lançamentos	4ª parte: alongamento
Início: _____.	Início: _____.	Início: _____.	Início: _____.
Término: _____.	Término: _____.	Término: _____.	Término: _____.
Duração: _____.	Duração: _____.	Duração: _____.	Duração: _____.

a) Quantos minutos durou cada uma das quatro partes? _____

b) Quantos minutos durou a atividade toda? _____

c) A que horas terminou a atividade? _____

> Também temos o segundo como unidade de medida de tempo.
> 1 minuto corresponde a 60 segundos. Representamos 1 min = 60 s.

4 Escreva os horários conforme instruções, observando o horário que está indicado no relógio digital no centro.

2 minutos e 9 segundos antes ← 10:58:50 → 1 minuto e 9 segundos depois

____ : ____ : ____   ____ : ____ : ____

5 Desenhe os ponteiros dos relógios de acordo com o tempo indicado. Depois complete:

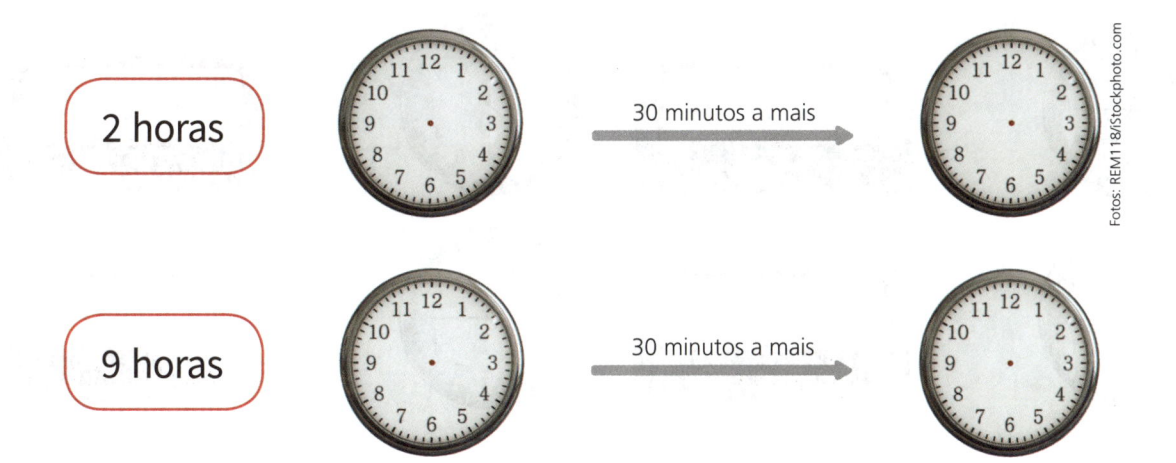

2 horas → 30 minutos a mais →

9 horas → 30 minutos a mais →

a) Em 60 minutos o ponteiro maior dá _____ volta completa no relógio. Já em _____ minutos o ponteiro maior dá meia-volta.

b) Se uma hora corresponde a 60 minutos, então meia hora corresponde a _____.

6 Você já observou que, além do ponteiro das horas e do ponteiro dos minutos, o relógio tem também outro ponteiro? É o ponteiro dos **segundos**.

Observe um relógio analógico e responda:

a) Qual dos três ponteiros desloca-se mais lentamente? _____.

b) Qual dos três ponteiros desloca-se mais rapidamente? _____.

7 Observe o relógio digital ao lado. Veja o horário que ele está indicando e complete:

- O relógio está indicando _____ horas, _____ minutos e _____ segundos.

8 Os horários abaixo são todos depois do meio-dia. Conforme indicam os ponteiros dos relógios, escreva o horário no relógio digital.

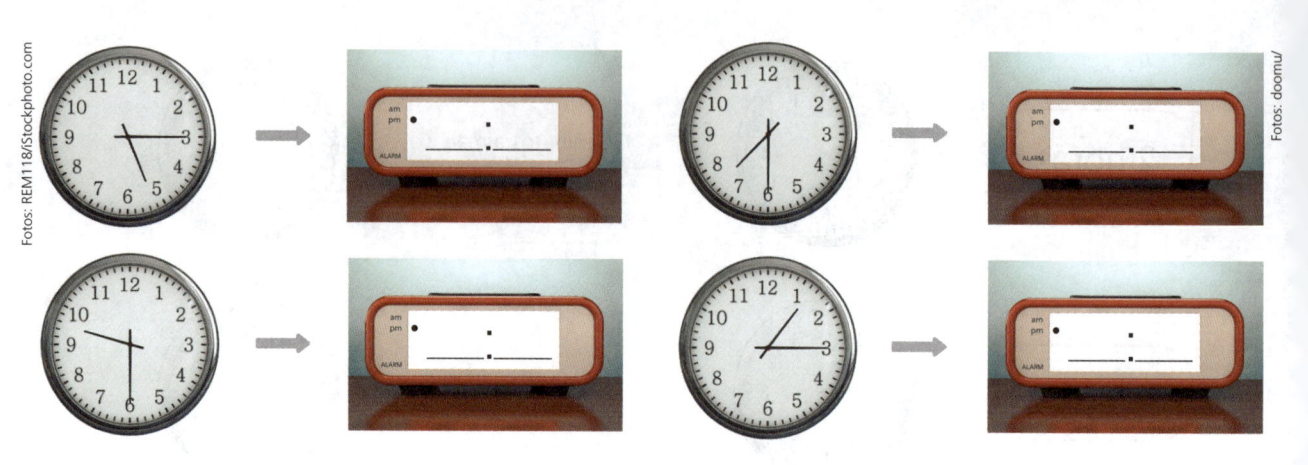

9 Na passagem de avião estavam o horário de partida: 19 h 15 min, e o horário de chegada: 22 h 30 min, ambos no mesmo dia.

a) A viagem seria feita de manhã, à tarde ou à noite? _____

b) Qual foi o tempo total de viagem? _____

10 Complete as frases.

a) 2 minutos correspondem a _____ segundos

b) Em 120 segundos o ponteiro dos segundos dá _____ volta(s) completa(s) no relógio.

11 Responda assinalando o que é mais adequado.

a) Em um jogo de futebol, depois de cobrar um pênalti, em quanto tempo aproximadamente a bola chegará ao gol?

☐ 1 minuto   ☐ 1 hora   ☐ 1 segundo

b) Você tem que escrever a palavra PARALELEPÍPEDO numa folha de papel. Quanto tempo aproximadamente você levaria?

☐ 15 minutos   ☐ 15 segundos   ☐ 15 horas

As placas de trânsito

Medidas de comprimento: metro, centímetro e milímetro

Hoje houve uma aula especial de Educação no Trânsito. Quem deu essa aula foi o policial que trabalha na comunidade. Ele falou que muitos acidentes podem ser evitados se as pessoas entenderem e respeitarem as placas. Em seguida, ele apresentou várias placas dizendo o significado de cada uma delas.

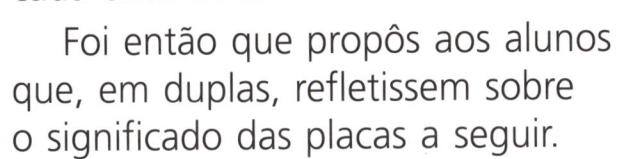

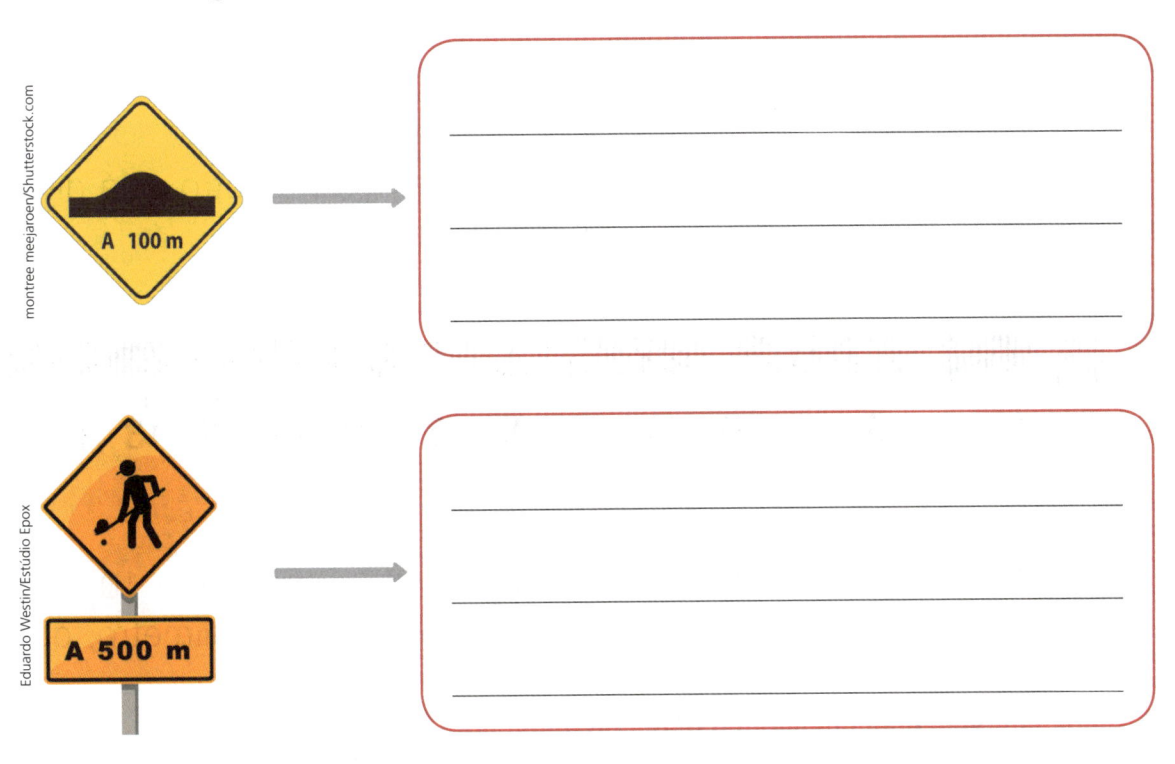

Foi então que propôs aos alunos que, em duplas, refletissem sobre o significado das placas a seguir. Então, você saberia dizer o que elas significam?

◆ Escreva o significado ao lado de cada placa.

◆ Quanto mede um passo seu? E de seu colega? Mais ou menos de 1 metro?

Numa régua podemos observar duas unidades de medida de comprimento. Uma delas é o centímetro:

- **Centímetro**: as divisões indicadas com os números são de centímetro em centímetro, que indicamos por **1 cm**. Utilize uma régua para verificar o comprimento das linhas coloridas abaixo. Escreva essas medidas.

Comprimento: _____ cm.

Comprimento: _____ cm.

Agora observe na própria régua que cada 1 centímetro está dividido por meio de tracinhos menores, os milímetros:

- **Milímetro**: cada centímetro da régua está dividido em 10 partes iguais. Cada uma dessas partes corresponde a 1 milímetro, que representamos por **1 mm**. Então: 10 mm = _____ cm.

- Utilizando uma régua, verifique, em milímetros, qual é o comprimento do lápis representado abaixo:

Comprimento: _____ mm.

1 A professora explicou que, em algumas situações, é melhor utilizarmos o metro como unidade de medida de comprimento. Em outras, o centímetro ou o milímetro são mais adequados. Complete as frases escrevendo a unidade de medida que você acha mais apropriada.

Os elementos não estão representados em proporção.

a) A turma descobriu que a distância de uma trave a outra no campo de futebol era de 110 _____.

b) Pedro verificou que o comprimento da medida maior da capa do livro tinha 27 _____.

c) Júlia utilizou uma régua e descobriu que a espessura do aparelho de celular era de 7 _____.

d) O pai de Paula disse que a casa em que moravam tinha aproximadamente 6 _____ de altura.

2 Cada árvore nativa brasileira alcança uma altura na fase adulta. Observe o gráfico a seguir, que indica a altura a que cinco tipos de árvore podem chegar, e responda às questões.

Árvores nativas brasileiras

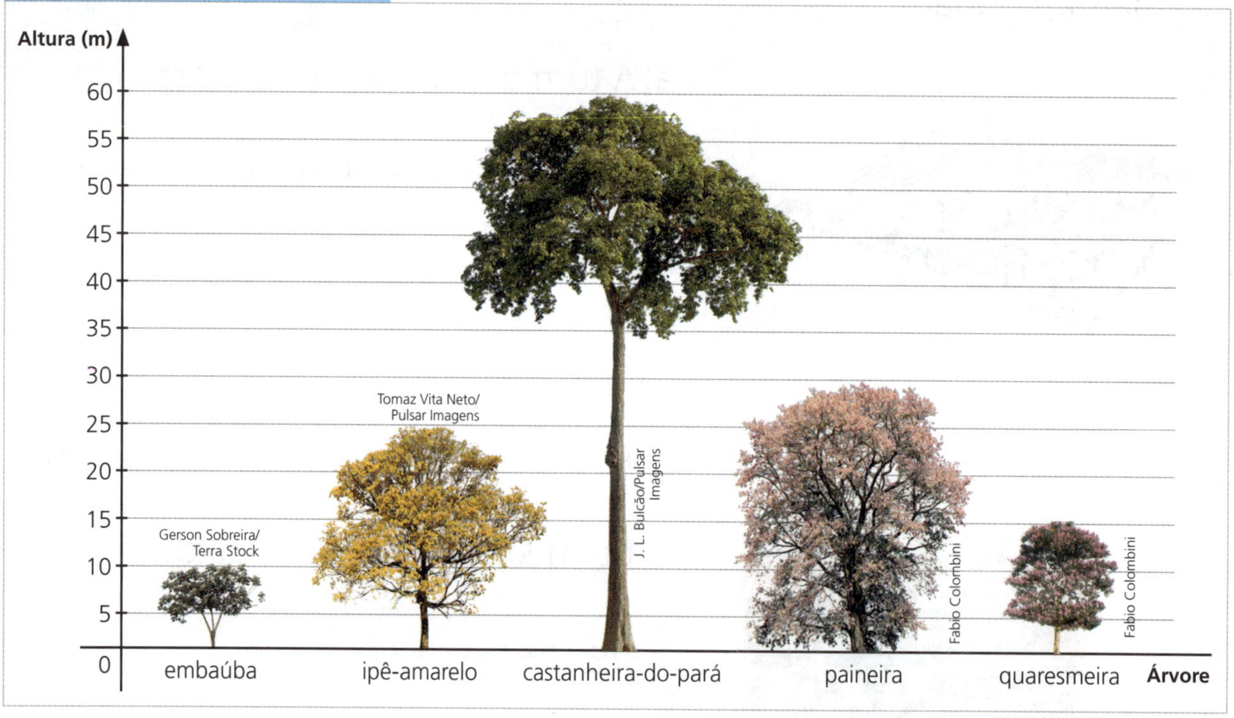

Fonte: Vivaterra – Sociedade de Defesa, Pesquisa e Educação Ambiental. Disponível em: <www.vivaterra.org.br/arvores_nativas.htm>. Acesso em: mar. 2015.

a) Qual é a árvore mais alta? Quantos metros ela tem?

____

b) Quais árvores têm menos de 20 metros?

____

c) Quantos metros tem o ipê-amarelo? _______________

d) Qual árvore tem metade da altura da paineira? Quantos metros ela tem? _______________

e) Qual é a diferença de altura entre o ipê-amarelo e a embaúba?

____

3 Utilize uma régua e verifique, em milímetros, qual é:

Os elementos não estão representados em proporção.

a) a espessura do livro de Matemática fechado:

_____ mm;

b) a espessura da porta da sala de aula: _____ mm;

c) o comprimento da tampa de uma caneta: _____ mm.

4 O **perímetro** é a medida do contorno de uma figura. Marcos desenhou um quadrado e um retângulo na malha quadriculada.

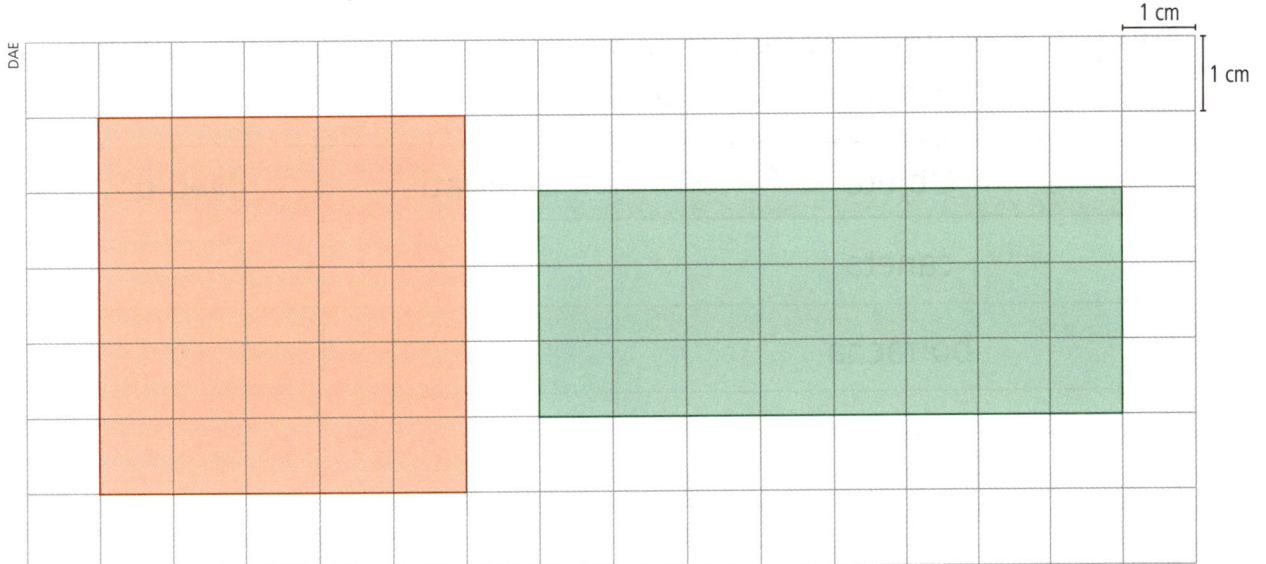

- Qual das figuras geométricas desenhadas tem o maior perímetro?

_____

5 Quantos centímetros de comprimento você acha que tem cada um dos objetos a seguir?

Os elementos não estão representados em proporção.

Anote suas estimativas na tabela abaixo e, com uma régua, obtenha as medidas das imagens de cada objeto.

Objeto	Estimativa	Medida
caneta		
borracha		
clipe		
lápis		
apontador		
tesoura		

6 Leia o texto a seguir, sobre o surgimento do metro.

Efetuando medições, nossos antepassados mais remotos, que viveram muitos séculos antes de nós, erigiram as pirâmides egípcias, os aquedutos romanos, a muralha da China...

Mediram também suas terras, construíram estradas e determinaram as distâncias entre as cidades conquistadas. Sua obra não parou aí: fascinados pelo céu, dedicaram-se à Astronomia e procuraram calcular outras distâncias, como o raio da Terra, a distância da Terra à Lua e a da Terra ao Sol.

Nossos antepassados escolheram padrões de medidas ligados ao próprio corpo, criando o cúbito, o palmo, a jarda, o pé, a polegada etc. Havia então uma grande diversidade de padrões, pois as pessoas têm tamanhos diferentes.

[...]

O **metro** foi criado nesse contexto histórico: representou a primeira tentativa de se implantar um padrão universal de medida, válido para todos os povos da Terra. Vários países participaram dessa iniciativa.

Nílson José Machado. *Medindo comprimentos*. 12. ed. São Paulo: Scipione, 1995. p. 38-39. (Coleção Vivendo a Matemática).

▶ Pirâmides de Gizé, Egito.

▶ Grande Muralha da China.

a) Quais unidades de medida ligadas ao corpo foram citadas no texto?

b) Qual é a confusão ao utilizarmos partes do corpo como unidade de medida?

Como eu vejo

A prática de esportes

Marcos de Mello

Você pratica esporte? Que esporte já praticou?
Que atividade física você mais gosta de praticar na escola?
E no fim de semana, qual é seu passatempo favorito?

A natação é uma atividade que trabalha o sistema respiratório e aperfeiçoa a coordenação motora. Pode ser praticada por pessoas de qualquer idade.

Os animais, além de fortes aliados no desenvolvimento físico das crianças, as ajudam a ser responsáveis e relacionar-se com os outros.

O ciclismo melhora o sistema respiratório e circulatório, fortalece os ossos, estimula e melhora a coordenação e o equilíbrio.

Brincar de roda é uma excelente atividade para as crianças, pois, além de beneficiar o corpo, desenvolve a criatividade e as relações sociais.

A caminhada é uma das atividades mais completas e favorece a saúde do corpo todo. Pode ser praticada por pessoas de qualquer idade.

O balé favorece a criatividade, aumenta a concentração e melhora a coordenação motora. É recomendado para crianças a partir de 3 anos.

O futebol é o esporte mais popular do Brasil, por isso é muito comum encontrar locais para sua prática, o que é ótimo, pois é uma excelente atividade física para o corpo.

Alguns preferem ficar colados na frente da televisão a exercitar-se, porém a prática de atividades físicas ajuda a manter o corpo saudável, diminuindo o risco de doenças.

ENTÃO VAMOS NOS MEXER!

1. É claro que podemos assistir a programas interessantes e ver filmes bem legais. Entretanto, não podemos deixar de lado as atividades físicas, pois são importantes para nosso desenvolvimento. Você concorda?

2. Quais outros hábitos saudáveis devemos ter? Converse com os colegas!

Duzentos e sessenta e nove 269

Como eu transformo
Esporte é um direito de todos!

Educação Física | Geografia | História | Língua Portuguesa

O que vamos fazer?

Um debate sobre a importância dos Jogos Paralímpicos.

Para que fazer?

Para conhecer a história das paraolimpíadas e pensar em possibilidades de adaptações e ações que tornem a prática de esportes mais inclusiva na escola.

Com quem fazer?

Com o professor, os colegas e convidados.

Como fazer?

1. Reúna-se com dois colegas e, juntos, busquem informações sobre a história dos Jogos Paralímpicos.

2. Anotem a quantidade de participantes brasileiros (homens e mulheres) em cada paraolimpíada já realizada. Qual é sua conclusão ao observar esses números?

3. Com a ajuda do professor, organizem as informações obtidas para compartilhar com o resto da turma.

4. Ainda em seu grupo, preparem um texto informativo com as informações coletadas, escrevam sobre as reflexões que fizeram e incluam as sugestões de ações que foram citadas para tornar a prática esportiva mais inclusiva na escola.

5. Apresentem seu texto à turma, escutem com atenção o texto dos colegas e deem sua opinião sobre as ações de inclusão que eles criaram.

> Você tem colaborado para que a prática de esportes seja inclusiva em sua escola? De que maneira?

Cobrindo parte do piso

Noções de contornos e de áreas

Hoje a aula de Matemática foi no pátio. A professora desenhou um retângulo e a turma tinha de descobrir quantas folhas brancas, colocadas uma ao lado da outra, sem sobreposições, seriam necessárias para cobrir o retângulo todo. Veja o que os alunos já fizeram:

- Quantas folhas eles colocaram no lado maior do retângulo? _____

- E no lado menor? _____

- Já é possível saber quantas folhas eles utilizarão ao todo para cobrir o retângulo?

_____

_____

_____

1 Recorte os quadradinhos de cor azul da página 347, na seção **Encartes**, e, com eles, cubra totalmente o retângulo representado a seguir. Mas, cuidado, você deverá encostar um quadradinho no outro sem sobrepô-los.

Agora faça o que se pede a seguir.

a) Escreva o número total de quadradinhos que você utilizou para cobrir o retângulo. _____

b) Quantos quadradinhos você utilizou no lado menor do retângulo? _____

c) E quantos utilizou ao longo do lado maior do retângulo? _____

d) Represente, por meio de uma multiplicação, o total de quadradinhos que você utilizou.

_____ × _____ = _____

2 Observe o retângulo representado abaixo e, com uma régua, obtenha as medidas em centímetros dos lados e escreva-as.

_____ cm

_____ cm

◆ Explique como você pode calcular o perímetro desse retângulo sem precisar medir os outros lados. Escreva sua resposta no quadro a seguir.

3 Para cobrir o quadrado, Maurício utilizou folhas amarelas de mesmo tamanho e da mesma forma. Pinte os triângulos para cobrir o quadrado.

◆ Quantos triângulos foram coloridos para cobrir totalmente o quadrado? _____

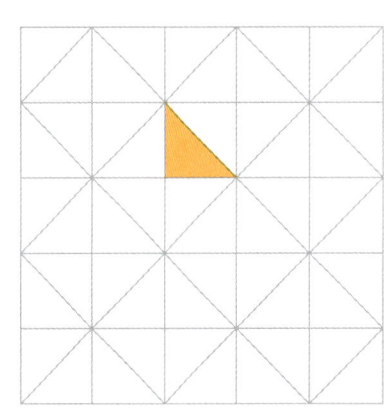

4 Com base nos retângulos desenhados na malha, preencha o quadro.

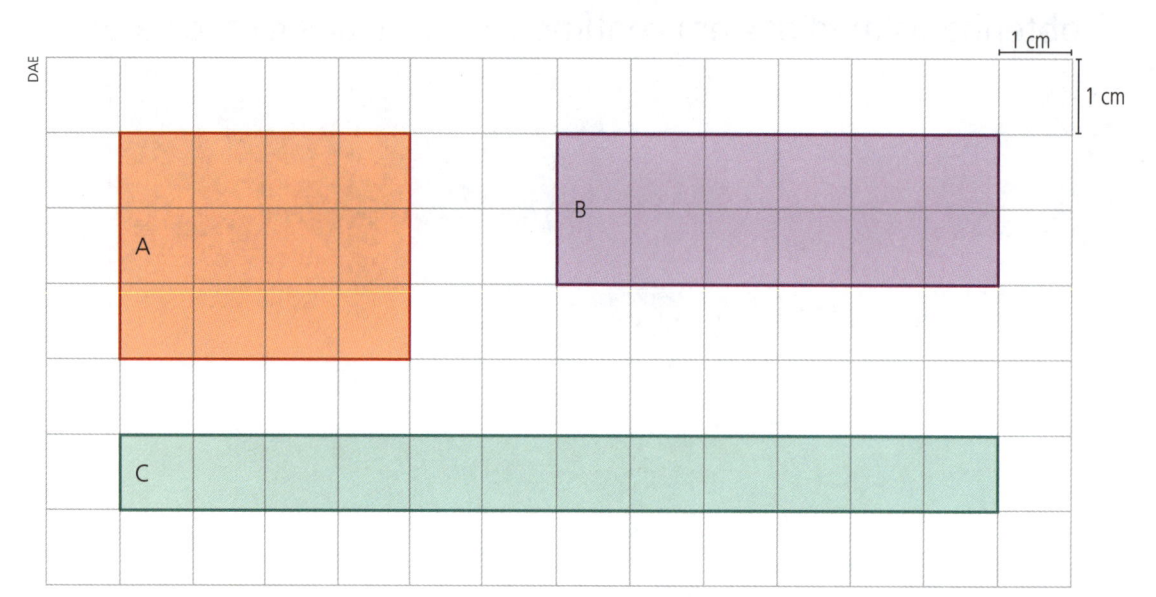

Retângulo	Quantidade de quadradinhos coloridos	Perímetro em centímetros
A		
B		
C		

5 Agora é sua vez! Desenhe um retângulo na malha quadriculada a seguir, de forma que cubra exatamente 16 quadradinhos.

◆ Qual é o perímetro do retângulo que você desenhou? _____

6 Pedro resolveu recortar pedaços de papel em forma de círculos para cobrir o retângulo desenhado. Observe o que ele já fez!

a) Se ele continuar com esse padrão de preenchimento, quantos círculos utilizará? _____

b) Ele conseguirá cobrir todo o retângulo sem sobrepor os círculos?
_____

7 Observe os retângulos desenhados na malha a seguir.

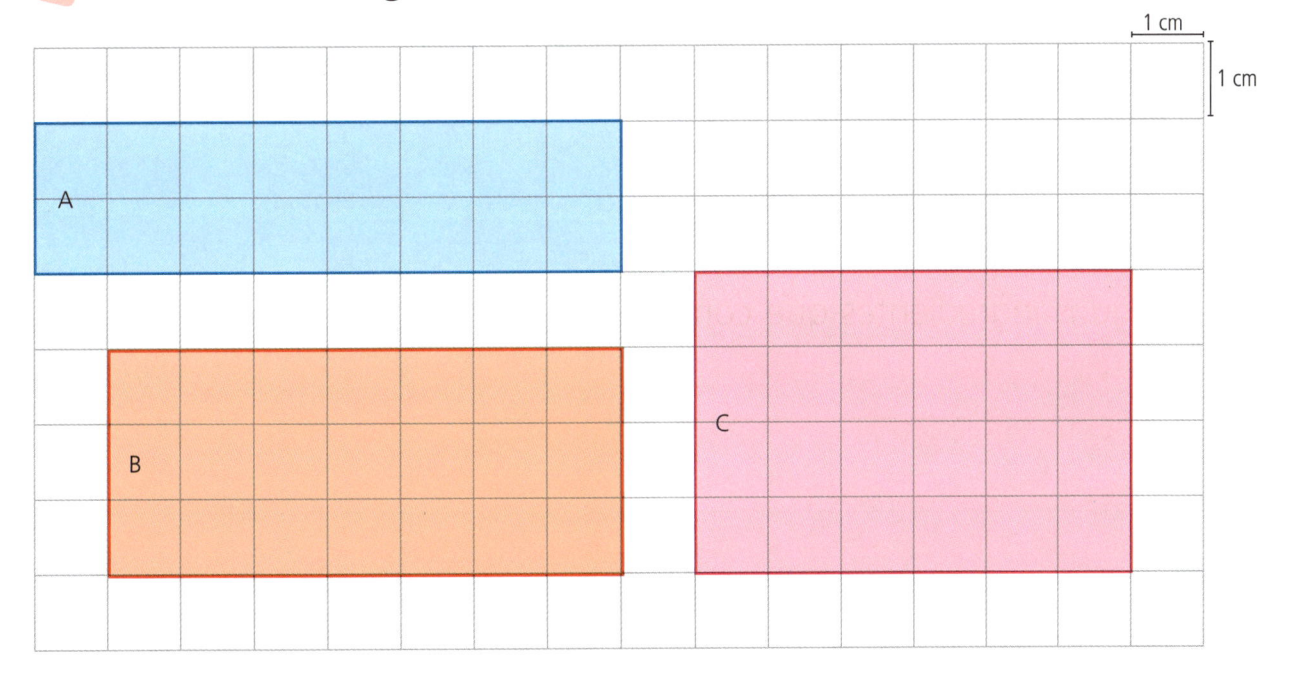

a) Qual deles tem o maior perímetro?
_____

b) Qual deles cobriu a maior quantidade de quadradinhos da malha?
_____

De olho nas embalagens!
Medidas de capacidade e de massa

Nas embalagens de produtos há muitas informações importantes, que auxiliam as pessoas a conhecer melhor o que irão consumir. Veja algumas dessas informações:

- nome do produto
- ingredientes do produto
- quantidade, em **gramas** ou **litros**
- prazo de validade
- identificação da origem do produto

- De acordo com a orientação do professor, observe atentamente a embalagem de produto disponibilizada e complete as informações a seguir.

Nome do produto: _____

Alguns ingredientes que compõem o produto:
_____
_____

Quantidade, em gramas ou litros: _____

Prazo de validade: _____

Origem do produto: _____

Observou a quantidade de informações? Saiba que elas são importantes para que as pessoas possam ingerir produtos com segurança.

- **Massa** dos produtos – para descobrirmos qual é a massa de determinados produtos utilizamos a balança.

Além do **quilograma** (representado por **kg**) e do **grama** (representado por **g**), utilizamos também o **miligrama** (representado por **mg**) para medir a massa dos produtos. Essas unidades estão relacionadas da seguinte maneira:

$$1 \text{ kg} = 1000 \text{ g}$$

$$1 \text{ g} = 1000 \text{ mg}$$

- **Capacidade** – alguns produtos de limpeza são vendidos pela medida de capacidade.

Capacidade: 3 litros

Além do **litro** (representado por **L**), utilizamos o **mililitro** (representado por **mL**) como medida de capacidade. Essas unidades estão relacionadas da seguinte maneira:

$$1 \text{ L} = 1000 \text{ mL}$$

1 Complete cada item com a medida de massa em grama (g). Veja o exemplo.

$$1\ kg = 1000\ g$$

a) 2 kg = _____ g

b) 3 kg = _____ g

c) 4 kg = _____ g

d) 5 kg = _____ g

e) 6 kg = _____ g

f) 7 kg = _____ g

g) 8 kg = _____ g

h) 9 kg = _____ g

2 Descubra a massa de cada bloco na balança de pratos.

a) Bloco amarelo: _____

b) Bloco azul: _____

c) Bloco verde: _____

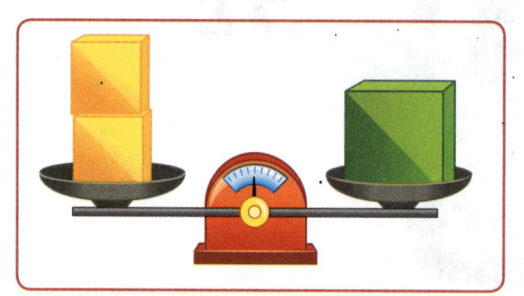

d) Bloco vermelho: _____

3 Marque um **X** na massa estimada de cada objeto.

Os elementos não estão representados em proporção.

a) Uma calculadora de bolso tem massa:
- ◇ ☐ menor do que 1 kg.
- ◇ ☐ maior do que 1 kg.

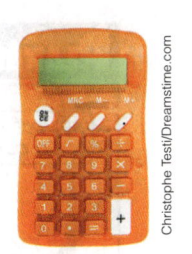

b) Um galão cheio de água tem massa:
- ◇ ☐ menor do que 1 kg.
- ◇ ☐ maior do que 1 kg.

c) Um botijão de gás tem massa:
- ◇ ☐ menor do que 1 kg.
- ◇ ☐ maior do que 1 kg.

d) Uma caixa de lápis de cor tem massa:
- ◇ ☐ menor do que 1 kg.
- ◇ ☐ maior do que 1 kg.

e) Um carrinho de brinquedo tem massa:
- ◇ ☐ menor do que 1 kg.
- ◇ ☐ maior do que 1 kg.

4 Leia a tirinha.

PLANÁRIAS — POR WILLIAN RAPHAEL SILVA E DARIO MARTINS

— SE VOCÊ FOSSE UM VEGETAL, O QUE VOCÊ SERIA?
— HUM, EU SERIA UMA GRAMA MAGRINHA.
— MAGRINHA, COMO ASSIM?
— EU PESARIA MENOS DE UM GRAMA.

a) Explique aos colegas, oralmente, o que é "uma grama magrinha".

b) Segundo a tirinha, qual é a massa de uma grama magrinha? Marque-o com **X**.

☐ 1 kg ☐ 1 g ☐ menos de 1 g

5 Você já observou que as garrafas de água podem ser vendidas com diversas capacidades?

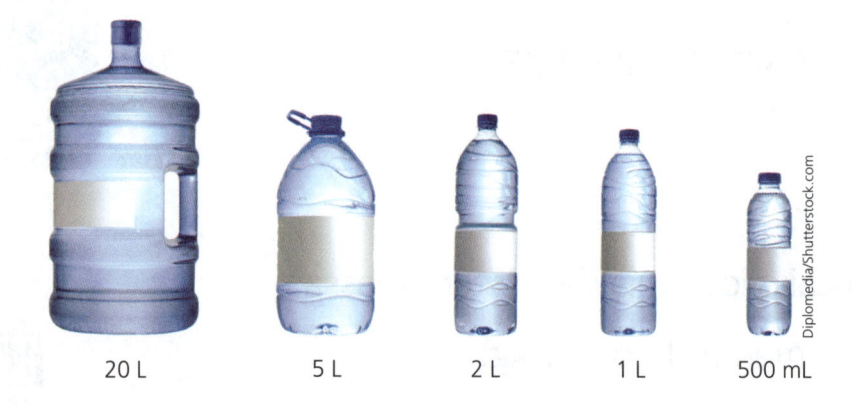

20 L   5 L   2 L   1 L   500 mL

Quantas garrafinhas de 500 mL são necessárias para encher:

a) a garrafa com 1 L? _____

b) a garrafa com 2 L? _____

c) o garrafão com 5 L? _____

d) o garrafão com 20 L? _____

6 Complete com a medida de capacidade em mililitro (mL). Veja o exemplo.

$$1\ L = 1\,000\ mL$$

a) 2 L = _____ mL

b) 3 L = _____ mL

c) 4 L = _____ mL

d) 5 L = _____ mL

e) 6 L = _____ mL

f) 7 L = _____ mL

g) 8 L = _____ mL

h) 9 L = _____ mL

7 O cozinheiro precisava dividir 1 litro de leite em dois recipientes com a mesma capacidade, isto é, meio litro. Escreva a quantidade de leite, em mililitros, que terá cada recipiente.

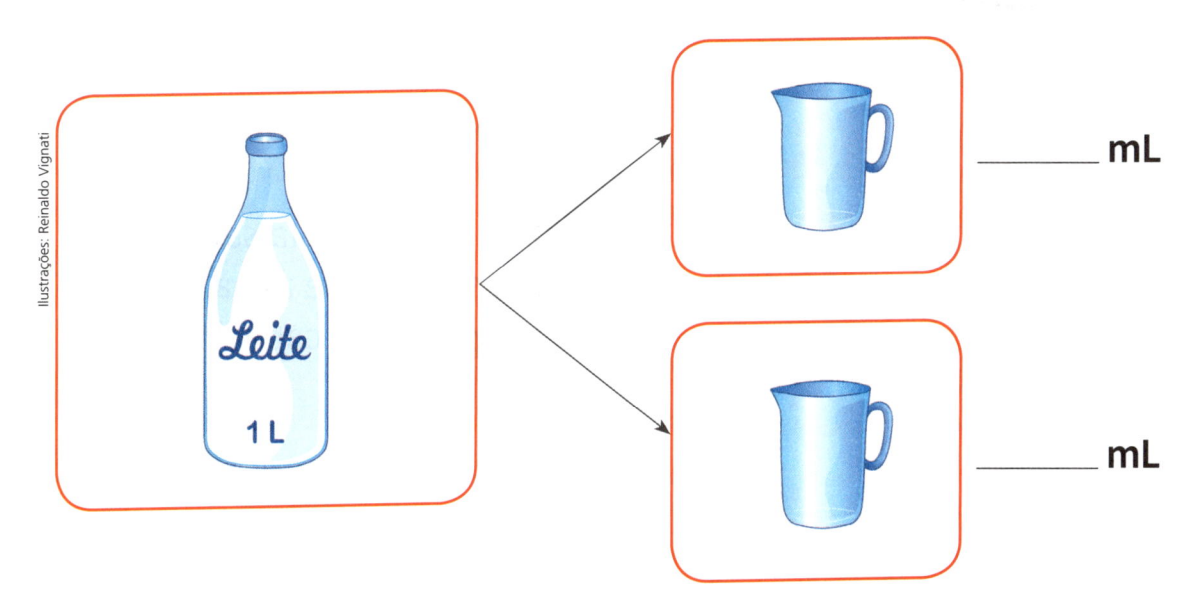

_____ mL

_____ mL

8 Quantas garrafas de meio litro correspondem à capacidade de:

a) 2 garrafas de 1 litro cada? _____

b) 4 garrafas de 1 litro cada? _____

c) 5 garrafas de 1 litro cada? _____

9 Complete as frases escrevendo a unidade de medida que você acha mais adequada a cada situação.

a) Juliana resolveu verificar a massa de uma caneta. Descobriu que era 31 _____.

b) O pai de Laura comprou uma melancia grande. A massa dela era aproximadamente 6 _____.

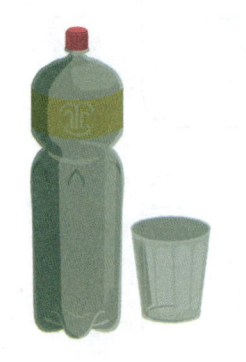

c) Na cantina da escola são vendidos copos de água. Cada copo tem a capacidade de 200 _____.

d) Na casa de Jussara, há uma caixa-d'água. Sua mãe disse que, quando está cheia, a caixa tem aproximadamente 1 500 _____ de capacidade.

10 A professora levou para a sala de aula um recipiente cilíndrico com capacidade de 1 litro. Nele, havia linhas tracejadas para indicar a divisão do litro em 5 partes iguais. Complete a régua ao lado do recipiente com as capacidades que faltam.

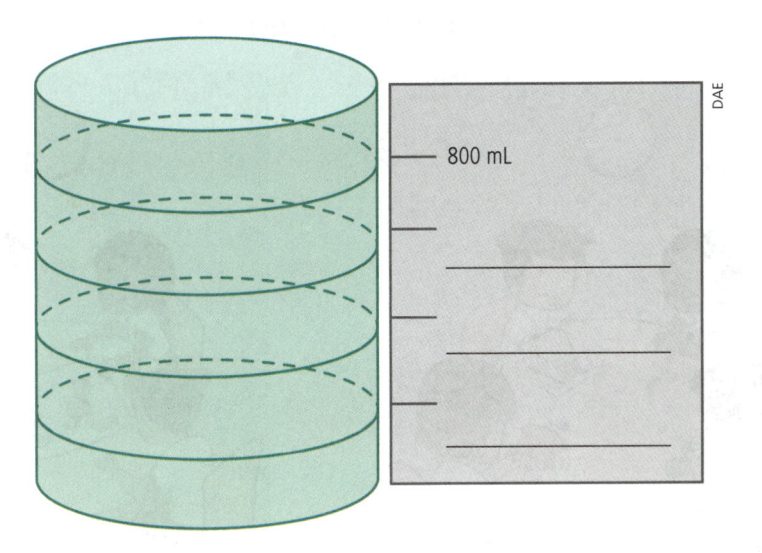

800 mL

11 João precisava comprar 8 litros de água. No supermercado, encontrou garrafas de 2 litros e garrafas de 1 litro pelos preços indicados a seguir.

1 litro: R$ 3,00

2 litros: R$ 5,00

- Explique o que ele deve fazer para pagar o menor valor por 8 litros.

_____
_____
_____

Revendo o que aprendi

1 A turma tinha de fazer uma atividade de colagem numa aula. Observe nas duas cenas o horário em que os alunos começaram e o horário em que terminaram a atividade.

a) Em qual horário os alunos iniciaram a atividade? _____

b) Em qual horário terminaram a atividade? _____

c) Em quanto tempo fizeram a atividade? _____

2 Responda:

a) Márcia utiliza 4 xícaras cheias de farinha de trigo para fazer 1 bolo. Quantas xícaras ela utilizaria para fazer 3 bolos com a mesma receita? _____

b) Com 5 copos de mesmo tamanho, cheios, Pedro conseguiu encher uma garrafa de 600 mililitros. Para encher uma garrafa de 1 litro, seriam necessários mais que 10 desses copos cheios ou menos?

_____

c) Se 1 grama corresponde a 1 000 miligramas, quantos miligramas há em 5 gramas? _____

3 Relacione o relógio analógico (de ponteiros) com o relógio digital que indica a mesma hora.

a)

b)

c)

d)

e)

21:00

07:15

08:35

12:10

16:50

4 Observe os segmentos coloridos desenhados na malha quadriculada.

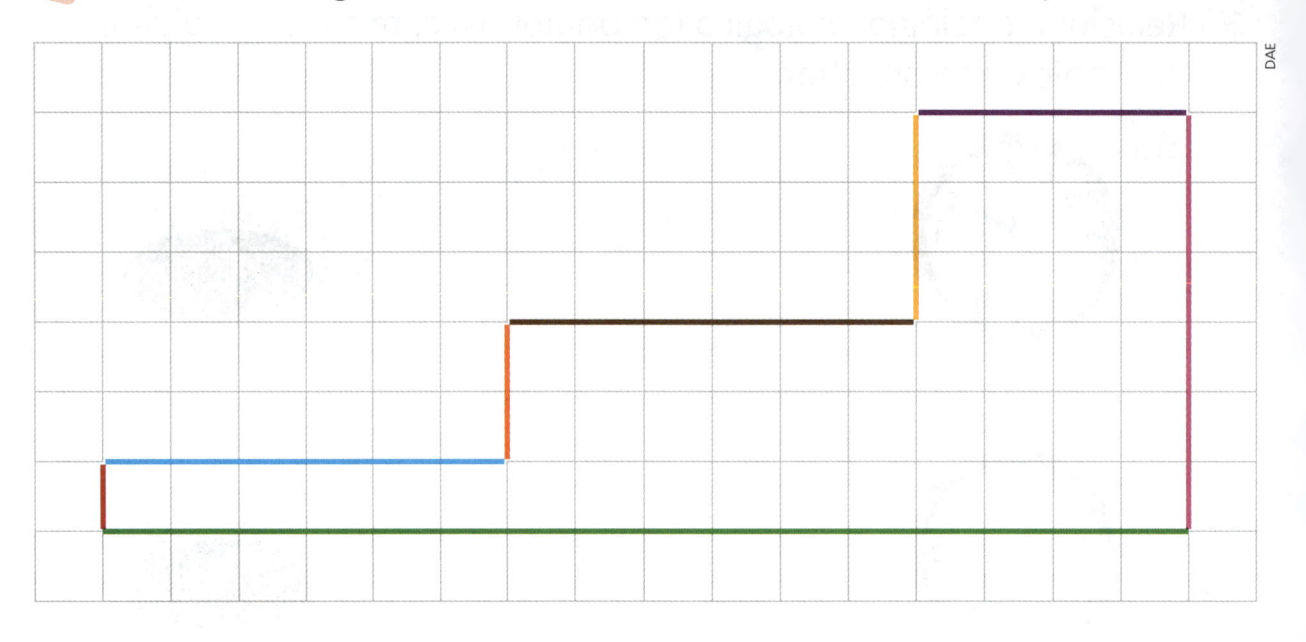

Agora, responda às questões.

a) Qual dos segmentos tem o maior comprimento? E o menor?

_____

b) Como você fez para descobrir as respostas do item **a**?

_____

5 Marque um **X** na medida estimada dos itens indicados.

a) Altura de um prédio de 10 andares.

◦ ☐ mais de 10 cm   ◦ ☐ menos de 10 cm

b) Comprimento de uma caneta.

◦ ☐ mais de 1 cm   ◦ ☐ menos de 1 cm

c) Altura de uma criança de 2 anos de idade.

◦ ☐ mais de 1 m   ◦ ☐ menos de 1 m

d) Distância da sua casa à escola.

◦ ☐ mais de 500 m   ◦ ☐ menos de 500 m

6 Complete os itens com as medidas em metro.

$$1\ km = 1000\ m$$

a) 2 km = _____ m   d) 5 km = _____ m   g) 8 km = _____ m

b) 3 km = _____ m   e) 6 km = _____ m   h) 9 km = _____ m

c) 4 km = _____ m   f) 7 km = _____ m   i) 10 km = _____ m

7 Cada quadrado da malha tem lado com medida igual a 1 cm. Nela está desenhado o contorno de retângulos. Complete a tabela com a medida desses contornos.

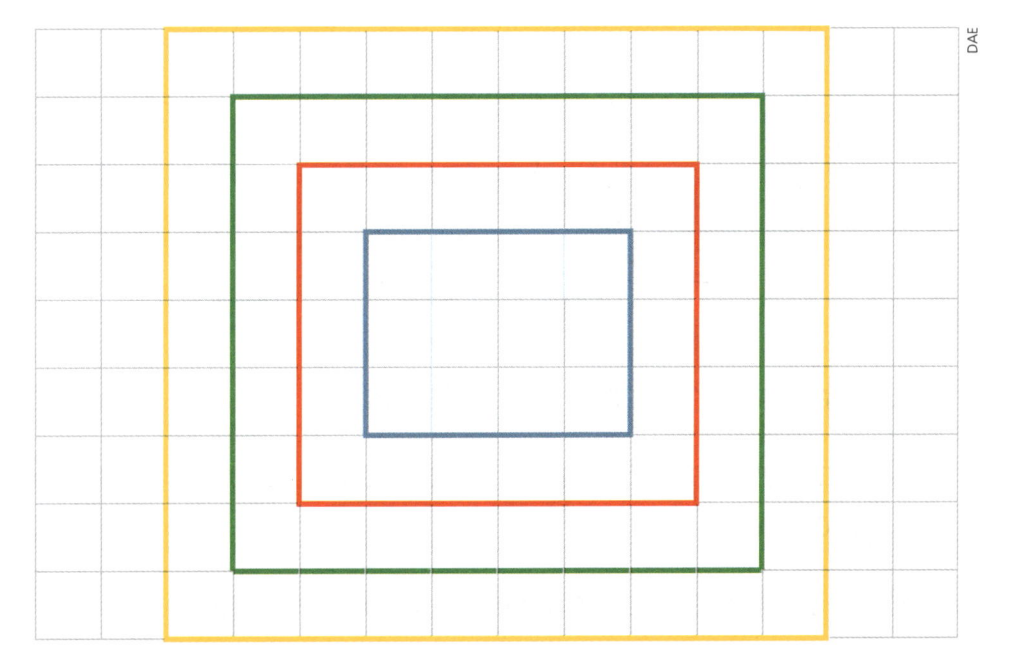

CONTORNO	COMPRIMENTO (MEDIDA HORIZONTAL)	LARGURA (MEDIDA VERTICAL)
azul		
vermelho		
verde		
amarelo		

8 Na casa de Pedro são consumidos 2 litros de leite todos os dias. Com base nisso, complete as frases.

a) Em 5 dias são consumidos _____ litros de leite.

b) Em 10 dias são consumidos _____ litros de leite.

c) Em 20 dias são consumidos _____ litros de leite.

d) Em 30 dias são consumidos _____ litros de leite.

9 A jarra abaixo tem 2 litros de capacidade, e cada copo tem capacidade de 200 mililitros.

Escreva **V** para as afirmações verdadeiras e **F** para as afirmações falsas.

a) ☐ São necessários 5 copos cheios para termos 1 litro de capacidade.

b) ☐ Para encher a jarra bastam 5 copos de água.

c) ☐ Para encher a jarra bastam 10 copos de água.

d) ☐ Uma jarra cheia de suco possibilita encher mais de 10 copos de água.

10 Complete as frases com as medidas em grama.

a) 5 pacotes de meio quilo de açúcar equivalem a _____ gramas

b) 4 pacotes de 1 quilo de feijão equivalem a _____ gramas

c) 6 pacotes de meio quilo de café equivalem a _____ gramas

11 Use uma régua e escreva a medida dos lados dos retângulos correspondentes às fotografias. Depois escreva os perímetros.

_____ cm

_____ cm

_____ cm

_____ cm

Perímetro: _____   Perímetro: _____

12 Desenhe e pinte o quadrado **A** com perímetro igual a 20 cm e o quadrado **B** com perímetro igual a 24 cm.

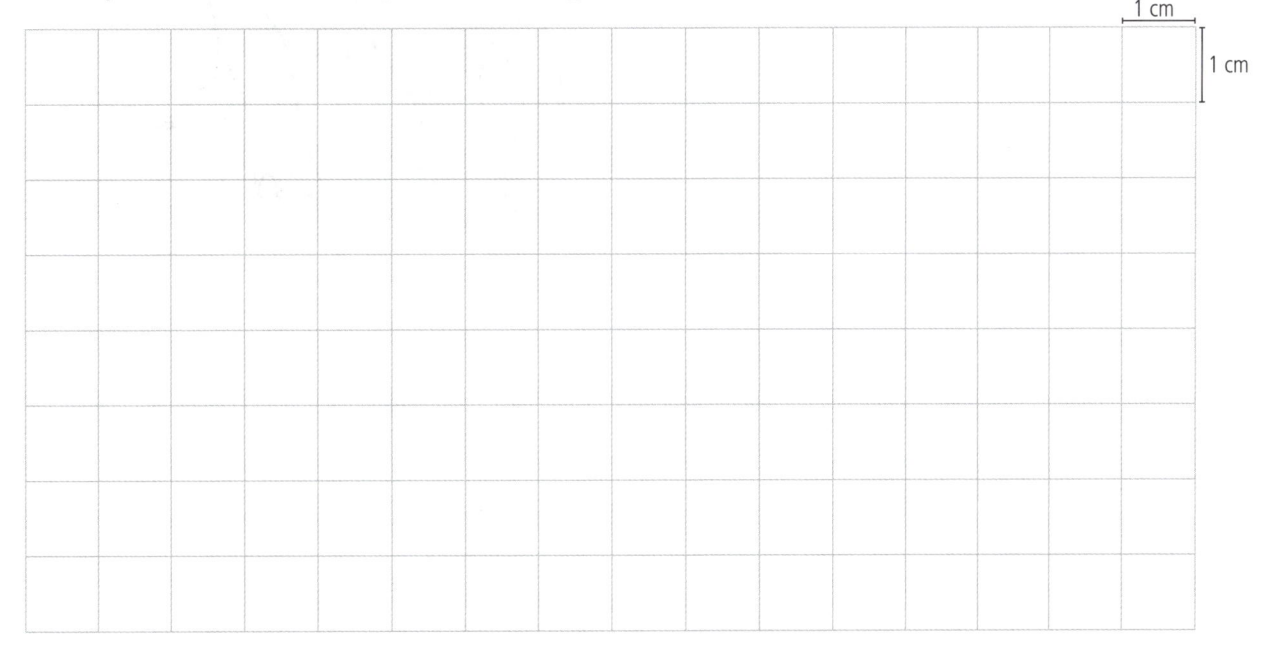

1 cm

1 cm

a) Quantos quadradinhos foram ocupados pelo quadrado **A**? _____

b) E pelo quadrado **B**? _____

Duzentos e oitenta e nove **289**

13 Os animais têm não apenas tamanhos diferentes mas também pesos diferentes. Observe a massa aproximada de alguns deles a seguir e responda:

20 g

5 kg

500 kg

Os elementos não estão representados em proporção.

5 000 kg

a) O que tem mais massa: 20 cachorros pequenos ou 1 vaca? _____

b) 100 passarinhos juntos tem massa maior que 1 kg? _____

c) Quantas vacas de 500 kg correspondem à massa de 1 elefante?
_____

290 Duzentos e noventa

14 Jair precisava comprar 20 kg de arroz para seu restaurante. No supermercado encontrou pacotes de 1 kg por 5 reais e pacotes de 5 kg por 18 reais.

a) Se ele comprasse somente pacotes de 1 kg, quanto gastaria?

_____

b) Se ele comprasse somente pacotes de 5 kg, quanto gastaria?

_____

c) Em sua opinião, o que Jair deve fazer? Justifique.

_____

_____

Desafio

1 No início da unidade você foi desafiado a resolver uma questão sobre o relógio de areia. Descobriu como obter 2 minutos com os dois relógios? Muito bem, agora temos um desafio que envolve balanças de dois pratos.

- Você tem 9 moedas, todas de mesmo tamanho, e uma delas é um pouco mais pesada que as outras. Utilizando uma balança de dois pratos, como a que está ilustrada abaixo, você deve descobrir qual moeda é mais pesada fazendo apenas duas pesagens. Como isso é possível?

+ Atividades

Unidade 1

1 Complete o diagrama com o nome dos números indicados em cada item.

a) sucessor de 29: _____

b) sucessor de 39: _____

c) antecessor de 51: _____

d) sucessor de 18: _____

e) antecessor de 91: _____

f) antecessor de 61: _____

A	N	P	N	T	C	X	O	T	A	W	Q	C	V	N	L	S	E
P	O	B	V	G	H	Q	R	I	K	H	B	I	V	N	O	U	B
Z	V	H	S	E	S	S	E	N	T	A	D	N	R	O	C	F	J
N	E	J	Q	U	F	H	D	H	X	V	H	Q	A	P	M	I	H
X	N	V	T	R	I	N	T	A	D	Z	S	U	G	T	V	O	P
I	T	H	V	C	X	R	I	J	T	K	L	E	B	C	I	Q	K
J	A	G	F	S	T	Z	D	D	E	Z	E	N	O	V	E	T	N
T	N	U	L	F	V	R	E	Q	K	H	F	T	U	J	N	U	B
D	V	G	H	T	Q	U	A	R	E	N	T	A	P	A	T	N	D

2 Ligue os números ordinais a seus respectivos nomes.

a) 54º   vigésimo terceiro

b) 36º   quadragésimo primeiro

c) 23º   nonagésimo oitavo

d) 41º   quinquagésimo quarto

e) 98º   octogésimo sétimo

f) 87º   trigésimo sexto

3 Complete com a composição dos números:

a) 2 000 + 400 + 30 + 5 = _____

b) 4 000 + 900 + 70 + 1 = _____

c) 8 000 + 100 + 20 + 9 = _____

d) 9 000 + 200 + 90 + 2 = _____

4 Escreva os números correspondentes às quantidades a seguir.

a) 7 unidades de milhar: _____

b) 10 centenas e 10 dezenas: _____

c) 9 centenas e 10 dezenas: _____

5 Observe que o cubinho do Material Dourado representa a unidade. Complete os quadrinhos com os números representados abaixo.

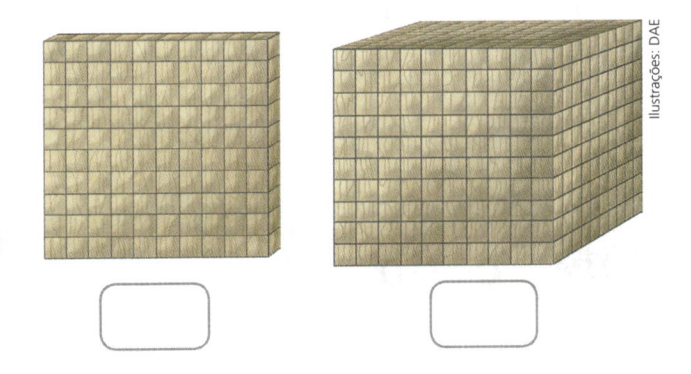

1 ▢ ▢ ▢

6 Responda:

a) Qual é o sucessor de 99? _____

b) Qual é o antecessor de 100? _____

c) Qual é o sucessor de 999? _____

d) Qual é o antecessor de 1 000? _____

7 Descubra o segredo da sequência e complete-a.

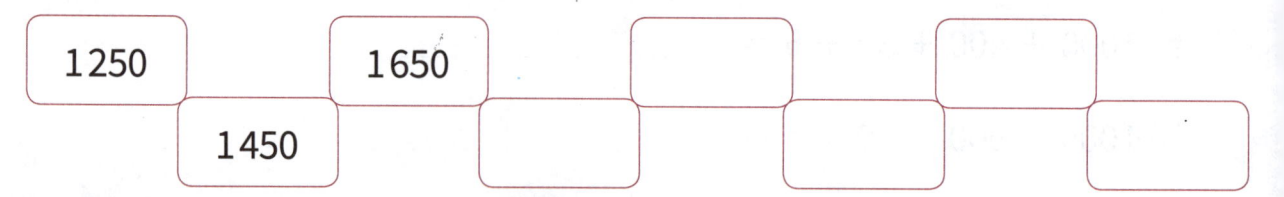

1250   1650
   1450

Agora explique como a sequência foi formada.

_____

_____

_____

8 Desenhe no ábaco as "contas" para representar os números indicados em cada item.

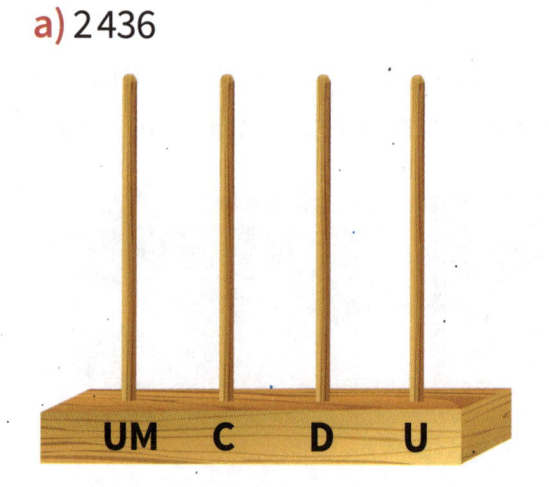

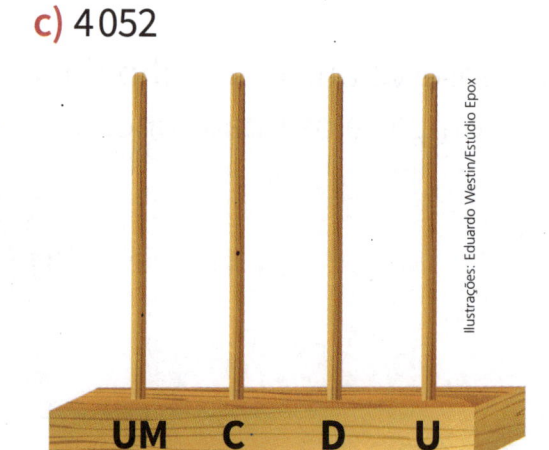

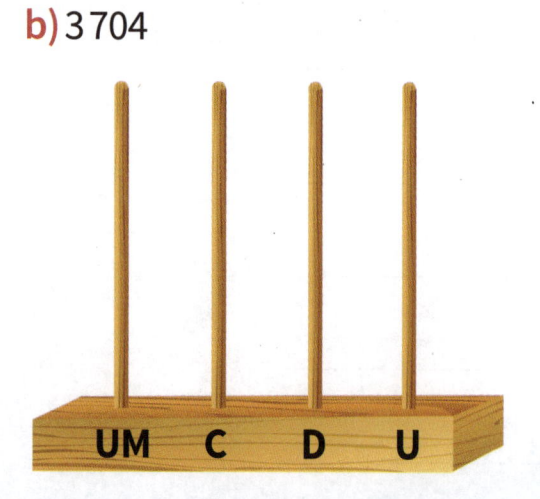

a) 2 436

b) 3 704

c) 4 052

d) 7 248

Unidade 2

1 Ligue os itens das colunas conforme o exemplo.

a) 2 centenas   100 + 500

b) 3 centenas   120 + 80

c) 4 centenas   430 + 70

d) 5 centenas   240 + 60

e) 6 centenas   610 + 90

f) 7 centenas   350 + 50

(item a) está ligado a 120 + 80)

2 Faça as adições em cada quadro valor de lugar.

a)
C	D	U
1	2	5
	3	6
(+)

b)
C	D	U
4	0	9
	4	1
(+)

c)
C	D	U
6	1	5
1	7	5
(+)

d)
C	D	U
2	4	6
	2	4
(+)

e)
C	D	U
7	1	1
	9	9
(+)

f)
C	D	U
8	9	1
	1	9
(+)

g)
C	D	U
3	7	2
	4	8
(+)

h)
C	D	U
4	2	3
1	4	8
(+)

i)
C	D	U
4	7	9
	3	1
(+)

3 Encontre as diferenças e pinte as fichas com resultado maior que 200.

a)
$$\begin{array}{r} 480 \\ -100 \\ \hline \end{array}$$

c)
$$\begin{array}{r} 800 \\ -650 \\ \hline \end{array}$$

e)
$$\begin{array}{r} 500 \\ -350 \\ \hline \end{array}$$

b)
$$\begin{array}{r} 700 \\ -480 \\ \hline \end{array}$$

d)
$$\begin{array}{r} 999 \\ -471 \\ \hline \end{array}$$

f)
$$\begin{array}{r} 850 \\ -250 \\ \hline \end{array}$$

4 Calcule as subtrações por meio da decomposição.

a) 920 − 110

c) 900 − 550

b) 580 − 260

d) 680 − 210

5 Complete as adições e subtrações mentalmente.

a) 2 500 + _____ = 9 000

b) 9 200 − _____ = 5 000

c) 2 100 + _____ = 6 000

d) 5 200 − _____ = 1 200

e) 8 300 + _____ = 9 900

f) 7 900 − _____ = 5 400

6 Efetue as adições e subtrações indicadas nos quadros.

a) 9 576 − 2 450 =

b) 2 446 + 2 781 =

c) 8 333 − 4 025 =

d) 1 999 + 5 991 =

7 Resolva o problema:

No mês de janeiro, Carla pagou uma conta de energia elétrica de R$ 450,00, uma de água de R$ 209,00 e, ainda, uma despesa com alimentos no mercado de R$ 721,00. Se o salário dela era de R$ 4.900,00, qual quantia sobrou?

Unidade 3

1 Escreva o nome das formas geométricas não planas representadas abaixo.

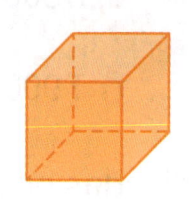

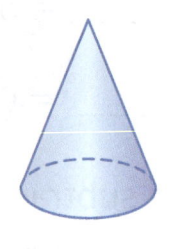

_____ _____ _____ _____

2 Abaixo está indicada a planificação de uma forma geométrica espacial.

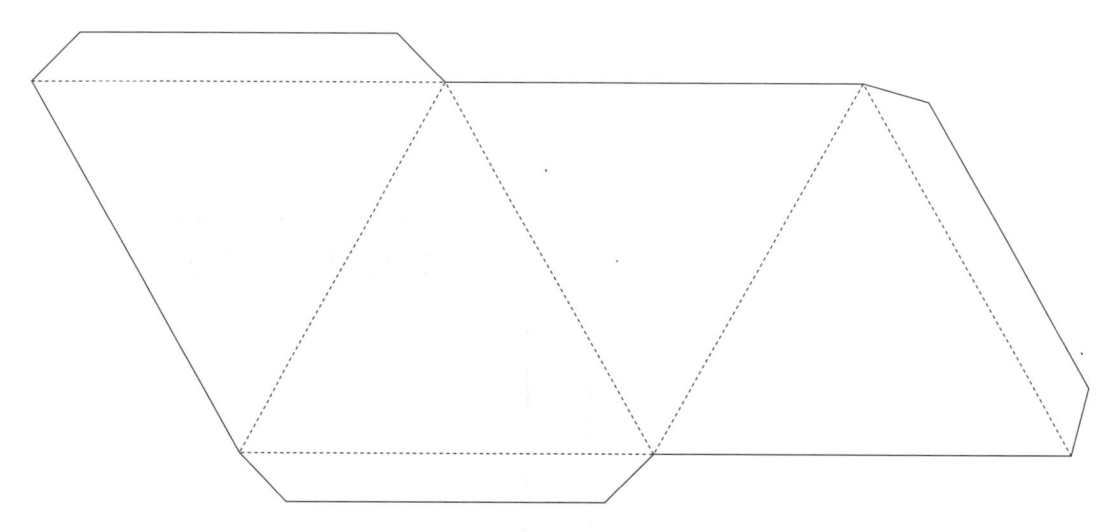

Depois de montada, qual é a forma geométrica espacial?

_____

3 Observe a sequência de pequenos círculos desenhados. Complete-a desenhando a figura 5.

FIGURA 1	FIGURA 2	FIGURA 3	FIGURA 4	FIGURA 5
•	••	•••	••••	

4 Com cartolina, Marcos recortou 4 formas geométricas planas e colocou-as uma em cima da outra, como na figura. Nos quadros em branco, escreva as denominações dessas formas.

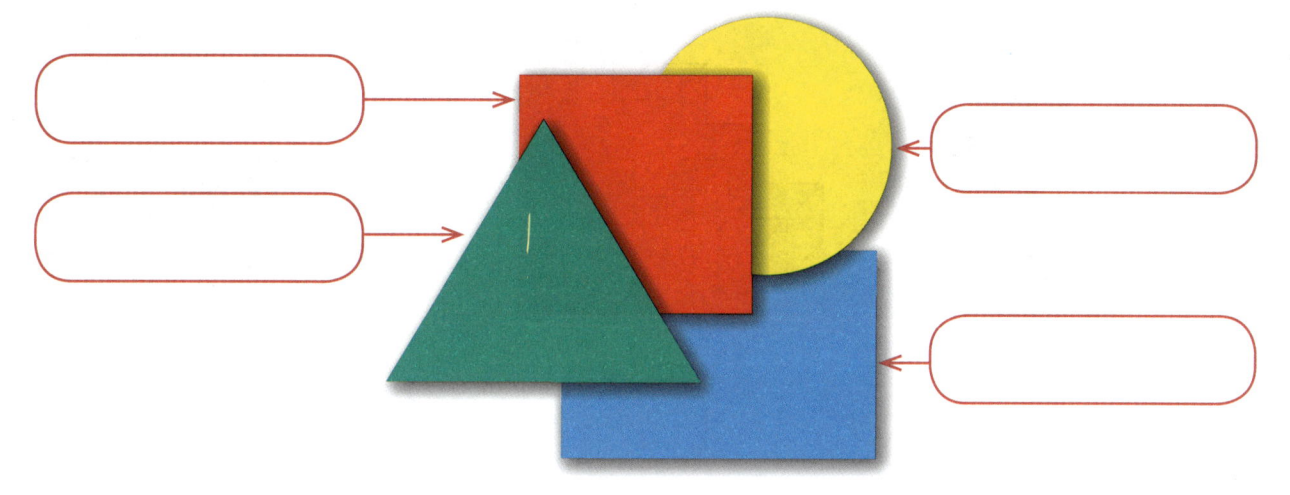

5 Utilize sua criatividade para colorir a figura a seguir.

Depois, responda:

- Quais formas geométricas planas aparecem nessa figura?

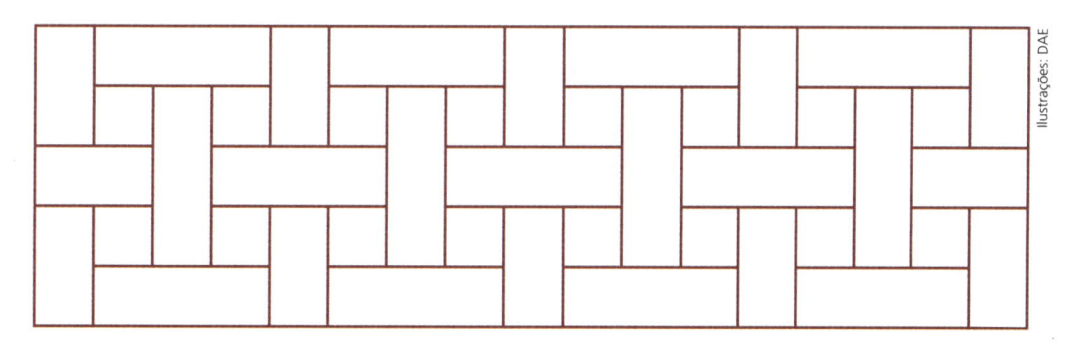

_____

6 Existem objetos cuja forma é parecida com a forma geométrica.

Leia e complete:

Um giz, como o que aparece na imagem ao lado, tem a forma parecida com a de um _____.

7 Observe as pilhas formadas por blocos retangulares de mesmo tamanho. Abaixo de cada uma delas, indique as quantidades de blocos.

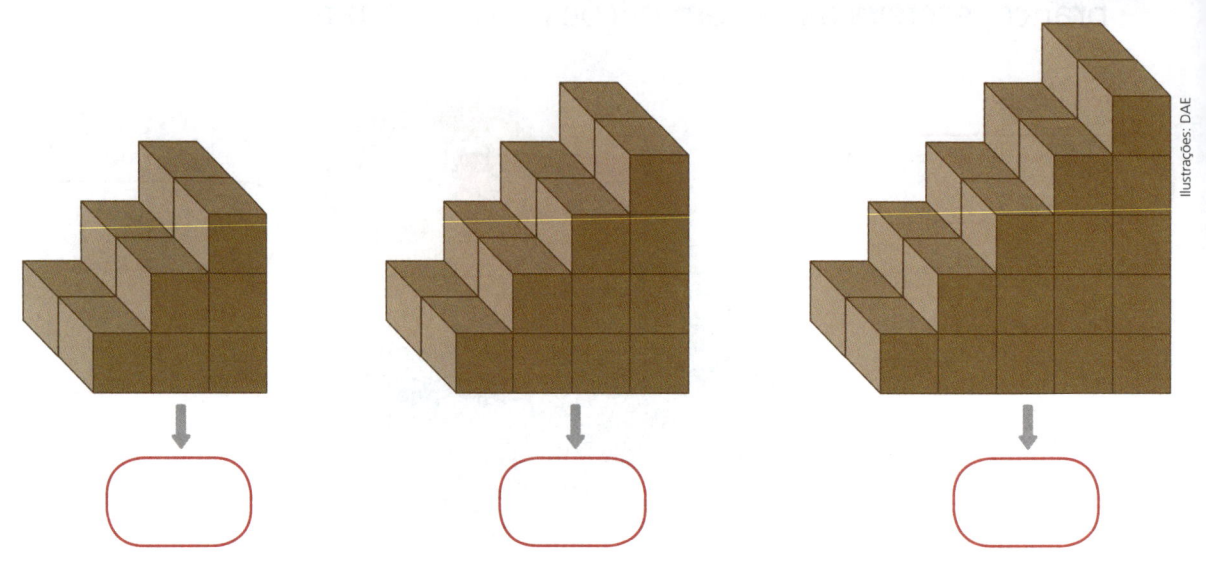

8 Pinte as peças do Tangram com o seguinte critério:
- formas geométricas iguais e de mesmo tamanho com a mesma cor;
- formas geométricas iguais e de tamanhos diferentes com cores diferentes;
- formas diferentes com cores diferentes.

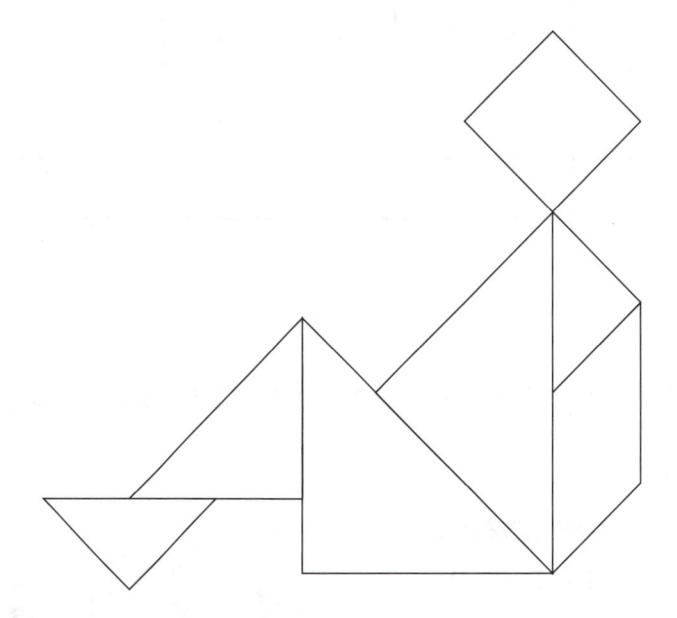

Agora, responda:

Quantas cores você utilizou? _____

Unidade 4

1 Calcule quanto você ganharia se recebesse:

a) 4 cédulas de [5]: _____

b) 8 cédulas de [10]: _____

c) 5 cédulas de [50]: _____

d) 9 cédulas de [20]: _____

2 Calcule o que se pede em cada item.

a) O dobro de 1 dúzia de laranjas. _____

b) O triplo de 20 bolinhas de gude. _____

c) O quádruplo de 4 livros. _____

d) O quíntuplo de 6 flores. _____

3 Calcule as multiplicações.

a) 7 2
  ×   3
  _____

b) 5 7
  ×   2
  _____

c) 8 4
  ×   2
  _____

d) 2 1 5
  ×   3
  _____

e) 2 3 2
  ×   3
  _____

f) 2 2 1
  ×   4
  _____

4 Complete as multiplicações com os respectivos resultados.

a) 3 × 2 = _____

   3 × 20 = _____

   3 × 200 = _____

   3 × 2 000 = _____

b) 7 × 8 = _____

   7 × 80 = _____

   7 × 800 = _____

   7 × 8 000 = _____

c) 4 × 5 = _____

   40 × 50 = _____

   400 × 50 = _____

   4 × 5 000 = _____

d) 6 × 9 = _____

   60 × 90 = _____

   600 × 9 = _____

   6 × 9 000 = _____

5 Calcule mentalmente cada multiplicação abaixo e escreva o resultado no espaço indicado.

a) 2 × 322 = _____

b) 3 × 120 = _____

c) 4 × 110 = _____

d) 6 × 101 = _____

e) 4 × 202 = _____

f) 3 × 200 = _____

g) 5 × 111 = _____

h) 7 × 20 = _____

6 Efetue as multiplicações.

a)

C	D	U
1	2	3
×		6

b)

C	D	U
3	1	8
×		3

c)

C	D	U
2	1	4
×		4

7 Efetue as multiplicações indicadas nos quadros a seguir.

a) 7 × 1 258 = _____

c) 8 × 1 335 = _____

b) 6 × 1 412 = _____

d) 9 × 987 = _____

8 Responda:

a) Tenho 25 cédulas de 100 reais. No total, quantos reais eu tenho?

_____

b) Se 1 km corresponde a 1 000 m, quantos metros têm 12 km?

_____

9 Ao comprar um computador, Pedro resolveu parcelar. Verificou que seriam 8 parcelas iguais de R$ 675,00. No total, quantos reais ele pagará ao final das parcelas?

_____

Unidade 5

1 Observe os caminhos que Luana e seu irmão, Roberto, fizeram para ir da casa deles até a escola.

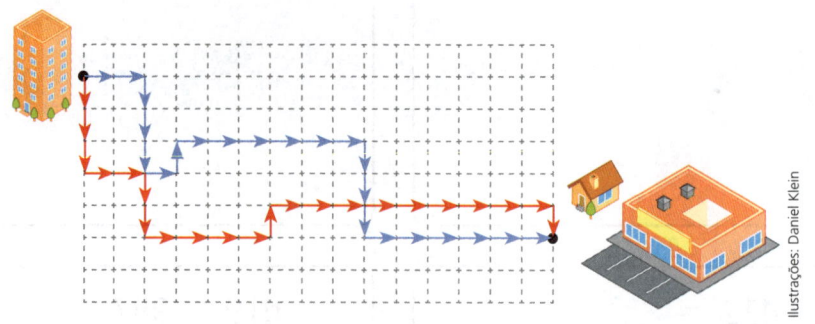

O caminho de Luana pode ser indicado pela sequência de setas a seguir:

↓↓↓ → → ↓↓ → → → → ↑ → → → → → → → → ↓

Escreva agora a sequência de setas que indica o caminho feito por Roberto.

2 Antônio comprará alguns mantimentos para sua casa.

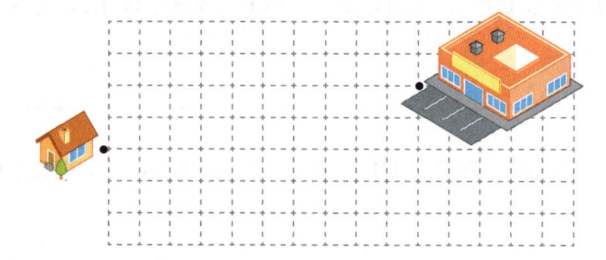

a) Trace o percurso da casa de Antônio até o supermercado de acordo com a seguinte orientação:

→ ↑↑ → → ↑ ← ↓↓↓ → → ↓ → ↓ → ↑ → → ↑↑ → ↑ →

b) Trace um caminho mais curto que Antônio poderia fazer.

c) Compare seu caminho com o de um colega. Quem conseguiu fazer o menor caminho? Quantas setas formam esse caminho?

3 Observe atentamente o desenho que representa uma situação do cotidiano de um escritório:

Descreva o que você identifica nessa cena:

_____

_____

4 Represente no desenho a seguir os eixos de simetria.

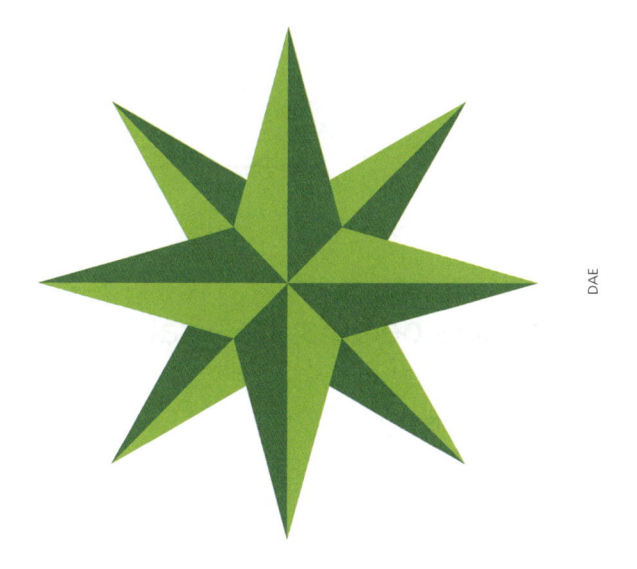

Responda:

• Quantos eixos de simetria você identificou? _____

5 A linha tracejada em vermelho representa o eixo de simetria. Desenhe, na parte da direita, uma figura simétrica à que está na parte da esquerda.

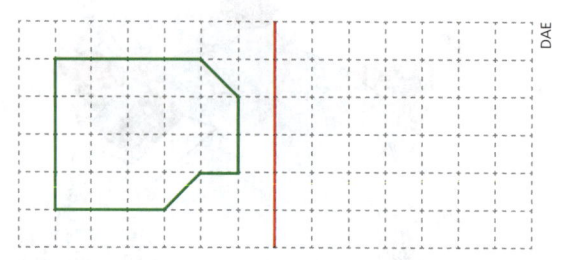

6 A ilustração abaixo retrata a mesa de Lúcia. Identifique os elementos que aparecem e escreva o nome deles nos quadros em branco.

7 Você deve ir da sua sala de aula até a sala dos professores. Descreva a trajetória a ser percorrida:

_____

_____

_____

Unidade 6

1 Complete as divisões de acordo com a multiplicação de cada item.

a) 4 × 8 = 32

    32 ÷ 4 = _____

    32 ÷ 8 = _____

b) 5 × 9 = 45

    45 ÷ 5 = _____

    45 ÷ 9 = _____

c) 7 × 8 = 56

    56 ÷ 7 = _____

    56 ÷ 8 = _____

d) 9 × 4 = 36

    36 ÷ 4 = _____

    36 ÷ 9 = _____

e) 6 × 7 = 42

    42 ÷ 6 = _____

    42 ÷ 7 = _____

f) 3 × 11 = 33

    33 ÷ 3 = _____

    33 ÷ 11 = _____

2 Efetue as divisões abaixo e responda: Qual delas é exata? _____

a) 26 | 5

b) 32 | 7

c) 40 | 9

d) 28 | 5

e) 60 | 8

f) 35 | 8

g) 31 | 5

h) 28 | 4

i) 44 | 5

3 Arme e efetue as divisões da maneira que preferir.

a) 182 ÷ 2 = _____

b) 312 ÷ 3 = _____

c) 164 ÷ 4 = _____

d) 126 ÷ 6 = _____

e) 145 ÷ 5 = _____

f) 309 ÷ 3 = _____

4 Responda às questões abaixo.

a) Quando uma divisão é exata? E quando ela não é exata? _____

_____

b) Qual é o resto da divisão 843 ÷ 4? _____

c) Qual é o quociente da divisão 327 ÷ 3? _____

d) É possível dividir igualmente 20 bolinhas de gude entre 5, 6 e 10 pessoas?

_____

_____

5 Complete as frases.

a) A quantia de 900 reais dividida igualmente por 3 pessoas resulta em _____ reais para cada uma.

b) A quantia de 660 reais dividida igualmente por 6 pessoas resulta em _____ reais para cada uma.

c) Se 450 reais forem divididos igualmente por 3 irmãos, cada um ficará com _____ reais.

6 Calcule os quocientes abaixo por meio do quadro de valores.

a) D U
   5 9 | 3
       D U

b) D U
   6 5 | 2
       D U

c) D U
   3 8 | 6
       D U

7 Calcule mentalmente e complete:

a) 60 ÷ 5 = _____

600 ÷ 5 = _____

6 000 ÷ 5 = _____

b) 42 ÷ 6 = _____

420 ÷ 6 = _____

4 200 ÷ 6 = _____

c) 64 ÷ 4 = _____

640 ÷ 4 = _____

6 400 ÷ 4 = _____

d) 39 ÷ 3 = _____

390 ÷ 3 = _____

3 900 ÷ 3 = _____

8 Resolva o problema:

Em uma loja de doces, 480 bombons foram divididos em 2 grandes caixas. Em cada caixa, os bombons foram distribuídos igualmente em 10 pacotes. Quantos bombons ficaram em cada pacote?

_____

9 Ainda em relação ao problema da atividade anterior, responda:

a) Qual é o total de pacotes? _____

b) Quantos bombons ficaram em cada caixa? _____

10 Descubra o segredo da sequência abaixo e complete-a.

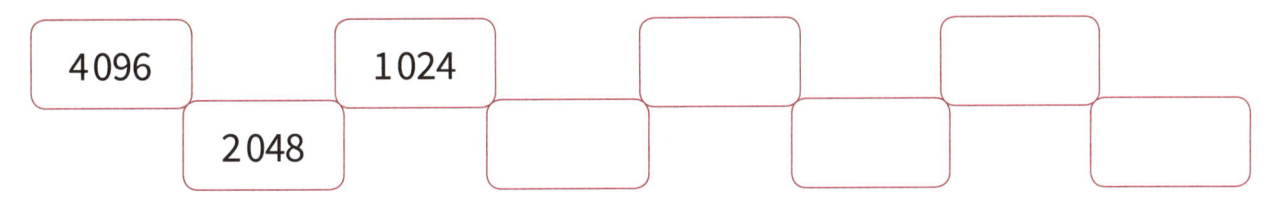

4 096   1 024

2 048

Qual é o segredo? _____

_____

Unidade 7

1 O gráfico de setores ao lado representa os quatro produtos (A, B, C e D) que são vendidos em uma loja.

Responda:

a) Juntando dois produtos, temos o total correspondente à metade das vendas dessa loja. Quais são esses produtos?

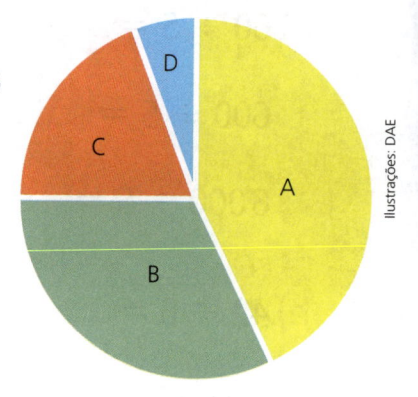

_____

b) Quais produtos correspondem a mais de 25% das vendas dessa loja?

_____

2 No gráfico, estão representadas as vendas de tênis da loja de Paula ao longo dos quatro trimestres de 2018 e 2019.

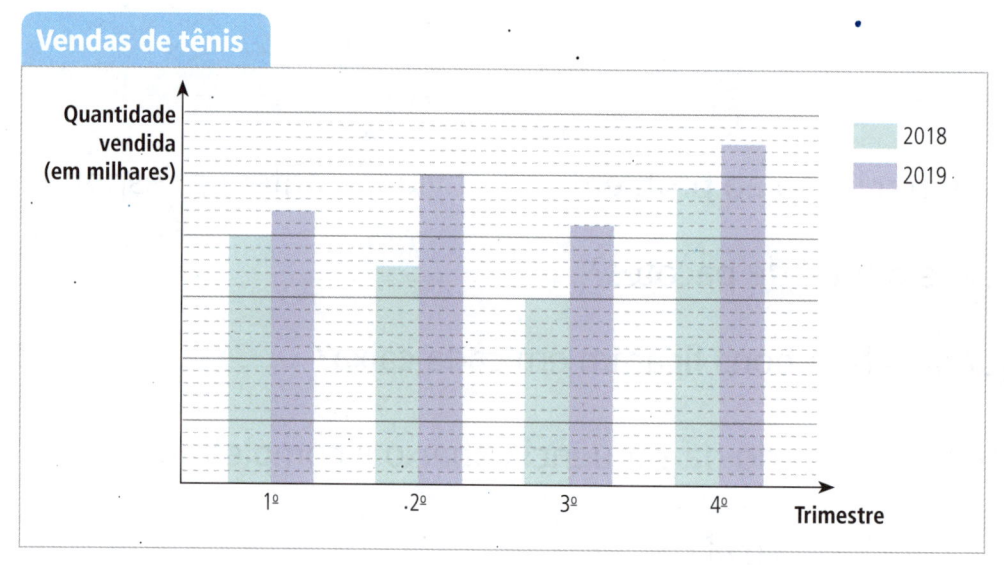

Fonte: Loja de Paula.

a) É correto afirmar que em todos os trimestres de 2019 as vendas foram maiores do que nos trimestres de 2018? _____

b) Em qual trimestre de 2019 houve a maior venda? _____

3 O gráfico abaixo retrata o número de pontos de seis equipes que participaram de uma gincana escolar. No caderno, elabore uma tabela com base nas informações do gráfico.

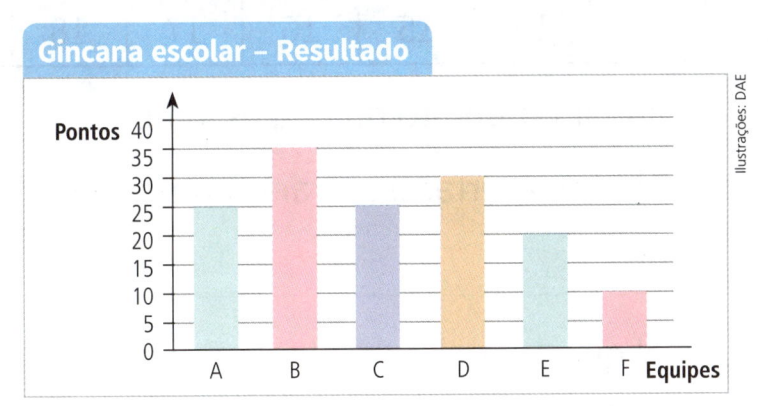

Gincana escolar – Resultado

Pontos: A=25, B=35, C=25, D=30, E=20, F=10

Fonte: Organizadores da gincana.

4 O gráfico de linhas abaixo mostra a quantidade de automóveis que Rosa vendeu no segundo semestre de 2018.

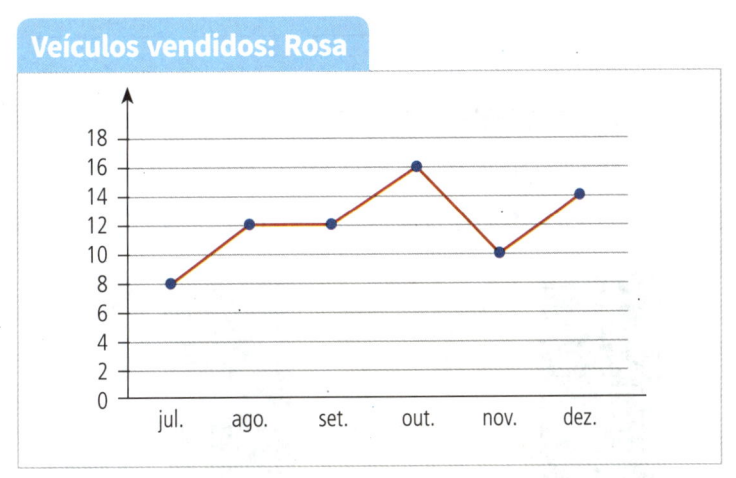

Veículos vendidos: Rosa

jul.=8, ago.=12, set.=12, out.=16, nov.=10, dez.=14

Fonte: Gerente de vendas da loja.

Responda:

a) No segundo semestre, o número de veículos vendidos aumentou mês a mês? Explique.

b) Em quais meses foram vendidos mais de 11 veículos?

5 Eu escolhi um número da tabela a seguir.

1	2	3	4	5	6	7	8	9	10
11	12	13	14	15	16	17	18	19	20

Você deverá adivinhar o número que eu escolhi.

a) É mais provável você acertar ou errar o número que escolhi?

_____

b) É mais provável que eu tenha escolhido um número ímpar ou um número par?

_____

_____

6 O desenho a seguir representa uma folha de cartolina. Ela foi dividida em dois retângulos de mesmo tamanho pintados de verde, um quadrado amarelo e dois quadrados de mesmo tamanho que estão em azul.

Você joga um grão de milho sobre essa cartolina e ele cai em uma dessas partes. Marque um **X** nas afirmações corretas:

☐ Certamente cairá dentro do quadrado amarelo.

☐ Não cairá dentro de um quadrado azul.

☐ É mais provável que caia num retângulo verde do que em um quadrado azul.

☐ É mais provável que caia no quadrado amarelo do que em um quadrado azul.

Unidade 8

1 Em relação ao dia **anterior** a este em que você está fazendo esta atividade, anote:

- ano: _____
- mês: _____
- dia: _____
- dia da semana: _____

2 Desenhe os ponteiros nos relógios abaixo, indicando o horário de cada item.

a) 3 h 20 min

b) 8 h 35 min

3 Utilize uma régua para medir o comprimento de cada fita e escreva as medidas encontradas.

a) _____ cm

b) _____ cm

4 Desenhe com o auxílio de uma régua:

a) um segmento com 12 cm de comprimento;

b) um segmento com metade da medida do segmento do item **a**.

5 Ligue os itens das colunas conforme a quantidade do líquido (capacidade da garrafa: 1 L).

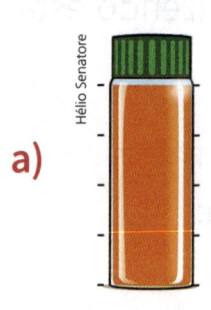

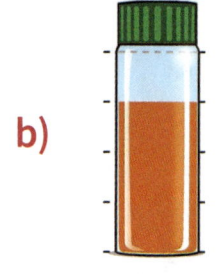

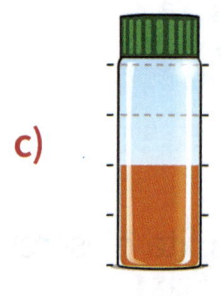

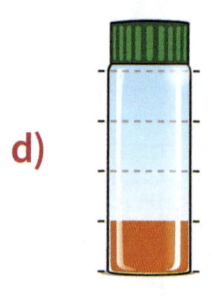

a) 250 mL

b) 750 mL

c) 1 000 mL

d) 500 mL

6 Complete as frases com as massas indicadas, em gramas.

a) 7 pacotes de meio quilo de açúcar têm _____ gramas.

b) 6 pacotes de 1 quilo de feijão têm _____ gramas.

c) 8 pacotes de meio quilo de café têm _____ gramas.

7 Na malha quadriculada a seguir, cada quadradinho tem 1 cm de medida de lado. Desenhe na malha um retângulo de perímetro igual a 20 cm.

Responda:

a) Quais são as medidas dos lados do retângulo que você desenhou?

_____

b) Na região interna do retângulo que você desenhou, quantos quadradinhos da malha quadriculada há?

_____

8 Responda:

a) Se 1 hora tem 60 minutos, quantas horas correspondem a 360 minutos? _____

b) Se 1 000 g correspondem a 1 kg, quantos gramas há em 25 kg?

_____

Referências

BRASIL. Ministério da Educação. *Base Nacional Comum Curricular*. Brasília: MEC/SEB, 2017.

BOYER, Carl B. *História da Matemática*. São Paulo: Edgar Blücher, 1996.

CARRAHER, Terezinha Nunes; SCHLIEMANN, Ana L. D.; CARRAHER, David. *Na vida dez, na escola zero*. São Paulo: Cortez, 2001.

COOL, César; TEBEROSKY, Ana. *Aprendendo matemática*. São Paulo: Ática, 2000.

D'AMBRÓSIO, Ubiratan. *Educação matemática*: da teoria à prática. 2 e 3. ed. Campinas: Papirus, 2013.

D'AMORE, Bruno. *Epistemologia e didática da Matemática*. São Paulo: Escrituras, 2005. (Coleção Ensaios Transversais).

DUHALDE, María Elena; CUBERES, María Teresa Gonzáles. *Encontros iniciais com a matemática*: contribuição à educação infantil. Porto Alegre: Artmed, 1998.

EVES, Howard. *Introdução à história da Matemática*. Campinas: Editora da Unicamp, 1997.

FONSECA, Maria da Conceição F. R. (Org.). *Letramento no Brasil*: habilidades matemáticas. São Paulo: Global; Ação Educativa; Instituto Paulo Montenegro, 2004.

KAMII, Constance. *A criança e o número*. Trad. Regina A. de Assis. 39. ed. Campinas: Papirus, 2013.

MACHADO, Silvia Dias (Org.). *Aprendizagem em matemática*: registros de representação semiótica. 8. ed. Campinas: Papirus, 2011.

MATOS, José Manuel; SERRAZINA, Maria de Lurdes. *Didáctica da Matemática*. Lisboa: Universidade Aberta, 1996.

NUNES, Therezinha; BRYANT, Peter. *Crianças fazendo matemática*. Porto Alegre: Artmed, 1997.

PANIZZA, Mabel (Org.). *Ensinar Matemática na Educação Infantil e séries iniciais*. 2. ed. Porto Alegre: Artmed, 2006.

TOLEDO, Marília; TOLEDO, Mauro. *Didática de Matemática*: como dois e dois. São Paulo: FTD, 1997.

Encartes

Peças para a atividade da página 8.

▶ Números que indicam ordem.

▶ Números que indicam medidas.

▶ Números que indicam contagem.

▶ Números que indicam código.

Peças para a atividade 5 da página 181.

Recortar

Trezentos e dezessete **317**

Peças para a atividade 15 da página 23.

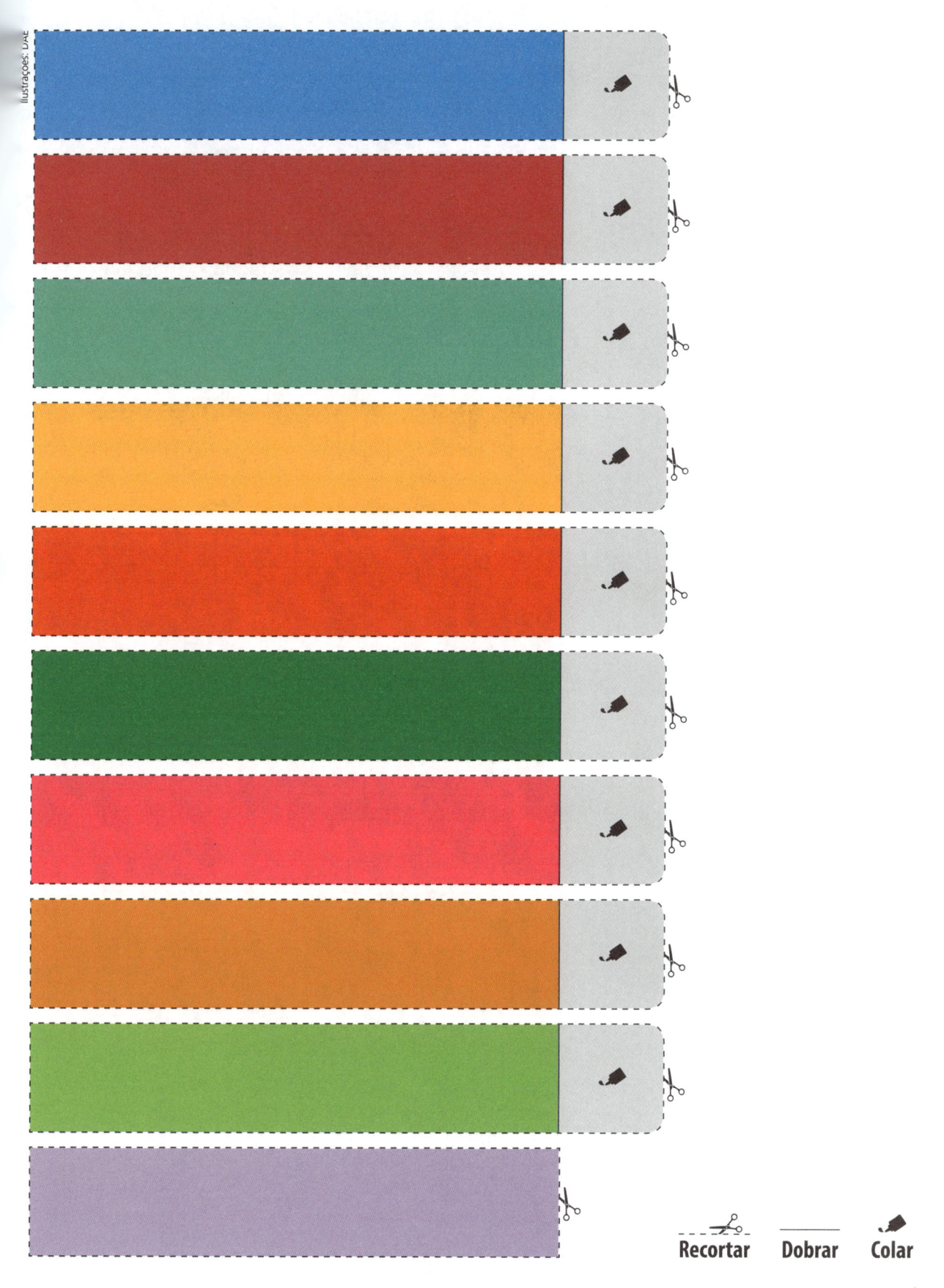

Recortar   Dobrar   Colar

Trezentos e dezenove **319**

Ilustrações: DAE

Referente à atividade 15 da página 38.

Ilustrações: DAE

1 2
3 4
5 6
7 8
9 0

Recortar

Cartas para a atividade da página 52.

100	100	100
100	100	100
100	100	100

Recortar

Recortar

Trezentos e vinte e cinco **325**

Recortar

Trezentos e vinte e sete 327

Molde para a atividade 4 da página 113.

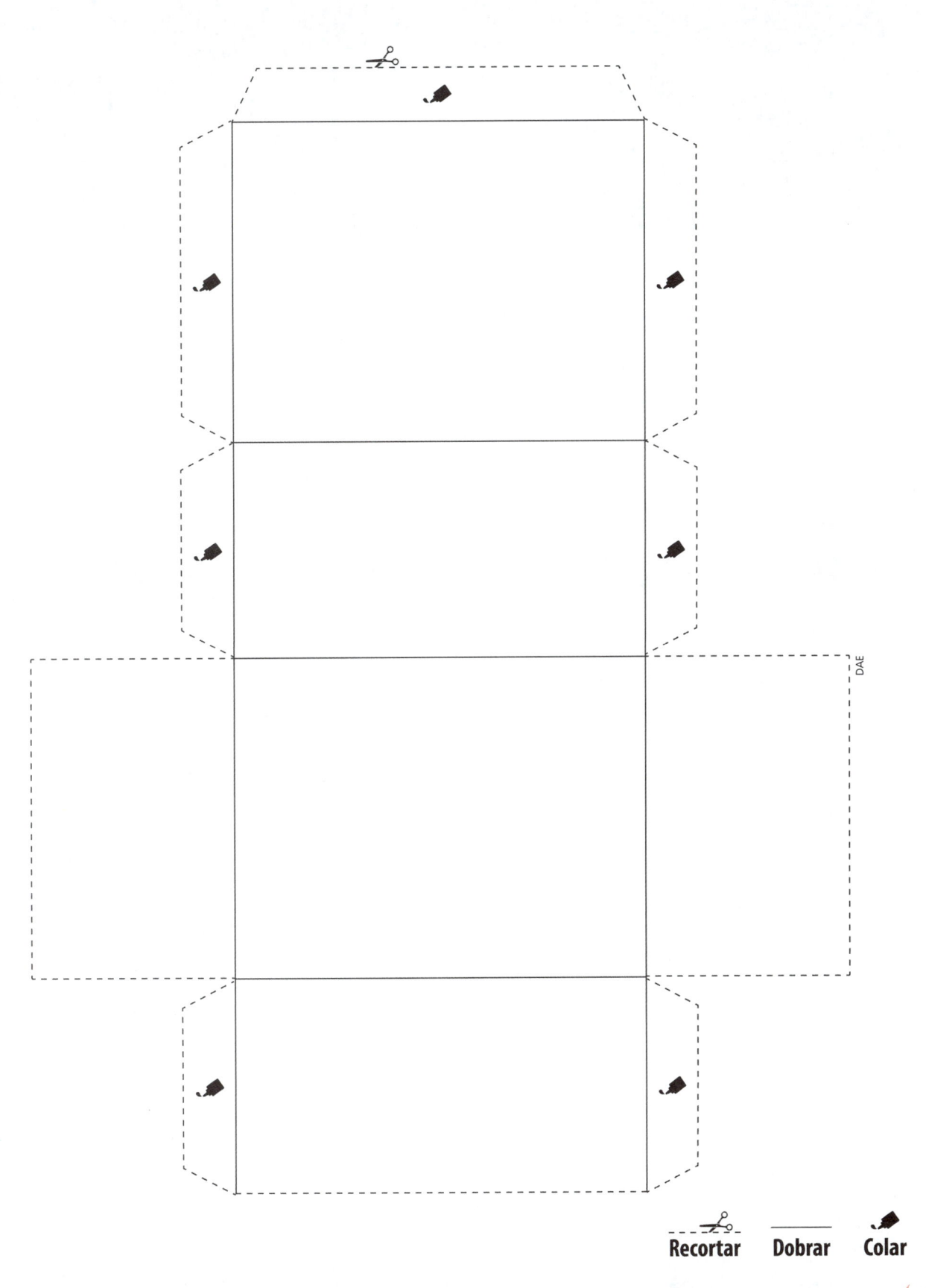

Recortar   **Dobrar**   **Colar**

Molde para a atividade 5 da página 114.

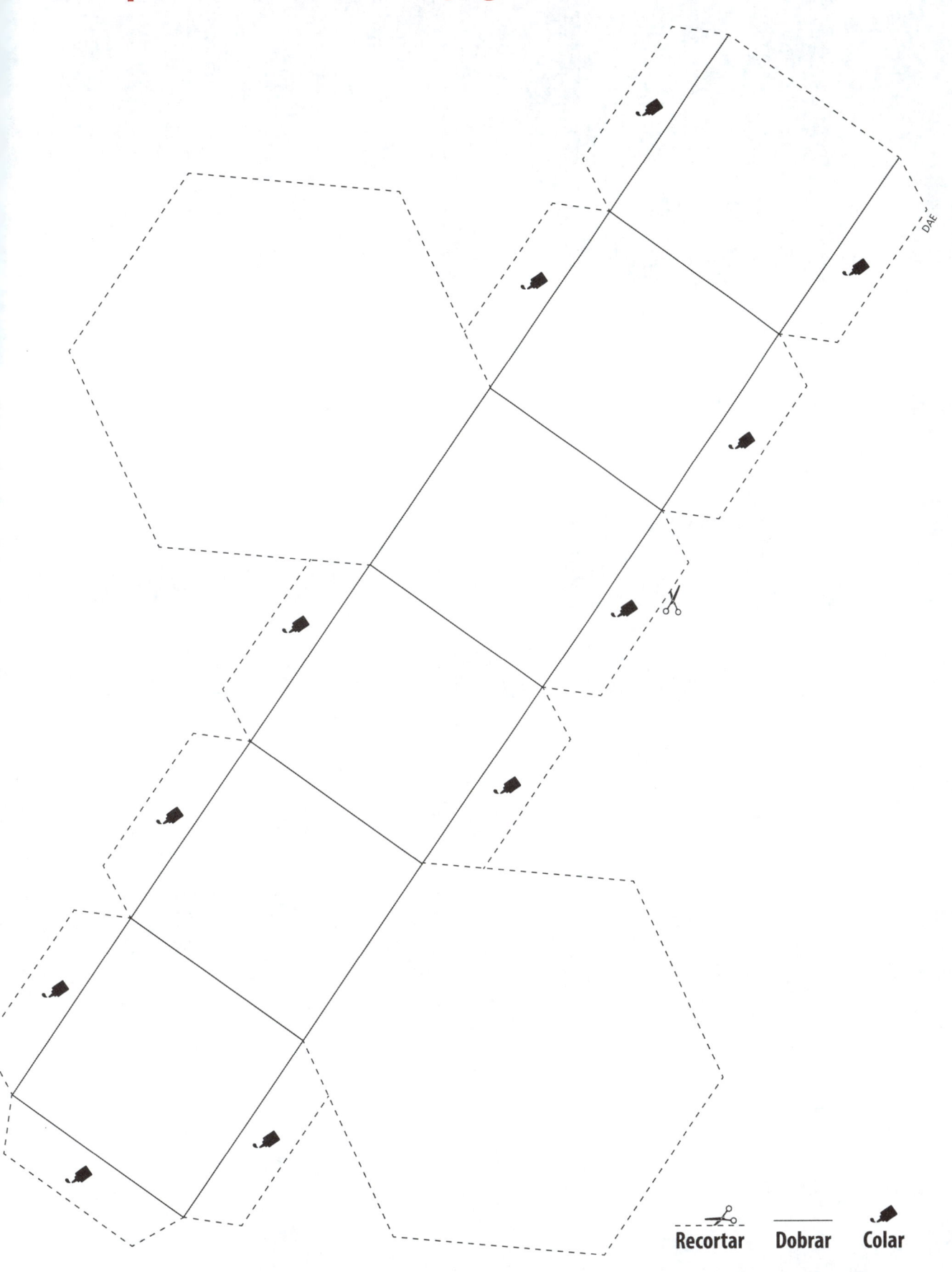

Recortar **Dobrar** **Colar**

Peças para as atividades das páginas 123 e 124.

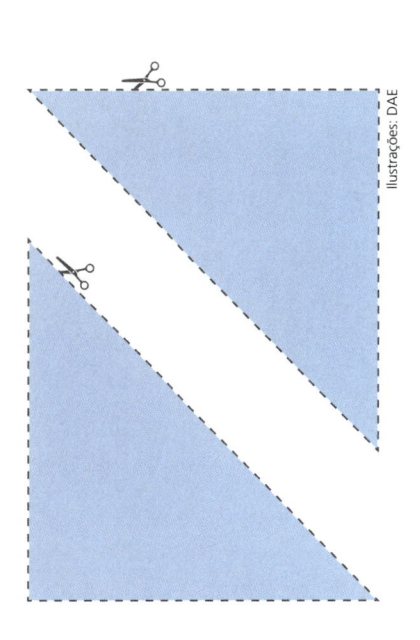

Recortar

Trezentos e trinta e três 333

Ilustrações: DAE

334 Trezentos e trinta e quatro

Peça para a atividade 4 da página 185.

Peça para a atividade 7 da página 186.

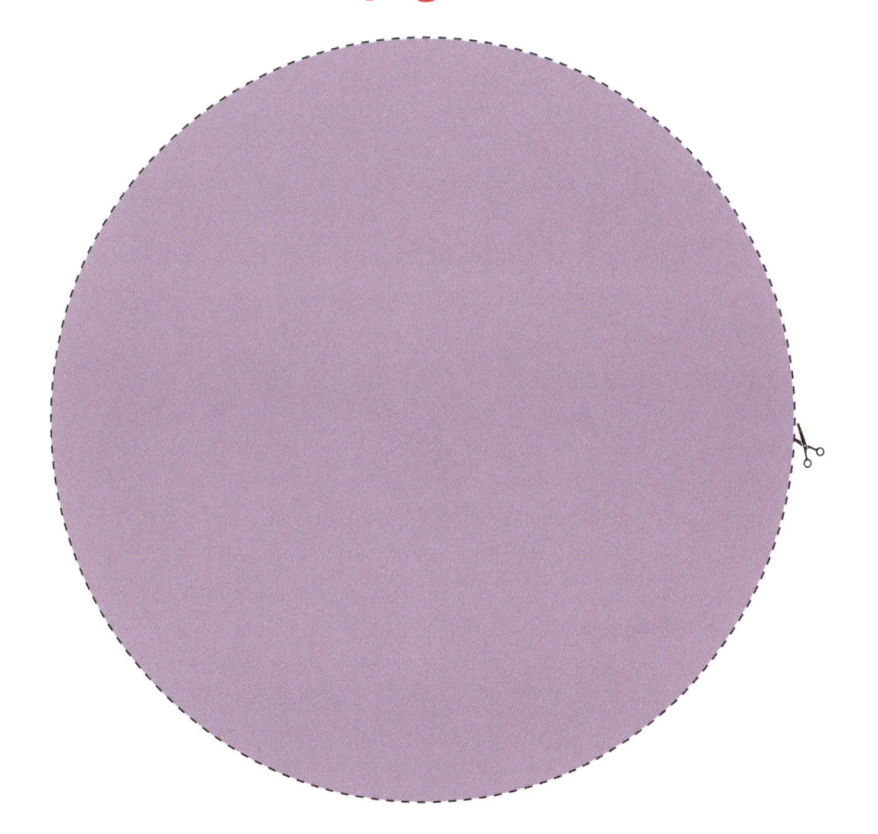

Recortar

Ilustrações: DAE

Peças para a atividade da página 194.

Recortar

Fotografias: Banco Central do Brasil

Trezentos e trinta e sete

Recortar

338 Trezentos e trinta e oito

Fotografias: Banco Central do Brasil

Trezentos e trinta e nove 339

Fotografias: Banco Central do Brasil

Recortar

Fotografias: Banco Central do Brasil

Trezentos e quarenta e um **341**

Recortar

Fotografias: Banco Central do Brasil

Fichas para a atividade 6 da página 238.

Recortar

PESQUISA

Em sua opinião, qual área da escola necessita de melhorias? Escolha somente uma opção.

☐ Biblioteca. ☐ Refeitório.
☐ Quadra. ☐ Salas de aula.

PESQUISA

Em sua opinião, qual área da escola necessita de melhorias? Escolha somente uma opção.

☐ Biblioteca. ☐ Refeitório.
☐ Quadra. ☐ Salas de aula.

PESQUISA

Em sua opinião, qual área da escola necessita de melhorias? Escolha somente uma opção.

☐ Biblioteca. ☐ Refeitório.
☐ Quadra. ☐ Salas de aula.

PESQUISA

Em sua opinião, qual área da escola necessita de melhorias? Escolha somente uma opção.

☐ Biblioteca. ☐ Refeitório.
☐ Quadra. ☐ Salas de aula.

PESQUISA

Em sua opinião, qual área da escola necessita de melhorias? Escolha somente uma opção.

☐ Biblioteca. ☐ Refeitório.
☐ Quadra. ☐ Salas de aula.

PESQUISA

Em sua opinião, qual área da escola necessita de melhorias? Escolha somente uma opção.

☐ Biblioteca. ☐ Refeitório.
☐ Quadra. ☐ Salas de aula.

PESQUISA

Em sua opinião, qual área da escola necessita de melhorias? Escolha somente uma opção.

☐ Biblioteca. ☐ Refeitório.
☐ Quadra. ☐ Salas de aula.

PESQUISA

Em sua opinião, qual área da escola necessita de melhorias? Escolha somente uma opção.

☐ Biblioteca. ☐ Refeitório.
☐ Quadra. ☐ Salas de aula.

Ilustrações: Alexander Lysenko/Shutterstock.com

Peças para a atividade 2 da página 242.

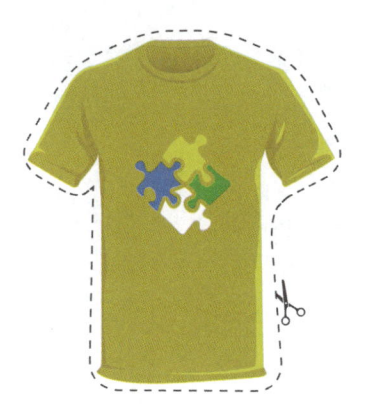

Recortar

Trezentos e quarenta e cinco **345**

Peças para a atividade 1 da página 272.

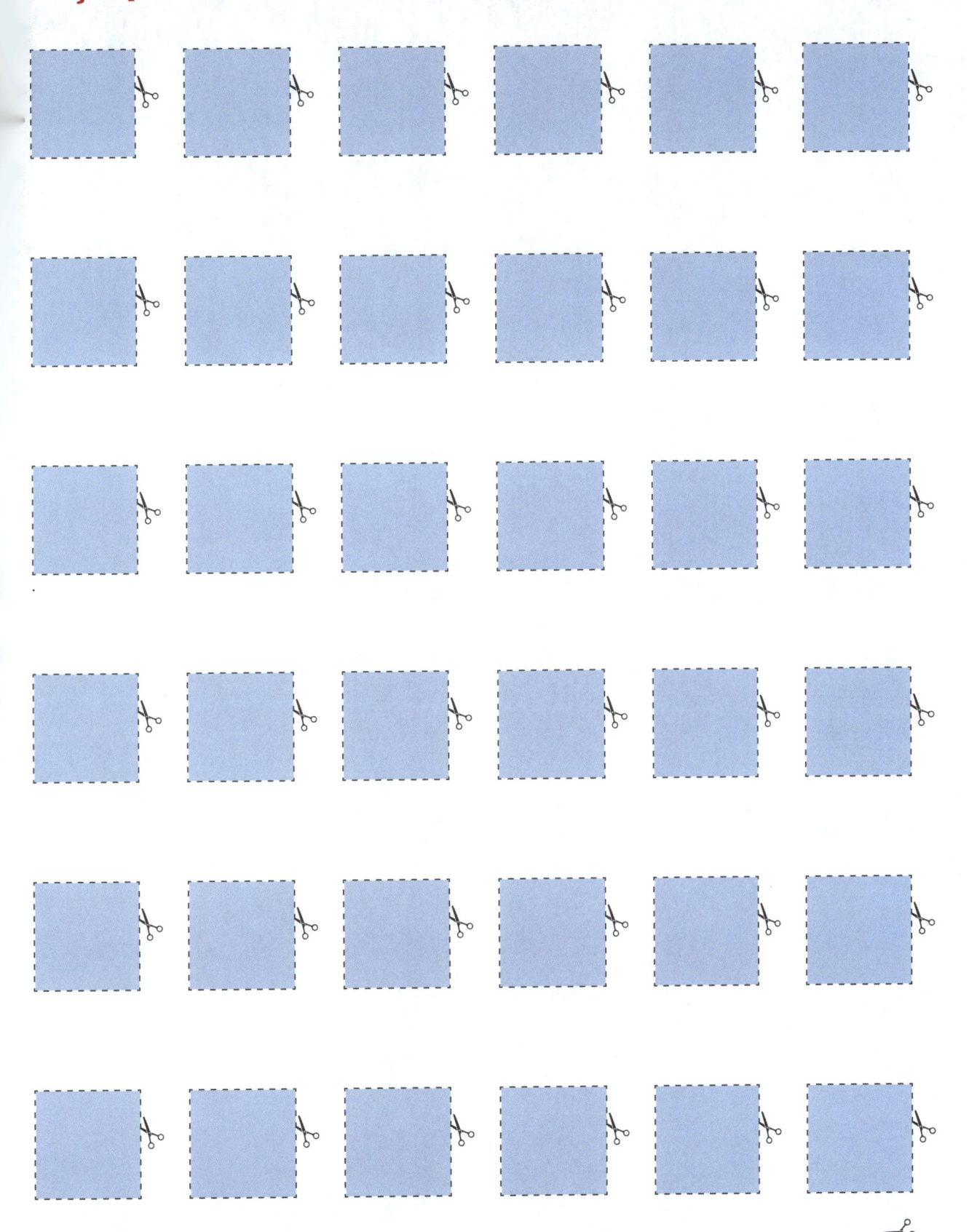

Recortar

Trezentos e quarenta e sete **347**

Molde para a atividade 8 da página 115.

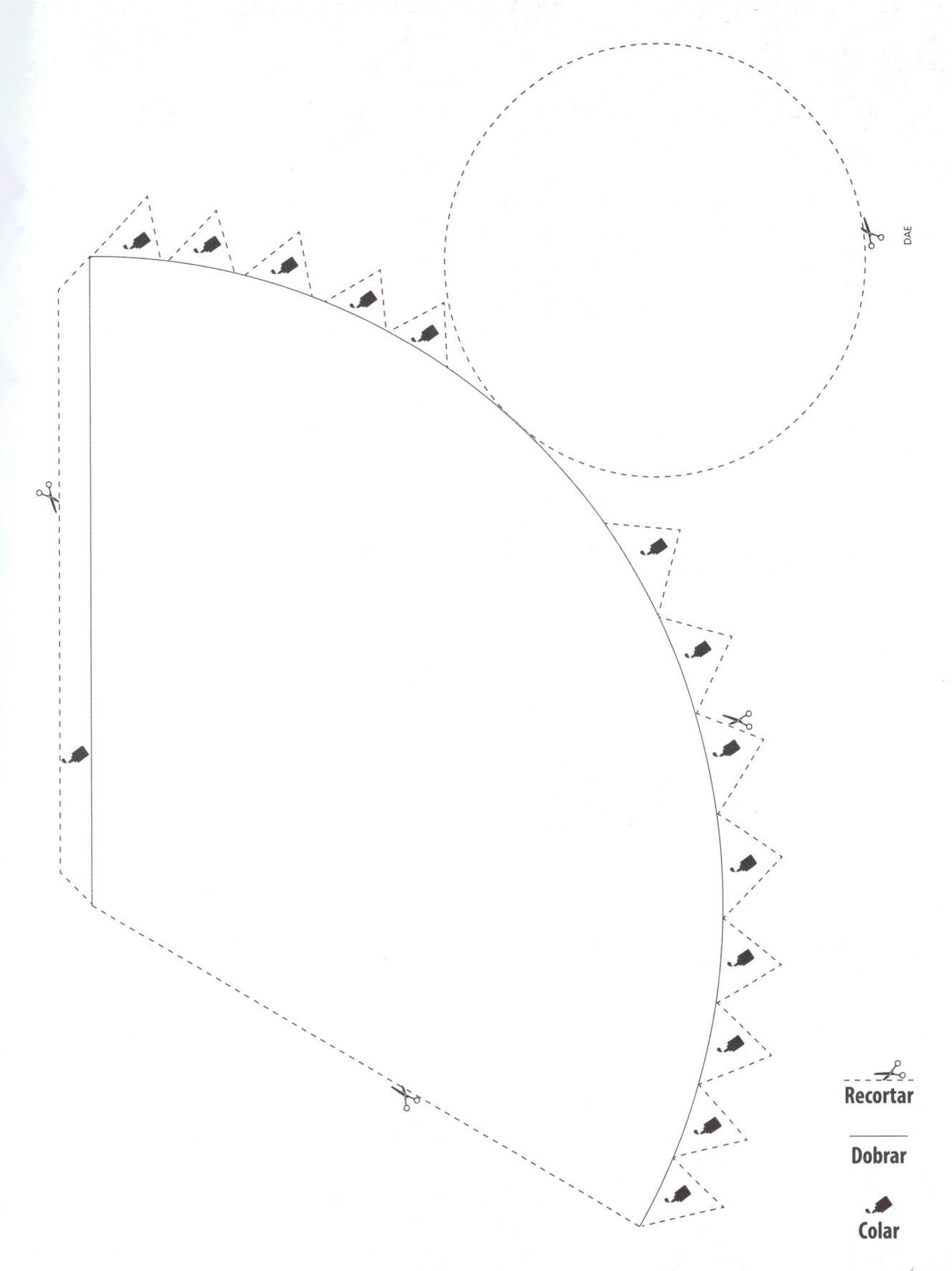

Recortar

Dobrar

Colar

Molde para a atividade 10 da página 116.

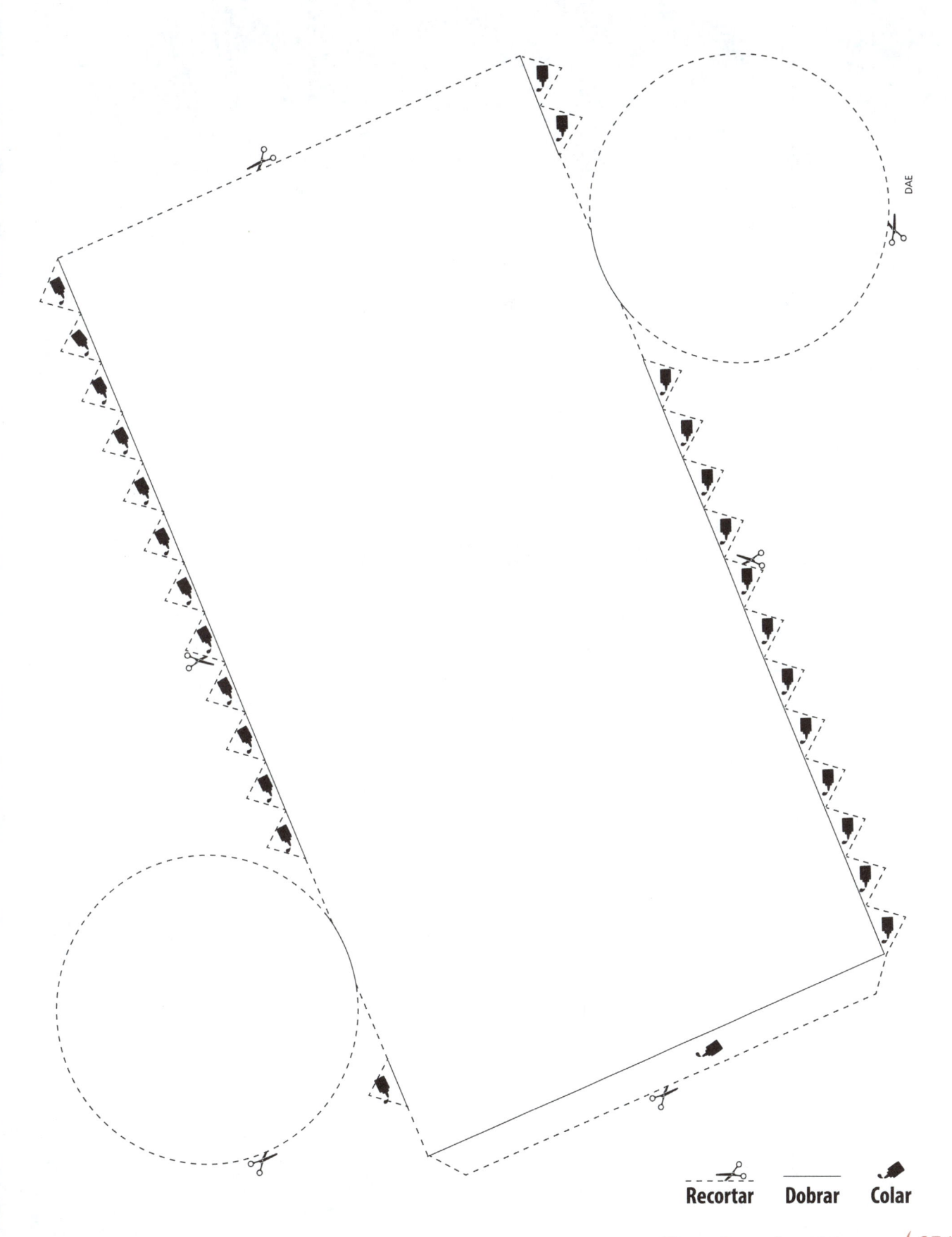

Recortar **Dobrar** **Colar**

Trezentos e cinquenta e um **351**